税务管理

姚林香　席卫群　编著

经济科学出版社

图书在版编目（CIP）数据

税务管理／姚林香，席卫群编著．—北京：经济科学
出版社，2012.12（2015.1 重印）
　ISBN 978 - 7 - 5141 - 2679 - 2

　Ⅰ.①税…　Ⅱ.①姚…②席…　Ⅲ.①税收管理 - 中国
Ⅳ.①F812.423

中国版本图书馆 CIP 数据核字（2012）第 272719 号

责任编辑：白留杰　张占芬
责任校对：杨晓莹
责任印制：李　鹏

税务管理

姚林香　席卫群　编著

经济科学出版社出版、发行　新华书店经销

社址：北京市海淀区阜成路甲 28 号　邮编：100142

教材分社电话：88191354　发行部电话：88191540

网址：www.esp.com.cn

电子邮件：bailiujie518@126.com

北京季蜂印刷有限公司印装

787×1092　16 开　15.75 印张　300000 字

2012 年 12 月第 1 版　2015 年 1 月第 2 次印刷

ISBN 978 - 7 - 5141 - 2679 - 2　定价：35.00 元

前　言

　　税务管理是主管税收工作的职能部门代表国家依据税收参与国民收入分配活动的特点及其客观规律，对税收分配活动全过程进行决策、计划、组织、监督和协调，以保证税收职能作用得以实现的一种管理活动，它属于公共管理的重要组成部分。

　　本书紧密结合我国社会主义市场经济改革与发展实际，吸收税务管理研究的最新成果，反映税务管理改革最新动向，全面阐述了税务管理的理论和实务，内容全面，结构合理，案例丰富，实用性强。具体来说，有以下特点：第一，内容全面系统，理论联系实际。既全面阐述了税务管理理论，又详尽介绍了税务管理实务，并将两者有机结合起来。第二，结构安排合理。每章首先有引言，内容撰写中链接案例，再附本章小结和复习思考题以及推荐阅读资料和网上资源，使读者能够准确把握每章的知识要点，拓宽知识面，并通过练习加以巩固。第三，案例选取典型丰富，具有很强的启发性，有利于提高读者分析问题和解决问题的能力。

　　本书由姚林香、席卫群编著。全书共八章，具体写作分工如下：姚林香负责编写第二、四、五、七章，席卫群负责编写第一、三、六、八章。最后，由姚林香总纂并定稿。

　　本书在写作过程中，参阅了大量文献资料，虽竭尽所能，但限于时间和作者水平，错误和遗漏在所难免，恳请读者批评指正。

　　最后，感谢经济科学出版社责任编辑白留杰所做的辛勤工作。

作　者

2012 年 11 月

目　　录

第一章　税务管理概述

税务管理是保证税收任务完成、税收职能作用发挥的基本环节。本章主要介绍税务管理的概念、意义、原则，并对税务管理的整体结构和改革的发展方向作了总体评述。

第一节　税务管理内涵

一、税务管理的概念

税收是一国政府为满足社会公共需要，凭借其社会公共权力，依照法律、行政法规，强制、无偿地参与国民收入分配的一种形式，其基本职能是满足国家的基本财政需要和对经济运行实施有效的调控。

没有税收，就没有税收征收管理，税务管理活动是随着税收分配活动进行的。税务管理和其他管理一样，由管理者、管理对象和管理手段三大要素构成。

一般认为税务管理概念有广义和狭义之分。狭义的税务管理包括税务登记、账簿凭证管理和纳税申报，属事前管理，它是征收和检查的基础与前提。

广义的税务管理的概念可以这样表达：税务管理是主管税收工作的职能部门代表国家依据税收参与国民收入分配活动的特点及其客观规律，对税收分配活动全过程进行决策、计划、组织、监督和协调，以保证税收职能作用得以实现的一种管理活动，它属于公共管理的重要组成部分。

作为一门学科，狭义概念难以准确反映其所包括的内容，因此，应采用广义概念。需要指出的是，税务部门在开展工作过程中所提的税务管理往往是狭义概念，不能将二者相提并论。

根据广义定义，我们可以概括出税务管理具有如下特征：

（一）税务管理的主体是税务机关

我国税收的征收机关有税务、海关、财政等部门，税务机关征收各种工商税收，海关征收关税并代征部分工商税收。应该说这些征收机关所从事的税款征收管理工作都属于税务管理的范畴，不过《税收征管法》只适用于由税务机关征收的各种税收的征收管理，其他征收部门不适用。因此，税务机关是税务管理的主体。

（二）税务管理的客体是税收参与国民收入分配活动的全过程

税务管理的客体是多方面的，既包括税收法律的制定与运用、税收管理体制的确定、税务机构的设置与人员的配备，又包括税收征收管理、纳税评估、纳税服务、纳税人权益保护等。税务管理客体的每一因素都有自己的特点，同时各因素也相互制约，因此，税务管理的客体是税收参与国民收入分配的全过程。

（三）税务管理的依据是客观经济规律和税收法律、法规

税务管理是一种行政管理，必须依据客观经济规律办事。只有遵循了客观经济规律，才能发挥税收的职能作用，促进经济的繁荣和发展，否则，就会阻碍经济的发展。同时，税务管理又是一种法制管理，必须以国家制定的各项税收法律、法规和规章制度为依据。

（四）税务管理的职能是决策、计划、组织、监督和协调

税务管理的决策职能是指税务机关依据一定时期经济发展形势和客观经济规律的要求，制定税收政策、法令、规章制度等。

税务管理的计划职能是税务机关按照税收分配活动的特点和规律来确定税收任务，指明税务部门在一定时期的奋斗目标。

税务管理的组织职能是指在进行整个税务管理活动中的指挥和工作系统，即按照税务管理活动的要求，对管理机构、管理体制、管理形式、管理方法及管理人员配置等方面进行综合研究和合理确定，并把这些因素有机地结合起来，组成一个科学而严密的税务管理体系，以保证税务管理活动正常、高效率地运行。

税务管理的监督职能包括两方面的内容：即包括上级税务机关对下级税务机关及税务管理人员的工作检查、督促与考核，又包括税务机关对纳税人的生产经营活动及履行纳税义务情况进行核算、反映、管理和控制。

（五）税务管理的目的是保护税收职能的实现

税收最基本的职能是财政职能，只有通过税款征收、组织入库，才能保证财政收入，从而满足社会公共需要，补偿社会费用，使社会再生产得以正常运行。税收的宏观调控职能，以及税收监督职能，也只有通过税务管理，才能真正得以实现。

二、税务管理的作用

任何税收制度都必须通过税务管理才能有效运行。没有良好和有效的管理，再好的税制也只能流于形式。因此，公平、高效的税务管理是实现税收职能的关键。

（一）规范税收征收和缴纳行为，推进依法治税

作为税务管理核心的税收征收管理是征收和缴纳的有机结合，是税务机关与纳税人双向互动的链条，它的征收管理过程正是贯彻落实税收政策和具体执行税收法律、法规的过程，规范有效的税收执法是依法治税的关键所在。加强税收征收管理，就是要统一税收，秉公执法，健全制度，完善管理，严格按照统一标准，通过法定程序，对纳税人应缴税款做到应收尽收，依法减免。同时尊重和保护纳税人的合法权益，向纳税人提供优质文明服务，促使纳税人自觉依法诚信纳税。

（二）保护纳税人的合法权益，保障税务机关依法行政

税务管理作为国家的行政执法行为，综合运用法律、行政、经济等多种手段。一方面保障税务机关依法行使征税权，以维护国家税收不受侵害；另一方面保护纳税人的合法权益，以维护公民的私权不受侵害。这对于建立和完善社会主义市场经济法治体系具有十分重要的意义。

（三）充分发挥税收职能作用，促进经济发展和社会进步

税收不仅担负着组织财政收入的财政职能，而且负有对经济运行进行宏观调控和监督管理的职能。税收法律、法规体现了国家产业导向和分配政策，对经济结构调整、产业升级换代、资源优化配置、发展国际经济合作等都起着支持促进的作用，而这些作用的发挥只有通过依法征收、依法减免才能实现。

税收调节经济的作用，只能通过加强税务管理才能实现。如税务登记、纳税申报、税款征收、征收检查，以及税收政策等的制定应当以保证经济发展和社会进步为目标，方便纳税人，保护纳税人，体现市场经济的目标要求。

三、税务管理的原则

（一）法定主义原则

法定主义原则作为一项宪法原则，具有最高法律原则的地位。税收法定主义

原则也是税法制定的根本性原则。税收征收管理工作，其本身就是贯彻执行税法的过程。因此，这项工作更有必要遵循法定主义这条原则。

现代意义上，税收法定主义不再是单纯实体法上的税收法定主义，而是贯穿立法、行政、司法全过程，实体法与程序法相统一的税收法定主义。其主要内容包括课税要素法定、课税要素明确、合法性原则几个方面。课税要素法定，主要指课税的实体要素和税种要素都必须由法律规定，没有法律的规定，政府就无权向人民征税。课税要素明确，是指凡构成课税要素的规定应当尽量明确，避免出现歧义，减少因税法解释被滥用而发生的分割纳税人权益的可能性，同时也可以对行政机关的自由裁量权给予有效的限制，防止行政自由裁量权被滥用而产生的不良后果。合法性原则，是指当课税要素得以完全满足时，税务机关就必须按照税法规定的标准和程序依法征税，使纳税人及时、全面地履行纳税义务。税务机关既不得随意减免税或有税不征，也不得与纳税人就改变课税要素和课税程序达成任何协议，否则应一律视为无效。

（二）统一领导与分级管理相结合的原则

统一领导的内涵是统一制定和执行税收法律、行政法规和规章制度，根据国家统一要求的管理标准进行分级管理；分级管理的内涵是在统一领导下，各地可以根据本地的实际情况，规定和执行一些适合本地区的具体的税收政策、法令和规章制度等，以利于各地从实际出发、因地制宜、创造性地做好税务管理工作。

（三）质量和效率统一原则

在税务管理工作中，还必须遵循质量与效率相统一的原则。征管质量追求的是贯彻税法，应收尽收；征管效率讲求的是以最小的税收成本换取最大的税收收入，两者之间是一对矛盾。税务管理工作就是要在两者之间找到一个平衡点。两者不可偏废，同时又不能片面地追求某一方面。

（四）文明执法原则

税收法律具有一般法律的共性，即通过税务机关执法权力与纳税人权利的配置来实现一定的社会目的和秩序稳定。国家为了满足社会管理的需要，通过税法的形式将税收征收权力配置给国家征收机关。相应地为了加强对税收行政权力的约束，防止行政权力无限制的膨胀，也赋予纳税人一定的权利，如退税权、知情权、申请延期纳税权及听证权、复议权等。

为了保证税收征收目的的实现，税务机关的征税权力与纳税人所享有的权利并不对等，征税权力享有较为优越的条件，如对税款的强制执行权、税款保全权、优先权等，但这并不否定纳税人权利的重要性。因此，在税收执法中，要充分尊重纳税人的权利，文明执法，优质服务，保护纳税人权益；另外，尊重纳税人权利的同时也是对行政权力的有效约束，发挥纳税人对税收行政权力的制约、监督作用，保障税收行政权力的规范行使。

第二节 新中国成立以来税务管理的产生与发展

税务管理随着税收的产生而产生，并随着税收分配活动内容的不断变化而逐渐丰富和完善，并根据经济发展变化而不断调整和改革。新中国成立以来，我国税务管理的变革随着经济的发展可以分为以下三个阶段：

一、新中国成立初期（1950～1956年）的税务管理

在这一阶段，五种经济成分并存，税收不仅是组织财政收入的重要方式，也是国家利用、限制、改造资本主义工商业的重要工具，因此税务管理具有这个时代鲜明的特色。

（一）建立了新的税收制度

1950年1月，政务院颁布了《全国税政实施要则》，统一了全国税政，建立了新税制。

（二）迅速建立和健全了各级税务机关

1950年1月，政务院颁布了《全国各级税务机关暂行组织规程》，要求各级都要建立统一的税务机关，并明确全国各级税务机关受上级局与同级政府的双重领导，同时规定了各级税务机关会计、统计、票证、报解、稽查、奖惩等工作制度。

（三）实行集中统一的管理体制

在管理体制中明确规定，税收的立法权掌握在中央，主要税种的减税、免税，也大多由中央批准，从而保证了整个税收管理工作的顺利进行。

（四）逐步建立和健全了一套行之有效的管理制度

在征管方式上，对商贩采取分行业和销售情况进行定额征收；对坐商采取按账查实征收和自报公议、民主评议方法征收；对临商采取按居住地址的行政区划片，根据销售次数报验，分月征收；对企业征收货物税的产品实行驻厂征收、出

厂查验、货照同行。1953 年，我国进入社会主义改造时期，在征管上采取公私企业"区别对待，繁简不同"的政策。在稽征管理方式上，按营业地址的行政区划片编组，各税统管，区别对待，分别征收；对国营企业实行了"三自纳税"办法；对个体户和合作小组，采取定期定额的方法征收；对公私合营企业、手工业、交通合作组织及合作商店，一律采取查账征收。

（五）建立了群众护税组织

在加强税务部门专业管理的同时，各地还建立了职工"护税"组织和有资本家参加的"协商办税"组织，发动店员职工和进步的工商业者参加税务管理，积累了一套专业管理与群众管理相结合的经验。

二、1957 年至 20 世纪 70 年代中期的税务管理

由于受"非税论"的干扰，税务管理出现了松弛的局面。具体表现是：下放了税务管理权限，不论企业大小和经济性质，一律实行"三自纳税"办法；放松了专业管理，废止了一些征管制度；税务机构合并，税务人员被调走等。直至 70 年代中期税务机构才逐渐恢复，税务管理工作才有所加强。

三、改革开放后的税务管理

党的十一届三中全会以来，我国进入了改革开放的新的历史时期。这一时期，既是税收制度进行全面深入改革、取得突破性进展的时期，也是税务管理步入全面加强阶段，并不断走向法制化与现代化的历史性变革时期。

（一）颁布了有关税收征管的法律和暂行条例

在恢复和健全各项税收征管制度的基础上，1986 年颁布了《中华人民共和国税收征收管理暂行条例》。为适应市场经济条件下依法治税的要求，1992 年颁布了《中华人民共和国税收征收管理法》，该法律的颁布实施，标志着我国税务管理的法制建设进入了一个新的历史时期。2001 年 5 月 1 日，在对征管法修订的基础上，又颁布了新的税收征管法。2010 年 4 月 1 日，修订了税务行政复议规则，2011 年 2 月 1 日，颁布了新的发票管理办法等。

（二）进行税收征管改革

为了不断提高税务管理的质量和效率，自 20 世纪 80 年代以来，我国全面开展了税收征收管理的改革试点。1989 年，在试点的基础上，全面推行了税收

"征管、查"两分离和"征、管、查"三分离的专业化改革，逐步实现了税务人员从管户制向管事制的转变。税款征收部门专司税款征收，征管部门主要负责税务登记、纳税鉴定、发票管理、税收减免等工作，检查部门主要是"外查偷漏，内促征管"。

1994 年，为适应建立社会主义市场经济体制的需要，我国实施了新中国成立以来规模最大、范围最广泛、内容最深刻的一次税制改革。根据建立分税制财政管理体制的需要，省级及省级以下分别设立国家税务局和地方税务局，并将税种划分为中央税、中央地方共享税、地方税。国家税务局负责中央税、中央地方共享税的征收和管理，地方税务局负责地方税的征收管理。在税收征管制度方面，普遍建立纳税申报制度，加速税收征管信息化进程，探索建立严格的税务稽查制度，积极推行税务代理，强调合理划分税收征纳双方职责。

为继续探索建立符合中国国情的税收征管体系，确保税收职能作用的充分发挥，1997 年 1 月，国务院办公厅转发国家税务总局《关于深化税收征管改革方案》，确立了 2010 年以前实现"以申报纳税和优化服务为基础，以计算机网络为依托，集中征收、重点稽查、强化管理"的新征管模式。要求建立健全纳税人自行申报制度、税务机关和社会中介相结合的服务体系、以计算机网络为依托的管理监控体系、人工与计算机相结合的稽查体系、以征管功能为主的机构设置体系。

自 2000 年以来，按照"科技加管理"的新思路，试点推行信息化支持下的专业化的新一轮征管改革，并提出同步推进机构改革和人事制度改革的要求。实现税收征管专业化，明确岗位职责，强化权力制衡，规范征管行为，优化纳税服务，形成一个高效率、高质量的运行机制。

2003 年国家税务总局下发了《关于进一步加强税收征管基础工作若干问题的意见》，开始实施"一窗式"、"一户式"管理，2004 年下发了《关于进一步加强税收征管工作的若干意见》，2005 年 3 月 11 日，国家税务总局又下发了《税收管理员制度》。按照执法规范、征收率高、成本降低、社会满意的目标要求，积极探索和掌握征管工作规律，明确职责分工，优化业务流程，完善岗责体系，加强协调配合，提高管理效能。通过逐一梳理税收征管的薄弱环节，实施纳税评估等一系列针对性强、行之有效的管理措施，进一步改变了粗放式的管理状况。

2007 年以来，面对我国经济社会发展的新形势和税收征管工作的新要求，进一步明确纳税服务和税收征管是税务部门的核心业务、纳税服务对税收征管具有先导性和基础性作用，通过持续改进纳税服务和税收征管，不断提高纳税人满意度和税法遵从度。按照科学分类、探索规律、整合资源、集约管理等要求，依托现代信息技术，努力实现税收征管工作专业化。按照实施分类管理、集中力量抓好重点税源管理的要求，积极探索对大企业实施专业化税收管理与服务。按照统筹国内国际两个大局的要求，在加强国内税收管理的同时，大力推进国际税收管理和反避税工作，切实维护我国税收主权和跨境纳税人合法权益。按照规范权力运行、防范执法风险的要求，整合监督资源，加强对随着经济全球化和社会主义市场经济的深入发展，纳税人的组织形式、经营方式、经营业务不断调整，大型企业集团相继涌现，税源国际化趋势日益明显，征纳双方信息不对称现象越来越突出，纳税人的法律意识不断增强，对改进税收征管工作提出了新任务。为此，国家税务总局又提出了新一轮税收征管改革的总体要求：构建以明晰征纳双方权利和义务为前提，以风险管理为导向，以专业化管理为基础，以重点税源管理为着力点，以信息化为支撑的现代税收执法行为的有效监督。

强化税收征管体系。争取到"十二五"期末搭建起基本框架，2020 年建成适应社会主义市场经济发展的现代化税收征管体系。

此外，为了适应税收制度改革的需要，税收征管也需进行前瞻性研究。党的十七届五中全会审议通过的《中共中央关于制定国民经济和社会发展第十二个五年规划的建议》，明确提出逐步建立健全综合和分类相结合的个人所得税制度，研究推进房地产税改革，对我们继续深化税制改革特别是完善直接税体系提出了新要求。个人所得税、房地产税的纳税人主要是自然人，人数众多且分散，加强管理的难度很大。要顺利实施这方面税制改革，必须加快构建和完善对自然人的税收征管制度体系。这个体系的核心是首先要在法律上明确涉税信息报送制度，通过建立通畅的信息渠道确保有关自然人所得和财产的相关信息及时、准确地传递到税务部门。税务机关内部也需要建立起一个结构完整、功能齐全的征管信息系统，以接收和处理各种涉税信息，解决征纳双方信息不对称问题。同时，要完善对自然人的税收征管法律制度，加大对自然人的税法宣传力度，探索实施行之有效的税源管理方式，合理配置征管资源，努力减少税收流失。

第三节　税收管理体制

一、税收管理体制的概念

税收管理体制是在各级国家机构之间划分税权的制度。税权的划分有纵向划分和横向划分的区别。纵向划分是指税权在中央与地方国家机构之间的划分；横向划分是指税权在同级立法、司法、行政等国家机构之间的划分。

我国税收管理体制是税收制度的重要组成部分，也是财政管理体制的重要内容。税收管理权限包括：税收立法权、税收法律法规的解释权、税种的开征或停征权、税目和税率的调整权、税收的加征和减免权等。如果按大类划分、可以简单地将税收管理权限划分为税收立法权和税收执法权两类。

二、税收管理体制的作用

税收管理体制的确定，对于正确贯彻税收政策、法令，充分发挥税收的作用，提高税收管理效率，调动中央、地方积极性等方面，具有重要作用。具体表现在以下三个方面：

（一）强化了税收的职能作用

税收管理体制的确定、税收管理权限的合理划分，为税收组织收入、调节经济、发挥监督作用创造了条件。首先，要实现税收组织收入的职能，必须严格贯彻执行税收法令，按照税收法规将应征的税款及时足额地征收入库。税收管理体制从法律上为贯彻执行税收政策、法令提供了必要保证，通过税收管理权限的合理划分，明确了各级政府和立法机关的管理权限，在一定程度上可以制止和防止违反税法、超越税收管理权限的行为，以保证税收工作有序进行，使税收收入不受侵犯和损失。其次，税收是国家调节经济的重要经济杠杆，国家按照宏观决策的要求，通过税种的设置、税率的调整，直接影响纳税人的经济利益，对国家鼓励和限制发展的产业、产品，实施建立或限制政策，调整国民经济的运行。

（二）有利于调动中央和地方的积极性

正确划分税收管理权限、制定税收管理体制，对于充分调动中央和地方的积极性，具有十分重要的意义。首先，有利于中央宏观决策的落实。中央对宏观经济的决策，一般都需要各级政府具体贯彻实施。正确划分中央和地方各级政府之间的税收管理权限，使各级政府在自己的权限内积极发挥积极性和主动性，可以更好地保障国家宏观决策的实施；其次，有利于调动地方各级政府聚财、理财的积极性。税收收入的多少与各级政府的财力分配十分密切，由于税收管理权限涉及中央和地方各级政府的经济利益，因此，恰当划分中央与地方的管理权限，兼顾中央和地方各级的利益，有利于调动地方聚财、理财的积极性。

（三）有利于因地制宜地处理问题

我国是个幅员辽阔、地区之间经济发展很不平衡的国家。一方面要使国民经济持续稳定协调地发展，必须强调统一性，保证全国统一市场的正常运行；另一方面又要求在全国统一的前提下，给予地方因地制宜的灵活性。通过税收管理体制的确定，合理地划分中央与地方各级政府的税收管理权限，恰当处理统一性和灵活性的关系，使地方在不违背国家宏观决策和税收政策、法令的前提下，因地制宜地利用税收手段，发挥税收调节作用，以促进地方经济和整个国民经济的健康发展。

三、税收管理体制的演变

我国税收管理体制发展至今，由新中国成立初期高度集中的税收管理体制，逐步演化为以集中为主、适当分权的税收管理体制格局。

（一）1950～1976 年的税收管理体制

1. 1950～1957 年高度集中的税收管理体制。1950～1957 年，我国财政状况正处于困难时期。连年战火使得我国经济处于崩溃边缘，百废待兴，而当时全国各个解放区处于被分割状态，财政工作薄弱并且分散。为了渡过难关，尽早恢复国民经济，平衡财政收支，争取国家财政状况的根本好转，实现"一五"国民经济计划，我国政府实行了高度集中的财政管理体制。与此相适应，1950 年政务院公布了《全国税政实施要则》，统一了税收法规的制定权限，将税收的法律、条例的制定权、税种的开征权和停征权、税目的增减和税率的调整权以及减免税统一由中央集中控制。

2. 1958 年税收管理体制的改革。由于自 1950 年起的国民经济 3 年调整以及"一五"时期国民经济计划的顺利实施，使得我国经济步入正轨，并出现了前所未有的兴旺局面。为此，新中国成立初期，为应付经济暂时困难和混乱局面所采取的高度集权型的管理体制开始呈现与经济发展不相协调的矛盾和问题，经济体制改革成为政府一项迫切的要求。1958 年，我国实行了经济管理体制的重大改革，相继下放了生产、物资、财政等管理权限，同时也下放了部分税收管理权限，如将印花税、利息所得税、车船使用牌照税、屠宰税、城市房地产税等税种的税收管理权限下放给省级政府掌握，并允许地方对某些税种进行必要调整，自行制定征收办法。

3. 1961 年中央适当收回税收管理权限。1958 年经济高速增长的局面，由于决策性的食物和经济发展上的急躁情绪而丧失。1961 年不得不进行国民经济的调整，以克服当时的经济困难。在这一时期，为集中有限的权力，中央重申有关集权的规定，并将一部分已下放地方的税收管理权限重新集中于中央，这其中包括工商统一税项目的增减和税率的调整权等。

4. 1970 年再次下放税收管理权限。伴随着经济结构和经济新的发展变化，1970 年国家针对当时大批中央企业下放地方的新形势，对税收管理体制作出了相应的调整，即将部分减免税权以及农村征税办法的制定权下放给了省级政府。

1973 年的工商税制全面改革，进一步扩大了放权的范围，一定程度上调动了地方税收管理的积极性。

（二）1977～1993 年的税收管理体制

在这一段时期，我国经历了从计划体制向市场经济体制过渡的伟大变革。税收管理体制主要由 1977 年 11 月国务院批转财政部的《关于税收管理体制的规定》和以后年份对其进行调整的有关规定组成。

1.《关于税收管理体制的规定》的主要内容。属于国务院的管理权限主要有：在全省、自治区、直辖市范围内停征、免征或开征某一税种；在全省、自治区、直辖市范围内对某种应税产品或某个行业进行减免税；对工商税种的卷烟、酒、糖、手表 4 种产品的减免税；盐税税额的调整及非生产用盐的减免税；有关涉及外交关系和对外商征税的问题。

属于省、自治区、直辖市的管理权限主要有：对个别纳税单位生产的产品或经营的业务，因生产、经营、价格等客观条件发生较大变化，按照税法规定纳税有困难的，可给予定期减免税照顾；工业企业利用废渣、废液、废气和其他废旧物资作主要原料生产的产品，按照税法规定纳税有困难的，可给予定期减免税照顾；乡镇企业生产直接为农业生产服务的产品，可以根据本地区的实际情况，列举具体产品和服务项目，免征工商税，所得利润需要给予照顾的，可列举免征所得税；对灾区乡镇从事自救性的生产，可给予一定期限的减征或免征工商税和所得税的照顾；为贯彻中央的统一税法，可以制定具体征税办法；民族自治区对少数民族聚居的地区，可以根据全国税法制定的原则，制定税收办法，报国务院备案。

2. 对《关于税收管理体制的规定》的调整。《关于税收管理体制的规定》实施的十几年间，国家根据当时的政治、经济的发展变化，对其进行了陆续的调整和修订，主要内容如下：

（1）1981 年 1 月，国务院颁布了《关于平衡财政收支、严格财政管理的决定》，其中明确规定，不许随意改变税种、税率和减免税收，各部门自行下达有关税收的规定，一律无效。

（2）1981 年 3 月，财政部对税收管理权限问题作了明确规定，凡属国务院和财政部的税收管理权限，不论其收入归属中央财政或地方财政，各地均无权作出任何减免或更改税率的决定；省、自治区、直辖市掌握的管理权限，不能层层下放，过去下放给地、市、县的减免权限，除个别情况外，均应收回。

（3）1984 年 9 月，六届全国人大常委第七次会议通过《关于授权国务院改革工商税制和发布试行有关税收条例（草案）的决定》。

（4）1984 年 10 月，我国对工商税制进行改革。原工商税取消，新开征产品税、增值税和营业税，税收管理体制中有关工商税的内容，使用上述 3 种税，同时对陆续开征的一些新税种的税收管理权限分别作出了不同规定，如国有建筑安装企业营业税的减免审批权限在中央，其他建筑安装企业营业税的减免审批权限在地方；国营企业所得税和集体企业所得税则根据企业级次和减免税范围的大小，确定不同的管理权限等。

（5）1988 年，财政部决定将房产税、城镇土地使用税、车船使用税、城市维护建设税、印花税、筵席税、屠宰税、牲畜交易税、集市交易税、个人收入调节税、奖金税、工资调节税和建筑税等税种的收入划为地方财政收入。在实际执行的过程中，除个别税种（如建筑税、城镇土地使用税等）有明确规定外，还有一些税种减免税的审批权事实上不同程度上下放到各地税务局。

（6）1989 年 1 月，国务院批准并转发了国家税务总局《关于清理整顿和严格控制减税免税的意见》，对研究、鞭炮、焰火、钟表、自行车等 30 种国家需要限制生产的产品，以及小毛纺厂、小棉纺厂、小丝织厂、小油漆厂、小炼油厂、小轧材厂、小烟厂、小酒厂 8 类需要限制发展的小型企业，地方一律不得减免产品税、增值税和所得税，确实需要减免税的，必须报国家税务总局批准。

此外，在税收管理体制上，对西藏自治区一直实行特殊政策，允许经济特区和沿海 14 个港口城市对部分税种、税目的增减、税率的调整和减免等方面，比内地有着更大的管理权限。另外，关税管理体制和农业税管理体制分别由海关总署和财政部制定。

四、现行税收管理体制

自 1994 年 1 月 1 日起，我国全面实施国务院《关于实行分税制财政管理体制的决定》。分税制是财政管理体制的目标模式，同时也是税收管理体制改革的重要内容。随着分税制财政管理体制的实行，我国税收管理体制也发生了若干重大变化。

（一）税收立法权的划分

1. 税收立法权划分的种类。税收立法权是制定、修改、解释或废止税收法律、法规、规章和规范性文件的权力。它包括两方面的内容：一是什么机关有税收立法权；二是各级机关的税收立法权是如何划分的。税收立法权的明确有利于保证国家税法的统一制定和贯彻执行，充分、准确地发挥各级有权机关管理税收的职能作用，防止各种越权自定章法、随意减免税收现象的发生。

税收立法权的划分可按以下不同的方式进行：

（1）按照税种类型的不同来划分。如按流转税类、所得税类、地方税类来划分。有关特定税收领域的税收立法权通常全部给予特定一级的政府。

（2）根据任何税种的基本要素来划分。任何税种的结构都由几个要素构成：纳税人、征税对象、税基、税率、税目、纳税环节等。在理论上可以将税种的某一要素如税基和税率的立法权，授予某级政府。但在实践中这种做法并不多见。

（3）根据税收执法的级次来划分。立法权可以给予某级政府，行政上的执行权给予另一级，这是一种传统的划分方法，能适用于任何类型的立法权。根据这种模式，有关纳税主体、税基和税率的基本法规的立法权放在中央政府，更具体的税收实施规定的立法权给予较低级的政府。因此，需要指定某级政府制定不同级次的法律法规。我国的税收立法权的划分就是属于此种类型。

2. 我国税收立法权划分的现状。

（1）中央税、中央与地方共享税以及全国统一实行的地方税的立法权集中在中央，以保证中央政令统一，维护全国统一市场和企业平等竞争。其中，中央税是指维护国家权益、实施宏观调控所必需的税种，具体包括消费税、关税、车辆购置税、海关代征的增值税和消费税等。中央和地方共享税是指同经济发展直接相关的主要税种，具体包括增值税、企业所得税、个人所得税、资源税、证券交易印花税。地方税具体包括营业税、土地增值税、印花税、城市维护建设税、城镇土地使用税、房产税、车船税等。

（2）依法赋予地方适当的地方税收立法权。我国地域辽阔，地区间经济发展水平很不平衡，经济资源包括税源都存在较大差异，这种状况给全国统一制定税收法律带来一定的难度。因此，随着分税制改革的进行，适当地给地方下放一定的税收立法权，使地方可以实事求是地根据自己特有的税源开征新的税种，促进地方经济的发展。这样，既有利于地方因地制宜地发挥当地的经济优势，同时又便于与国际税收惯例对接。

具体地说，我国税收立法权划分的层次是这样的：

① 全国性税种的立法权，即包括全部中央税、中央与地方共享税和在全国范围内征收的地方税税法的制定、公布和税种的开征、停征权，属于全国人民代表大会及其常务委员会。

② 经全国人大及其常委会授权，全国性税种可先由国务院以《条例》或《暂行条例》的形式发布实行。经过一段时期后，再行修订并通过立法程序，由全国人大及其常委会正式立法。

③ 经全国人大及其常委会授权，国务院有制定税法实施细则、增减税目和调整税率的权力。

④ 经全国人大及其常委会的授权，国务院有税法的解释权；经国务院授权，国家税务主管部门（财政部和国家税务总局）有税收条例的解释权和制定税收条例实施细则的权力。

⑤ 省级人民代表大会及其常务委员会有根据本地区经济发展的具体情况和实际需要，在不违背国家统一税法，不影响中央的财政收入，不妨碍我国统一市场的前提下，开征全国性税种以外的地方税种的税收立法权。税法的公布，税种的开征、停征，由省级人大及其常务委员会统一规定，所立税法在公布实施前须报全国人大常务委员会备案。

⑥ 经省级人民代表大会及其常务委员会授权，省级人民政府有本地区地方税法的解释权和制定税法实施细则、调整税目、税率的权力，也可在上述规定的前提下，制定一些税收征收办法，还可以在全国性地方税条例规定的幅度内，确定本地区适用的税率或税额。上述权力除税法解释权外，在行使后和发布实施前须报国务院备案。地区性地方税收的立法权应只限于省级立法机关或经省级立法机关授权同级政府，不能层层下放。所立税法可在全省（自治区、直辖市）范围内执行，也可只在部分地区执行。

（三） 税收执法权的划分

根据国务院《关于实行财政分税制有关问题的通知》等有关法律、法规的规定，我国现行税制下税收执法管理权限的划分大致如下：

1. 根据国务院关于实行分税制财政管理体制的决定，按税种划分中央和地方的收入。将维护国家权益、实施宏观调控所必需的税种划为中央税；将同国民经济发展直接相关的主要税种划为中央与地方共享税；将适合地方征管的税种划为地方税，并充实地方税税种，增加地方税收收入。同时根据按收入归属划分税收管理权限的原则，中央税的税收管理权由国务院及其税务主管部门（财政部和国家税务总局）掌握，由中央税务机构负责征收；地方税的管理权由地方人民政府及其税务主管部门掌握，由地方税务机构负责征收；中央与地方共享税的管理权限按中央和地方政府各自的收入归属划分，由中央税务机构负责征收，共享税中地方分享的部分，由中央税务机构直接划入地方金库。

2. 地方自行立法的地区性税种，其管理权由省级人民政府及其税务主管部门掌握。省级人民政府可以根据本地区经济发展的实际情况，自行决定继续征收或者停止征收屠宰税和筵席税。继续征收的地区，省级人民政府可以根据《屠宰税暂行条例》和《筵席税暂行条例》的规定，制定具体征收办法，并报国务院备案。

3. 属于地方税收管理权限，在省级及其以下的地区如何划分，由省级人民代表大会或省级人民政府决定。

4. 除少数民族自治区和经济特区外，各地均不得擅自停征全国性的地方税种。

5. 经全国人大及其常委会和国务院的批准，民族自治地方可以拥有某些特殊的税收管理权，如全国性地方税种某些税目税率的调整权以及一般地方税收管理权以外的其他一些管理权等。

6. 经全国人大及其常委会和国务院的批准，经济特区也可以在享有一般地方税收管理权之外，拥有一些特殊的税收管理权。

7. 上述地方（包括少数民族自治地区和经济特区）的税收管理权的行使，必须以不影响国家宏观调控和中央财政收入为前提。

8. 涉外税收必须执行国家的统一税法，涉外税收政策的调整权集中在全国人大常委会和国务院，各地一律不得自行制定涉外税收的优惠措施。

9. 根据国务院的有关规定，为了更好地体现公平税负、促进竞争的原则，保护社会主义统一市场的正常发育，在税法规定之外，一律不得减税免税，也不得采取先征后返的形式变相减免税。

（四）税务机构设置和税收征管范围划分

1. 税务机构设置。根据我国经济和社会发展及实行分税制财政管理体制的需要，现行税务机构设置是中央政府设立国家税务总局（正部级），省及省以下税务机构分为国家税务局和地方税务局两个系统。

国家税务总局对国家税务局系统实行机构、编制、干部、经费的垂直管理，协同省级人民政府对省级地方税务局实行双重领导。

（1）国家税务局系统包括省、自治区、直辖市国家税务局，地区、地级市、自治州、盟国家税务局，县、县级市、旗国家税务局，征收分局、税务所。征收分局、税务所是县级国家税务局的派出机构，前者一般按照行政区划、经济区划或者行业设置，后者一般按照经济区划或者行政区划设置。

省级国家税务局是国家税务总局直属的正厅（局）级行政机构，是本地区主管国家税收工作的职能部门，负责贯彻执行国家的有关税收法律、法规和规章，并结合本地实际情况制定具体实施办法。局长、副局长均由国家税务总局任命。

（2）地方税务局系统包括省、自治区、直辖市地方税务局，地区、地级市、自治州、盟地方税务局，县、县级市、旗地方税务局，征收分局、税务所。省以下地方税务局实行上级税务机关和同级政府双重领导，以上级税务机关垂直领导为主的管理体制，即地区（市）、县（市）地方税务局的机构设置、干部管理、人员编制和经费开支均由所在省（自治区、直辖市）地方税务局垂直管理。

省级地方税务局是省级人民政府所属的主管本地区地方税收工作的职能部门，一般为正厅（局）级行政机构，实行地方政府和国家税务总局双重领导，以地方政府领导为主的管理体制。

国家税务总局对省级地方税务局的领导，主要体现在税收政策、业务的指导和协调，对国家统一的税收制度、政策的监督，组织经验交流等方面。省级地方税务局的局长人选由地方政府征求国家税务总局意见之后任免。

2. 税收征收管理范围划分。我国的税收分别由财政、税务、海关等系统负责征收管理。

（1）国家税务局系统负责征收和管理的项目有：增值税，消费税，车辆购置税，铁道部门、各银行总行、各保险总公司集中缴纳的营业税、所得税、城市维护建设税，中央企业缴纳的所得税，中央与地方所属企业、事业单位组成的联营企业、股份制企业缴纳的所得税，地方银行、非银行金融企业缴纳的所得税，海洋石油企业缴纳的所得税、资源税，证券交易税（开征之前为对证券交易征收的印花税），个人所得税中对储蓄存款利息所得征收的部分，中央税的滞纳金、补税、罚款。

（2）地方税务局系统负责征收和管理的项目有：营业税，城市维护建设税（不包括上述由国家税务局系统负责征收管理的部分），地方国有企业、集体企业、私营企业缴纳的所得税、个人所得税，资源税，城镇土地使用税，耕地占用税，土地增值税，房产税，车船税，印花税，契税，屠宰税，筵席税及其地方附加，地方税的滞纳金、补税、罚款。

此外，依据国家税务总局下发的《关于所得税收入分享体制改革后税收征管范围的通知》（国税发〔2002〕8号）规定：企业所得税、个人所得税的征收管理范围按以下规定执行：

① 2001年12月31日以前国家税务局、地方税务局征收管理的企业所得税、个人所得税（包括储蓄存款利息所得个人所得税），仍由原征管机关征收管理，不作变动。

② 自2002年1月1日起，按国家工商行政管理总局的有关规定，在各级工商行政管理部门办理设立（开业）登记的企业，其企业所得税由国家税务局负责征收管理。但下列办理设立（开业）登记的企业仍由地方税务局负责征收管理：

两个以上企业合并设立一个新的企业，合并各方解散，但原合并各方均为地方税务局征收管理的；

在工商行政管理部门办理变更登记的企业，其企业所得税仍由原征收机关负责征收管理。

③ 自2002年1月1日起，在其他行政管理部门新登记注册、领取许可证的事业单位、社会团体、律师事务所、医院、学校等缴纳企业所得税的其他组织，其企业所得税由国家税务局负责征收管理。

④ 2001年12月31日前已在工商行政管理部门和其他行政管理部门登记注册，但未进行税务登记的企事业单位及其他组织，在2002年1月1日后进行税

务登记的，其企业所得税按原规定的征管范围，由国家税务局、地方税务局分别征收管理。

⑤ 2001 年年底前的债转股企业、中央企事业单位参股的股份制企业和联营企业，仍由原征管机关征收管理，不再调整。

⑥ 不实行所得税分享的铁路运输（包括广铁集团）、国家邮政、中国工商银行、中国农业银行、中国银行、中国建设银行、国家开发银行、中国农业发展银行、中国进出口银行以及海洋石油天然气企业，由国家税务局负责征收管理。

国家税务总局 2008 年年底发出通知，自 2009 年 1 月 1 日起，对 2009 年以后新增企业的所得税征管范围进行调整。从 2009 年起，新增企业所得税纳税人中，应缴纳增值税的企业，其企业所得税由国税局管理；应缴纳营业税的企业，其企业所得税由地税局管理。通知明确，以 2008 年为基年，2008 年年底之前国税局、地税局各自管理的企业所得税纳税人不作调整。

通知规定，从 2009 年起，下列新增企业的所得税征管范围实行以下规定：企业所得税全额为中央收入的企业和在国税局缴纳营业税的企业，其企业所得税由国税局管理。银行（信用社）、保险公司的企业所得税由国税局管理，除上述规定外的其他各类金融企业的企业所得税由地税局管理。外商投资企业和外国企业常驻代表机构的企业所得税仍由国税局管理。

通知还对若干具体问题作出了规定，如 2008 年年底之前已成立跨区经营汇总纳税企业，从 2009 年起新设立的分支机构，其企业所得税的征管部门应与总机构企业所得税征管部门相一致；从 2009 年起新增跨区经营汇总纳税企业，总机构按基本规定确定的原则划分征管归属，其分支机构企业所得税的管理部门也应与总机构企业所得税管理部门相一致。按税法规定免缴流转税的企业，按其免缴的流转税税种确定企业所得税征管归属；既不缴纳增值税，也不缴纳营业税的企业，其企业所得税暂由地税局管理。既缴纳增值税又缴纳营业税的企业，原则上按照其税务登记时自行申报的主营业务应缴纳的流转税税种确定征管归属；企业税务登记时无法确定主营业务的，一般以工商登记注明的第一项业务为准；一经确定，原则上不再调整。

（五）中央政府与地方政府税收收入的划分

根据国务院关于实行分税制财政管理体制的规定，我国的税收收入分为中央政府固定收入、地方政府固定收入和中央政府与地方政府共享收入。

1. 中央政府固定收入包括：国内消费税、车辆购置税、关税、海关代征的增值税和消费税等。

2. 地方政府固定收入包括：城镇土地使用税、耕地占用税、土地增值税、房产税、车船税、印花税、契税、屠宰税、筵席税、烟叶税等。

3. 中央政府与地方政府共享收入主要包括：

（1）国内增值税：中央政府分享75%，地方政府分享25%。

（2）营业税：铁道部、各银行总行、各保险总公司集中缴纳的部分归中央政府，其余部分归地方政府。

（3）企业所得税：铁道部、各银行总行及海洋石油企业缴纳的部分归中央政府，其余部分中央与地方政府按60%与40%的比例分享。

（4）个人所得税：除储蓄存款利息所得的个人所得税归中央政府外，其余部分中央与地方政府按60%与40%的比例分享。

（5）资源税：海洋石油企业缴纳的部分归中央政府，其余部分归地方政府。

（6）城市维护建设税：铁道部、各银行总行、各保险总公司集中缴纳的部分归中央政府，其余部分归地方政府。

（7）印花税：证券交易印花税收入的94%归中央政府，其余6%和其他印花税收入归地方政府。

五、税收管理体制改革的设想

分税制管理体制实施以来取得了一定成绩，但也存在一些问题，需进一步完善。

（一）精简政府机构，为各级政府间税权的合理划分铺平道路

现行分税制与政府机构和行政体制改革不配套，使得税权在各级政府之间难以划分。我国实行五级政府制度，上下级政府之间一般都设有相同的对口部门，致使政府机构庞大，尤其地方政府人员比例过大，吃皇粮的人数多，财政不堪重负。这无疑会使得上下级政府之间的税权难以划分，也不利于提高政府的行政管理效率。

因此，要提高政府的治理能力和行政效率，必须转变政府职能，精简机构，这样才能为各级政府间税权的合理划分铺平道路。建议将现在的五级政府制改为三级政府制，即中央—省—县（农村）或中央—市—区（大中城市），并使三级政府有相对应的税权。同时，减少一些不必要的机构和裁减冗员。

（二）科学地界定中央与地方的财权和事权

分税制改革的重点是财权的重新划分。分税制实施以后，中央达到了集中财力的目的。从发展趋势看，中央所掌握的财政还将逐步扩大，而地方、尤其是市县的财权会缩小或停滞不前。具体表现为：

（1）分税制中央"拿大留小"，地方财力增长困难。分税制将大税种的大部

分划归了中央，如消费税、增值税等，留给地方的大多数是一些零星分散、增长弹性小的税种。这样，地方财政收入显然难与经济增长同步，在收入中的比重必然大幅度下降。

（2）分税制中央"拿多留少"，地方财力损失大，地区间受益状况苦乐不均。分税制应是分税不分级，但在目前的实际操作中，实际上是按税种和企业的隶属关系，即按税种和级次划分收入。

（3）财权与事权错位，地方包袱越加沉重。一方面事权划分不统一，缺乏明确的法律界定。目前，宪法对各级政府的事权划分只作了原则性规定，但在一些事务上，中央政府与地方政府的职责权限并不十分明了，中央政府该负责哪些事务及支出，地方政府该负责哪些事务及支出，一直没有一个明确的规定，特别是在经济性的划分上较为模糊。另一方面，实行分税制后，该中央拿走的均拿走，而不该地方背的包袱还要背；收入大头在中央，支出的大头在地方，地方既要多交钱，又要向中央要钱花，财权与事权不对等，责大权小、力量弱的问题仍没有解决好。

因此，必须科学合理划分事权与财权。根据公共品区域受益原则，政府间事权划分提出的一个总体原则是：全国性的公共品由中央政府提供，具有区域外溢性的公共品由中央和地方共同提供，地方性公共品则由当地政府提供。当然，由于历史、社会经济状况等方面的原因，不同的国家以及同一国家在不同的发展阶段，政府间事权的划分都会有所差别。尽管如此，对一国的财政体制建设来说，至关重要的是，在一段相对稳定的时期内，必须明确各级政府的事权范围，并且有必要将其上升到法律的高度。

和"一级事权"对应，必须要有"一级财权"，合理划分中央与地方的收入。为此，应健全地方税体系和建立地方公债制度。这样，地方才有稳定的财力来源，并把使用方向对应于自己应提供的公共产品。

（三）赋予地方相应的税收管理权限

目前，我国地方税收管理权限，如立法权、解释权、实施细则的制定权等仍高度集中于中央，地方立法权名存实无，参与地方税收立法和政策制定的是中央立法机关和行政机关，地方只是反映意见。立法中"受益人"缺席现象普遍，仅将屠宰税和筵席税这两个有待废除的税种的开征、停征权下放给地方。致使地方无法根据本地区经济发展的特点及时开辟新的税源，使许多潜在的税收收入白白流失。同时，也不利于地方因地制宜地调控配置区域性资源，影响了地方政府组织收入的积极性，造成地方政府特别是西部政府过于依赖中央的财政转移支付，无疑会妨碍地方经济的发展。

因此，应根据财权的划分，适当进行税权的调整。中央税的管理权限要高度集中于中央，地方不能随意出政策。而对于地方税的税收管理权限要适当下放，如地方税种的开征停征权、调整权、减免权等，并可适当考虑给地方一定立法权，充分体现统一领导、分级管理原则，真正调动中央与地方政府的积极性，以加强税收的征收力度，保证税收收入的应收尽收。

（四）适当调整税种，建立严密的中央与地方税体系

1. 根据收入项目的调节功能强弱确定归属，将宏观经济调控能力明显的税种划归中央，而将调控能力弱化的税种划归地方。同时还可考虑根据税基的移动性进行划分。如果一种税种的税基具有较强的移动性，那么容易出现避税的现象，而地方政府间为减少乃至消除这种税基移动，需要进行有效合作与协调，加大征税成本，因此，这类税收作为中央税比较理想。但税基的移动性不强或不具有移动性的税种，通常就应划分为地方政府所有。

2. 根据征管的效率进行划分。对某些税种而言，能够实现规模效益，则宜于集中，反之，收入零星、分散、集中管理成本较高且易流失的税种，应下放给地方政府。我国目前的分税制就此项原则的划分应属正确，问题是急需调整有些税种，特别是归属地方的税种（如城建税、房产税等）的征管制度和税负水平，以加强地方政府组织收入的能力。

3. 按照税基分布的均衡性进行划分。各地区税基分布不均衡的税种，应作为中央税，如证券交易印花税，对于税基均衡的税种，则应完全归地方，如营业税。

（五）优化税务机构，提高国税与地税机构办事效率，降低税务成本

目前国税与地方征管范围互有交叉，有些地方固定收入依据国税局确定的税基征收，由于两局审查的深度不同，认定的税基不一，企业无所适从，造成两局关系难以协调。另外，一些中央与地方税收在征期内，由于企业资金紧张，当税款无法一次缴纳时，两局屡屡发生抢收税款入库问题。其次，地方财政与国税协调也存在问题，现行国税部门组织征收的一部分收入与地方预算关系较大，如增值税完成情况，不仅直接决定地方分享的 25% 部分，而且对税收返还也有一定影响。由于国税机构由中央垂直管理，并实行税收任务考核，因此在税收任务的分配与地方预算的安排、税收增收分成提取税务经费方面，难以衔接，财税之间出现新的"条块"矛盾。同时，税务机构的征收成本居高不下，且呈连年上升趋势。

因此，协调好两套税务机构的运作，提高税务机构的办事效率、降低税收征收成本已是当务之急。

本章小结

税务管理概念有广义和狭义之分。狭义的税务管理包括税务登记、账簿凭证管理和纳税申报，属事前管理，它是征收和检查的基础与前提。广义的税务管理的概念则是对税收分配活动全过程进行决策、计划、组织、监督和协调，以保证税收职能作用得以实现的一种管理活动。作为一门学科，狭义概念难以准确反映其所包括的内容，因此，应采用广义概念。

公平、高效的税务管理是实现税收职能的关键，它可以规范税收征收和缴纳行为，推进依法治税；保护纳税人的合法权益，保障税务机关依法行政；发挥税收职能作用，促进经济发展和社会进步。

新中国成立以来，我国税务管理的变革随着经济的发展而不断调整和改革。新一轮税收征管改革的总体要求：构建以明晰征纳双方权利和义务为前提，以风险管理为导向，以专业化管理为基础，以重点税源管理为着力点，以信息化为支撑的现代化税收征管体系。争取到"十二五"期末搭建起基本框架，2020 年建成适应社会主义市场经济发展的现代化税收征管体系。

自 1994 年以来我国实行分税制税收管理体制，明确了税收立法权、税收执法权的划分，税务机构的设置，税收征管范围和中央地方税收收入划分。

复习思考题

1. 税务管理的概念是什么，它具有什么特征？
2. 税务管理的作用有哪些？
3. 税务管理的原则有哪些？
4. 简述新中国成立以来我国税务管理发展的历程。
5. 税务管理体制的概念是什么？
6. 简述新中国成立以来我国税收管理体制发展的历程。
7. 简述我国现行税收征收管理范围。

推荐阅读资料

姚林香、周全林：《税务管理》，江西科学技术出版社 2000 年版。

吴旭东：《税收管理》，经济科学出版社 2011 年版。

李青：《税收管理》，东北财经出版社 2006 年版。

网上资源

http：//www. chinatax. gov. cn （国家税务总局网）

http：//www. chinesetax. gov. cn （中国税务网）

第二章 税务组织管理

税务组织管理是实现税收职能，开展各项税务管理活动的组织保证。本章主要介绍税务管理机构、税务人员管理以及税收管理员制度。

第一节 税务管理机构

一、税务管理机构的概念

税务管理机构是开展税务管理活动的指挥和工作系统，是国家为实现税收职能而设立的，由税务人员组成的专门工作机构。

税务管理机构是按照税法和税收管理体制的规定行使税收管理权力的机构，属于国家行政机关。它的设置是为实现税收的职能服务的，其合理与否，直接关系到税务管理工作的效率，是搞好税务管理的组织保证。不难设想，不建立和健全一套自上而下的税务管理机构，整个税务管理工作不可能正常运转，税收的职能作用也就得不到充分有效的发挥。

二、税务管理机构设置的原则

（一）与税收管理体制相适应的原则

税收管理体制是税收管理权限在中央与地方之间进行具体划分的一项重要制度，有一级税收管理权限，就必须有一级税务管理机构，只有机构的存在才能保证权力的行使。同时，税务管理机构的设置要有发展的眼光，根据国家对税收工作的要求和税务管理任务的发展变化情况，适当地调整或改革税务管理机构，使税务管理机构的设置更加科学、合理和完善，与税收管理体制相适应。

（二）精简、效能的原则

为了保证税务管理工作有领导、有计划、有步骤地顺利进行，税务机关内部的机构设置必须遵循精简与效能的原则，其管理幅度与管理层次要相适应。管理幅度是指一个单位主管领导所能直接领导的下级人数，管理层次是指一个单位分设的级次。分设管理层次是为了实现有效的领导和管理，随着管理层次的增加，不仅会增加人员和费用，而且会由于环节多影响上下级沟通情况和传递信息，容易滋生官僚主义。所以，管理层次要适当，不能随便增设机构，更不能因人而设机构。根据各级税务机关业务性质和工作量的大小不同，有些内部机构可以分别单独设置，有些也可以适当合并。总之，税务管理机构要按照机构精简，层次减少，机构内部分工合理、职责统一的要求设置，这样才能更好地发挥税收职能的作用。

（三）单独设置原则

税务机关是具有行政执法性的专门负责税收工作事务的行政管理机关，这就决定了税务管理机构必须严格按照国家的税收法律法规，独立行使其职权。同时，由于税收的职能与国家的根本利益密切相关，这也要求税务管理机构必须单独设置，自成体系，独立行使其职权。总之，只有单独设置税务管理机构，才能维持税务机关的权威，在依法行使税收管理权限时，才能不受其他单位和个人的干扰，防止政出多门，各行其是，保证国家税收法律法规的正确贯彻与实施。

三、我国税务管理机构的沿革

新中国成立60多年以来，我国的税务管理机构随着各个时期的情况变化，经历了一个曲折发展过程。当重视税收工作时，税务管理机构就健全；当削弱税收作用时，税务管理机构就会被撤销或合并。总的来说，我国的税务管理机构经历了以下几个发展阶段。

新中国成立后，政务院于1949年11月25日复函财政部同意建立全国税务局，并于1950年1月1日正式成立财政部税务总局。同年1月27日政务院第17次政务会议通过《全国各级税务机关暂行组织规程》，规定全国设置下列税务机关：（1）中央财政部税务总局；（2）华东、华南、东北、西北、西南、内蒙古分设税务管理局；（3）省、盟或中央直辖市、区辖市分设税务局；（4）专区税务局及省辖市分设税务局；（5）县、旗、市分设税务局；（6）县、旗、市下分设税务所。各级税务机关受中央财政部领导，总局以下各分局、所，受上级局和同级政府双重领导。

1958年"大跃进"和"文化大革命"中，在"左"的思想的指导下，对税收工作产生了错误的理解，税制被一再简并，税务机关也几经撤并，税务机关成为财政部门的一个业务主管单位，大批税务人员调离税务工作岗位，农村税务所基本全部被撤销，造成税收无人管理的混乱局面。

1978 年党的十一届三中全会后，国家把工作重点转移到社会主义现代化建设上来，我国进入了一个新的历史发展时期。党和政府重申税收在经济建设中的作用，加强了税务机构，充实了税务干部力量。到 1981 年年底，各省、市、自治区的一级税务机构，均已相继恢复，各市、县税务机构也已分设，有了专门的税务局，税务人员也恢复到了 20 世纪 50 年代的水平。1982 年 3 月，国务院批转了财政部意见，强调进一步强化税收作用，明确提出税务机构实行地方政府和上级税务机关双重领导，业务上以上级税务机关领导为主；要配备有能力的干部担任税务部门的领导职务，县以上税务局长的任免调动，要征得上一级税务机关的同意。1984 年 4 月，国务院在批转财政部《关于加强省、自治区税务局机构的报告》中规定：省、自治区税务局由原来的正处级建制上升半格，税务局内可以设置处级建制，局有权单独发布或同其他部门联合发布有关税收文件，局长由副厅级干部担任，可以参加同级政府会议，阅读有关文件；省辖市以下的各级税务机关与同级财政部门平行。1988 年 5 月，国务院又决定把财政部税务总局更名为国家税务局，由财政部归口管理，属于副部级建制。1993 年 6 月又决定把国家税务局更名为国家税务总局，由部属归口管理改为直接隶属国务院领导。同年 12 月，国务院又决定把国家税务总局晋升为正部级建制。所有这些变化，大大提高了税务管理机构的地位，有力地保证了税收工作的顺利进行。

四、我国现行税务管理机构

（一）设置两套税务管理机构

1994 年，为了进一步理顺中央与地方的财政分配关系，更好地发挥国家财政职能的作用，增强国家的宏观调控能力，我国开始实行分税制财政管理体制。为了适应分税制财政管理体制的需要，我国对税务管理机构也进行了相应的配套改革。中央政府设立国家税务总局，是国务院主管税收工作的直属机构。省级以下税务机构分为国家税务局和地方税务局两个系统，见图 2－1。

国家税务总局对国家税务局系统实行机构、编制、干部、经费的垂直管理体制。

省级地方税务局实行地方政府和国家税务总局双重领导，以地方政府领导为主的管理体制。国家税务总局对省级地方税务局的领导，主要体现在税收政策、业务的指导和协调，对国家统一的税收制度、政策的监督，组织经验交流等方面。省级地方税务局的局长人选由地方政府征求国家税务总局意见之后任免。根据国务院《关于地方税务机构管理体制问题的通知》精神，对地方税务系统实行省级以下经费、编制、人员和干部任免的四垂直管理体制。

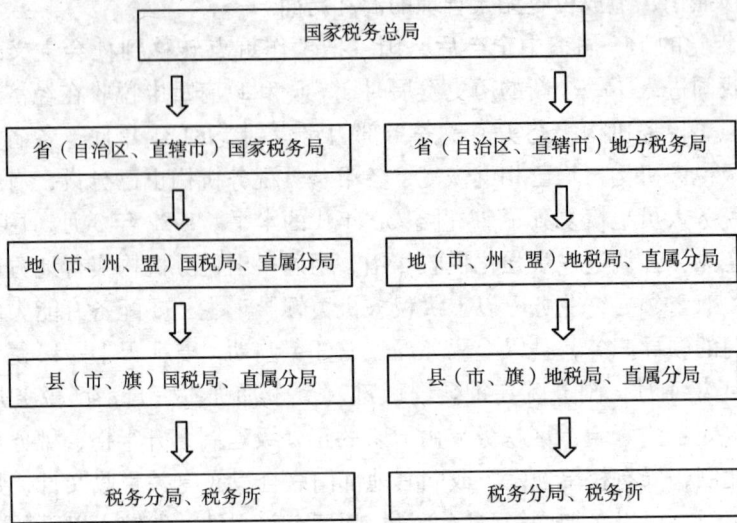

图 2 - 1　两套税务机构的设置

（二）税务管理机构的内设机构

1. 国家税务总局的内设机构。国家税务总局是我国主管国家税收工作的职能机构。其内部设司（局），主要包括 13 个内设机构：办公厅、政策法规司、货物和劳务税司、所得税司、财产和行为税司、国际税务司、收入规划核算司、纳税服务司、征管和科技发展司（大企业税收管理司）、稽查局、财务管理司、监督内审司、人事司。上述各内设机构的主要职责见表 2 - 1。

表 2 - 1　　　　　　　　　　国家税务总局内设机构及其主要职责

办公厅	负责机关文电、机要、会务、档案、信访、保密和保卫等工作；承担税务宣传、政务公开和新闻发布工作；管理机关财务和其他行政事务
政策法规司	起草税收法律法规草案、部门规章及规范性文件；研究提出税制改革建议；拟订税收业务的规章制度；研究、承办涉及世贸组织有关税收事项；承担重大税收案件的审理和行政处罚工作；承担机关有关规范性文件的合法性审核工作；承办税务行政复议、行政应诉工作
货物和劳务税司	组织实施增值税、消费税、营业税、车辆购置税等（不含海关代征的）征收管理工作，拟订具体的征收管理政策和办法；对有关法律法规在执行中的一般性问题进行解释和处理；组织实施出口退税管理工作
所得税司	组织实施企业所得税、个人所得税和法律法规规定的基金（费）等征收管理工作，拟订具体的征收管理政策和办法；对有关法律法规在执行中的一般性问题进行解释和处理
财产和行为税司	组织实施财产与行为各税种及教育费附加等税收业务管理，拟订具体的征收管理政策和办法；对有关法律法规在执行中的一般性问题进行解释和处理；指导财产与行为各税种及教育费附加的征管业务

续表

国际税务司	研究拟订国家（地区）间反避税措施，组织实施反避税调查；参加国家（地区）间税收协议、协定谈判，承办草签和执行有关协议、协定等工作；承办与国际机构、国家（地区）间税务机关的合作与交流业务；管理总局机关和国税系统外事工作
收入规划核算司	编制税收收入中长期规划，编制年度税收任务、出口退税指标；参与起草税款征缴退库制度，监督检查税款缴、退库情况；承办税收收入的分析、预测和重点税源监控管理工作；拟订税收收入规划和税收会计、统计等相关制度；管理税收数据；组织实施税收统计工作
纳税服务司	组织实施纳税服务体系建设；拟订纳税服务工作规范和操作规程；组织协调、实施纳税辅导、咨询服务、税收法律救济等工作，受理纳税人投诉；组织实施税收信用体系建设；指导税收争议的调解；起草注册税务师管理政策，并监督实施
征管和科技发展司（大企业税收管理司）	起草综合性税收征管规范性文件；拟订税收征收管理的长期规划和综合性方案；管理税收发票和票证；拟订和组织实施税收管理信息化的总体规划和实施方案；承办税收管理信息化建设中业务需求整合和流程优化的综合管理工作；承担对大型企业提供纳税服务工作，实施税源监控和管理，开展纳税评估，组织实施反避税调查与审计；指导海洋石油税收业务
稽查局	起草税务稽查法律法规草案、部门规章及规范性文件；办理重大税收案件的立案和调查的有关事项并提出处理意见；指导、协调税务系统的稽查工作
财务管理司	拟订国税系统财务、基建管理办法；管理国税系统的经费、财务、装备、固定资产；审核汇编国税系统的财务预决算；办理各项经费的领拨
督察内审司	组织实施税收法律法规、部门规章及规范性文件执行情况的监督检查；承办国税系统财务、基建、大宗物品采购审计和领导干部经济责任审计工作
人事司	拟订国税系统人事制度并组织实施；管理国税系统的人事、机构编制工作，对省级地方税务局局长的任免提出意见；组织实施税务系统思想政治工作和精神文明建设

2. 省、自治区、直辖市国家税务局、地方税务局的内设机构。根据国家税务总局的规定，各省、自治区、直辖市国家税务局、地方税务局的内设机构应结合本地的实际情况，依据精简、高效的原则，设立其内设机构。各省、自治区、直辖市国家税务局、地方税务局一般都是根据国家税务总局的内设机构设立相应的处（室）。由于各省、自治区、直辖市的具体情况不同，其内设机构也有所不同，但差异很小。

五、我国各级税务机关的职责和权限

（一）国家税务总局的职责和权限

1. 具体起草税收法律法规草案及实施细则并提出税收政策建议，与财政部共同上报和下发，制定贯彻落实的措施。负责对税收法律法规执行过程中的征管和一般性税政问题进行解释，事后向财政部备案。

2. 承担组织实施中央税、共享税及法律法规规定的基金（费）的征收管理责任，力争税款应收尽收。

3. 参与研究宏观经济政策、中央与地方的税权划分并提出完善分税制的建议，研究税负总水平并提出运用税收手段进行宏观调控的建议。

4. 负责组织实施税收征收管理体制改革，起草税收征收管理法律法规草案并制定实施细则，制定和监督执行税收业务、征收管理的规章制度，监督检查税收法律法规、政策的贯彻执行，指导和监督地方税务工作。

5. 负责规划和组织实施纳税服务体系建设，制定纳税服务管理制度，规范纳税服务行为，制定和监督执行纳税人权益保障制度，保护纳税人合法权益，履行提供便捷、优质、高效纳税服务的义务，组织实施税收宣传，拟订注册税务师管理政策并监督实施。

6. 组织实施对纳税人进行分类管理和专业化服务，组织实施对大型企业的纳税服务和税源管理。

7. 负责编报税收收入中长期规划和年度计划，开展税源调查，加强税收收入的分析预测，组织办理税收减免等具体事项。

8. 负责制定税收管理信息化制度，拟订税收管理信息化建设中长期规划，组织实施金税工程建设。

9. 开展税收领域的国际交流与合作，参加国家（地区）间税收关系谈判，草签和执行有关的协议、协定。

10. 办理进出口商品的税收及出口退税业务。

11. 对全国国税系统实行垂直管理，协同省级人民政府对省级地方税务局实行双重领导，对省级地方税务局局长任免提出意见。

12. 承办国务院交办的其他事项。

（二）国家税务局系统的职责和权限

在国家税务局系统中，各省、市、自治区国家税务局在国家税务总局的直接领导下，负责组织管理所管辖范围内的税收征管工作。其主要职责和权限是：

1. 贯彻执行税收法律法规、部门规章及规范性文件，并结合本地实际情况，研究制定具体的实施办法。

2. 贯彻执行税收征收管理法律法规、部门规章及规范性文件，研究制定具体的实施办法，组织实施本系统税收征收管理改革。

3. 根据本地区经济发展规划，研究制定本系统税收发展规划和年度工作计划并组织实施。

4. 负责本地区中央税、共享税及法律法规规定的基金（费）的征收管理、税源管理、纳税评估、反避税和稽查工作，力争税款应收尽收；负责增值税专用发票、普通发票和其他税收票证的管理工作。

5. 监督检查本系统的税收执法活动和内部行政管理活动；负责税务行政处

罚听证、行政复议和行政应诉工作。

6. 负责规划和组织实施本系统纳税服务体系建设；制定和监督执行本系统纳税服务管理制度；贯彻执行纳税人权益保障规章制度，研究制定具体的实施办法；监督实施注册税务师管理制度。

7. 组织实施对纳税人进行分类管理和专业化服务，组织实施对大型企业的纳税服务和税源管理。

8. 编制、分配和下达本系统税收收入计划并组织实施；负责本系统的税收会计、统计核算工作。

9. 负责规划和组织实施本系统税收管理信息化建设；制定本系统税收管理信息化制度；承担本系统金税工程的推广和应用工作。

10. 负责本地区进出口税收和国际税收管理工作。

11. 组织开展本系统党风廉政建设、反腐败工作及行风建设。

12. 垂直管理本系统的机构、编制、人员和经费等工作。

13. 承办国家税务总局和本省省委、省政府交办的其他工作。

（三）地方税务局系统的职责和权限

在地方税务局系统中，各省、市、自治区地方税务局的主要职责和权限虽然有所不同，但一般都包括以下内容：

1. 贯彻执行各项地方税收法律、行政法规和规章，参与拟定地方税收法规，研究、制定实施意见，并组织实施。

2. 负责组织全省各项地方税收收入计划的编制、分配和考核，完成各项地方税收收入任务。

3. 负责全省按国家规定由地税系统征收的各项税种的征收管理工作，以及省政府决定征收的基金、费等专项收入的征收管理工作。

4. 参与研究宏观经济政策，运用税收杠杆，提出促进地方经济发展的建议，强化税收宏观调控功能。

5. 按照税收征管法的要求，建立健全科学、严密、有效的地方税收征收体系，强化地方税收执法职能。

6. 监督检查全省各级地方税务机关和各部门、各单位贯彻各项地方税收法律、行政法规和规章的情况；鉴定和清理地方税收法规性文件，加强地方税收法制建设。

7. 管理、指导和协调全省地方税收稽查工作，查处重大偷税、抗税案件；负责全省地方税务行政复议和诉讼工作。

8. 开展税法宣传，增强全民纳税意识，创造良好的税收环境；研究税收理论和政策，掌握税收动态，组织税务咨询。

9. 统一管理省以下地方税务系统的机构、人员、编制和经费，按照下管一级的原则，负责对省辖市地方税务局处级干部的管理。

10. 负责全省地方税务系统的思想政治工作、精神文明建设和干部的教育培训工作，负责省以下地方税务系统的纪检监察工作。

11. 完成省政府和国家税务总局交办的其他事项。

第二节　税务人员管理

一、税务人员的概念

税务人员是具体贯彻执行税收政策，从事税务工作的专职人员。国家的各项税收政策必须依靠广大税务人员去认真贯彻执行，否则，再完善的税制无人负责贯彻落实，也成了"空中楼阁"，再丰裕的税源无人去征管，税款也不会自动流入国库。所以，加强对税务人员的管理，提高税务人员的素质，充分调动其积极性和主动性，是税务管理的一项重要内容。

二、税务人员素质

税务人员素质的高低是税务管理工作质量的决定因素。税务工作越复杂、任务越繁重，越需要训练有素、纪律严明的税务干部队伍，对税务人员的素质要求就越高。因此，建设一支具有较高政治业务素质的税务干部队伍，是贯彻落实税收政策法规，保证税收任务完成的必要条件。

（一）税务人员思想政治素质

由于税务工作具有政策性强、涉及面广、分散独立和流动性大等特点，因此，要求税务人员必须具备较高的思想政治素质。

1. 政治素质方面。要认真学习马列主义、毛泽东思想和邓小平理论，认真贯彻党的路线、方针和政策；坚持四项基本原则，在政治上同党中央保持一致；在税务管理中必须服从和服务于经济建设这个中心，积极开辟税源，堵塞漏洞，依率计征，不断增强做好税务工作的责任感和使命感；自觉遵守党纪、政纪，不滥用职权，不玩忽职守，不以权谋私，正确处理好征纳双方关系。

2. 思想素质方面。要发挥爱国主义、集体主义精神，识大体、顺大局，自觉维护党和国家利益；要摒弃拜金主义、享受主义的思想，坚决反对和抵制封建主义和资本主义腐朽思想的侵蚀；要树立为纳税人服务的思想，尊敬、尊重纳税人，优化服务质量，改善办税环境，提高办税效率，在广大人民群众中树立良好的社会形象。

（二）税务人员业务素质

业务素质是指税务人员为完成税收工作任务所必须掌握的有关税收法令，经济、财政、税收等基础理论知识，以及应具备的基本技能。税务人员除应具备较高的思想政治素质外，还应有扎实的基础文化知识、专业知识和较强的业务技能，这样才能较好地理解和掌握国家各项税收政策，正确处理好税收工作中的各种矛盾和问题。

1. 基础文化知识。基础文化知识是掌握专业知识，理解方针、政策，分析问题，解决问题的基本功。首先，要具有一定的数学知识水平，能计算各种数据指标，分析经济税源变化情况和进行日常的税款计算与汇算。其次，要具有一定的哲学知识，应用文知识和写作能力。哲学知识可以使税务人员用科学的方法广泛全面正确地分析问题，并通过严密的推理判断来找出事物的结论与根源，最终找到解决问题的途径。同时，由于税务人员经常要拟写一些情况反映、调查报告和征管、稽查文书等，因此，税务人员必须具有一定的应用文知识和写作能力。

2. 基础理论知识。税务工作涉及的专业基础理论知识很广，如税收学、财政学、货币银行学、政治经济学等。这些理论知识对于正确理解国家的各项方针政策都是不可缺少的，税务人员应尽可能地掌握得广一些、深一些。

3. 财会知识。税务工作中的税收法规、政策都直接与财务会计制度相衔接，许多税种税款的计算征收都必须以财务会计核算资料为依据。所以，税务人员必须熟练地掌握财会知识，包括纳税人的财务会计制度，会计核算知识、财务管理知识和经济活动分析知识等。

4. 基本技能。国家税务总局曾将税务人员的职业技能概括为"三懂四会五掌握"，即懂税收政策法规、懂财会管理制度、懂经济法规；会征管、会查账、会促产、会宣传；掌握纳税户的生产经营、销售、税源、资金和税款缴纳的情况。基本技能还应包括运算技术、组织能力、语言文字表达能力以及认识问题和解决问题的能力等。特别是随着计算机等现代化技术手段在税收征管工作中的日益推广和普及，以及电子商务、网络技术等在现代经济生活中的迅猛发展，这就要求税务人员必须懂得计算机知识和网络技术知识，并能运用计算机处理税务日常工作，以适应现代税收征管形势的要求。

三、税务人员的岗位责任制

税务人员的岗位责任制是指对税务人员按其不同的工作岗位和职责要求，提出完成任务的指导思想、工作内容、保障措施和工作要求等方面的行为规范。其主要精神是，在定机构、定编制、定人员、定任务的基础上，以任务定岗、定人，责任到人，权利到人，各司其职，各尽其责，分级分人负责。

为了适应新形势发展和税制改革、征管改革、人事制度改革的需要，努力造就一支"政治过硬、业务熟练、作风优良"的税务干部队伍，开创两个文明建设的新局面，确保各项税收任务的圆满完成，国家税务总局决定在全国税务系统进一步推行岗位责任制。2002年2月，国家税务总局发布了《国家税务总局决定在全国税务系统进一步推行岗位责任制的意见》。具体意见如下：

（一）推行岗位责任制应遵循的原则

1. 坚持"两手抓"的原则。各级税务机关要牢固树立"两手抓，两手都要硬"的思想，坚持"一岗两责"，坚持抓好收入工作和加强精神文明建设的有机统一，坚持标本兼治，使政治工作和业务工作互相渗透，互相促进，共同提高，确保推行岗位责任制工作的正确方向。

2. 坚持依法行政的原则。各级税务机关和各类税务人员必须牢固树立依法行政的观念，在税收行政和税收征收工作中以法制、公平、文明、效率为准则，做到按法律法规办事，按制度办事，按程序办事，杜绝随意性和盲目性。

3. 坚持以人为本的原则。税务干部是搞好税收工作的决定力量。各级税务机关要从实际出发，加强思想教育，强化业务培训，不断提高干部队伍政治业务素质。在加强干部队伍建设中，既要严格管理，从严治队，又要关心爱护干部职工，切实帮助解决他们在工作、生活中的实际问题，充分调动广大税务干部的工作积极性。

4. 坚持分级管理的原则。推行岗位责任制要按照分级管理的原则，一级抓一级，一级考一级，一级对一级负责。各级税务机关和人员要各司其职，各负其责，严禁越权，违规办事，养成令行禁止，政令畅通，上下协调，秩序良好的工作作风。

5. 坚持以考促管的原则。考核是促进岗位责任制落实，加强干部队伍管理的重要手段。各级税务机关要结合实际，采取科学有效的考核形式和奖惩办法，认真实施考核和奖惩。考核要考出实绩，奖惩要拉开档次，不搞平均主义。通过考核和奖惩，全面落实岗位责任制，进一步加强干部队伍管理。

6. 坚持实事求是的原则。各级税务机关要从本地区、本部门的实际出发，加强调查研究，积极探索推行岗位责任制的有效途径。在推行岗位责任制的过程中，要注重内容和形式的统一，做到简便易行，注重实效，力戒形式主义。

（二）推行岗位责任制的基本内容

推行岗位责任制，就是通过明确职责范围、落实岗位责任，建立良好工作秩序，提高办事效率。其基本内容是：

1. 科学设置岗位。要严格按照税务机构设置与编制方案的要求，本着精干、高效、协调的原则，根据实际工作需要，合理设置岗位，明确各个岗位的工作范围和主要任务，使每个岗位的工作量饱满，岗位与岗位之间的工作任务互相衔接，促进征管改革的深入，彻底解决疏于管理的问题。

2. 明确岗位职责。要按照单位、部门、岗位的工作范围，结合各个岗位的工作量和工作难度，具体制定各岗位工作人员的职责，明确工作权限，做到不重不漏，职责清晰，责权分明，确保每个岗位的税务干部能够顺利履行职责。岗位职责包括共同职责和工作职责。共同职责是指社会公德、职业道德、廉洁勤政、税容风纪等每个岗位的工作人员都必须履行的职责。工作职责是指完成本岗位工作任务所必须履行的职责。各级税务机关要按照上述要求制定职责规范和科学严密、简便易行、责任明确的工作程序，使各个岗位、岗位之间工作规范、运转协调。

3. 确定工作目标。要根据各岗位的工作范围和职责，从德、能、勤、绩等方面确定每个岗位的工作目标。德是指立场坚定，政治过硬；能是指业务熟练，胜任工作；勤是指工作态度和精神面貌；绩是指工作质量和工作效率。制定的目标要具有先进性、可行性，既有利于各项税收任务的圆满完成，又有利于发挥税务干部的潜能，创造性地开展工作。制定岗位工作目标要充分考虑本地区、本部门税收管理的实际水平，做到符合实际，切实可行。各项目标要易于监控、考核，能够比较真实、客观地反映税务干部的工作成效。要根据工作任务的变化，及时对工作目标进行修订、补充和完善，使每个岗位的工作人员在不同时期都有其明确的工作标准和奋斗方向。

4. 实行竞争上岗。要根据各个岗位的职责和目标，分别制定不同岗位的任职条件，推行全员竞争上岗制度。对领导岗位，要大力推行竞聘上岗，通过民主推荐、考试考核、公开答辩、组织任命等程序，把年富力强、德才兼备的税务干部选拔到领导岗位；对各岗位工作人员实行考试上岗，对考试合格、技能达标的人员，根据其考试成绩和业务特长安排岗位，对考试不合格、技能不达标的实行待岗培训，经培训考试合格后才能上岗。要积极推行双向选择和末位淘汰制度，逐步建立能上能下、优胜劣汰、充满生机和活力的激励竞争机制。

5. 严格责任追究。要建立岗位责任追究和连带责任追究制度，对违反岗位责任制的行为分别作出明确、具体的处理规定。要定期检查各岗位工作人员履行职责、完成责任工作目标的情况，对不能履行职责、失职、渎职或出现严重违法违纪问题的，除按规定追究直接责任人的责任外，还要追究主管领导的连带责任。

（三）推行岗位责任制的保障措施

1. 健全制度，规范管理。规章制度是规范管理、确保税务干部认真履行职责的重要措施。各级税务机关要紧紧围绕推行岗位责任制，建立健全岗位职责、政治建设、业务建设、执法执纪、征收管理、工作流程、检查监督、责任追究等规章制度。规章制度的建立和完善要坚持效能的原则，不求多，但求精，确保制定的制度科学有效，使其真正成为各级税务机关和广大干部职工的行为规范，形成制度管人、制度管事的良好环境，把推行岗位责任制作为实施规范化管理的制度保障。

2. 加强监督，强化指导。各级税务机关要按照检查、反馈、追究三个环节实施监督。通过明察暗访、自查自纠、民主评议、聘请义务监督员、设立举报箱和举报电话、召开纳税业（户）座谈会、发放征求意见书等措施，对税务干部履行职责情况进行检查监督。在实施监督的过程中发现问题要及时进行反馈，并责成存在问题的单位和个人认真查找原因，限期纠正；对存在问题严重的单位和个人要严格按照上级和本单位的有关规定进行处理，不能姑息迁就。

3. 严格考核，兑现奖惩。各级税务机关要按照推行岗位责任制的基本内容和要求，制定百分制或千分制考核标准，其中包括共同职责考核标准和工作职责考核标准，并对共同职责和工作职责的具体内容分别量化确定分值。要积极探索科学有效的考核办法，坚持日常考核与定期考核相结合，定量考核与定性考核相结合，人工考核与计算机考核相结合，领导考评与群众测评相结合，实行以责定分，按分计奖。要建立健全考核奖惩机制，定期组织考核，并作为干部晋升、评先创优、立功受奖的主要依据；对不愿学习、不思进取、不负责任的要进行批评教育、警示诫勉；对不胜任本职工作的要待岗培训或调离岗位；对失职、渎职的要按有关规定给予党纪、政纪处分，并实行廉政一票否决。通过考核和奖惩，真正做到奖勤罚懒，奖优罚劣，充分调动各级税务机关和广大干部职工落实岗位责任制的积极性。

（四）推行岗位责任制的工作要求

各级税务机关要把税务机构改革和推行岗位责任制紧密结合起来，采取有效措施，积极稳妥、扎扎实实地做好工作。

1. 提高认识，加强领导。推行岗位责任制对加强税务机关和干部队伍建设，促进各项工作的规范化，进一步调动广大税务干部积极性具有重要意义。各级税务机关必须提高认识，统一思想，要把推行岗位责任制作为"两个文明"建设的重要内容，列入重要议事日程，成立由局领导任主任、各职能部门负责人为成员的岗位责任制考核评审委员会，确定办事机构，具体负责推行岗位责任制的计划、组织、协调、检查、考核、奖惩等工作。要坚持不懈地做好思想政治工作，统一广大干部职工的思想认识，充分调动其主动参与的积极性，确保推行岗位责任制工作的健康发展。总局、省级税务机关要以身作则，积极推行和实施岗位责任制，为基层税务机关作出表率。

2. 深入调查，制订方案。各地要按照总局关于机构改革和推行岗位责任制工作的要求，深入实际，调查研究，认真总结回顾近年来加强队伍建设、搞好税收管理的经验和教训，有针对性地制定符合本系统、本机关工作实际的具体实施方案，对推行岗位责任制的内容、方法、步骤、考核标准、考核周期、考核办法等作出明确规定。在推行过程中，各地可以因地制宜，继续坚持已有的成功做法，不求形式的统一，提倡"百花齐放"，但务求职责明确，考核严谨，奖惩分明，使税收管理再上新水平。要抓住机构改革、重新"三定"的有利时机，认真推行岗位责任制。

3. 周密组织，稳步实施。推行岗位责任制是一项复杂的系统工程，必须精心组织，缜密规划，有组织、有步骤地组织实施。各地要结合机构改革，重新设定岗位，制定职位说明书，采取竞争上岗等办法，择优确定各岗位工作人员，明确岗位职责和工作目标。在推行岗位责任制过程中，要采取先行试点，取得经验，再逐步推开的方法，稳步推进；要深入调查研究，广泛听取各方面尤其是基层税务干部的意见和建议，及时发现和解决工作中存在的矛盾和问题，创造性地开展工作；要加强督促检查，严格考核，确保各个阶段工作任务的实现，使推行岗位责任制工作扎扎实实，富有成效。

4. 及时总结，不断提高。各地要及时总结推行岗位责任制的经验，注意发现、培养和树立典型，采取多种形式进行推广，做到抓点带面，共同提高。总局将采用抽查、互查、普查等方式，加大岗位责任制的考核力度，以确保工作的顺利推行和持久发展，适时召开全国或部分省市的经验交流会、座谈会、研讨会，推动整个工作的深入开展。

四、税务公务员制度

根据《国家公务员暂行条例》和《国家公务员制度实施方案》的精神，税务系统应按照有关规定推行国家公务员制度。实行公务员制度，是我国人事制度改革采取的重要步骤。税务机关属于政府的职能机关，在税务系统内部实行公务员制度，是提高税务人员素质，强化税务队伍建设，提高征管质量和效率的重要措施。税务公务员制度是指对税务人员录用、考核、任用、培训等方面的一种管理制度。主要内容包括：

（一）考试录用制度

为了公正地选拔德才兼备的精英人才从事税务工作，并形成一支优化、精干、廉洁、高效、稳定的税务公务人员队伍，按照公开、平等、竞争的原则，通过严格的公开考试，择优录用税务人员，以提高税务人员队伍的综合素质。

（二）考核与奖惩制度

税务公务员的考核是指对税务公务员工作或业务成绩的质量、数量及其能力、品行、学识、性格、健康等状况进行考查审核。考核时要贯彻民主公开、客观公正的原则，做到领导与群众、定性与定量、平时与定期相结合。考核的内容包括德、能、勤、绩四个方面。通过考核，对成绩突出的公务员，应予以表彰奖励，委以重用；对成绩平平的税务公务员，应督促其迅速提高工作水平，必要时还应予以适当的惩罚甚至解除公职，以鼓励税务公务员之间公平竞争，提高工作效率。

（三）培训制度

税务公务员的培训是根据税务人员所任职和工作的需要，对其进行的继续教育或训练。培训时应贯彻学用一致、按需施教、讲求实效的原则。培训基本类型为：初任培训、任职培训、专业业务培训和更新知识培训四类。每个税务公务员非特殊情况，都必须按规定参加相应的培训。

（四）职位轮换（轮岗）制度

为了培养高素质的税务公务员队伍，增强税务机关活动力，提高办事效率，促进勤政、廉政建设，税务公务员实行职位轮换（轮岗）制度，根据规定担任领导职务的税务公务员在同一职位上任职五年以上，原则上要实行轮岗，根据实际需要也可适当延长或缩短轮岗年限。税务公务员轮岗离职前，应当办理公务交接手续，必要时进行离岗审计。税务公务员应当服从轮岗的决定，对于无正当理由拒不服从轮岗决定的，给予批评教育，并按轮岗决定直接办理任免手续。

第三节　税收管理员制度

一、税收管理员制度概述

国家税务总局 2005 年 3 月 11 日颁布的《税收管理员制度（试行）》，明确了税收管理员的工作职责、工作要求和对税收管理员的监督管理。税收管理员制度是各级税务机关强化税源管理，明确岗位职责，落实管户责任，规范基层税务人员税收征收管理和纳税服务行为的基础工作制度。建立和完善税收管理员制度，有利于全面深入掌握纳税人的户籍管理、生产经营、财务核算、税款缴纳、发票管理等情况以及其他各类涉税信息；有利于加强对所辖区域的税源动态情况的分析监控，并对纳税人实施纳税评估，实行科学化、精细化管理，对于解决"淡化责任、疏于管理"，深入开展纳税评估，强化税源管理将起到十分重要的作用。新的税收管理员制度是对传统的税收专管员制度的扬弃，体现了"革除弊端、发挥优势、明确职责、提高水平"的原则和"科学化、精细化"管理要求。

（一）税收管理员的概念

税收管理员是基层税务机关及其税源管理部门中负责分片、分类管理税源，负有管户责任的工作人员。税收管理员在基层税务机关及其税源管理部门的管理下，贯彻落实税收法律、法规和各项税收政策，按照管户责任，依法对分管的纳税人、扣缴义务人（以下简称纳税人）申报缴纳税款的行为及其相关事项实施直接监管和服务。

基层税务机关是指直接面向纳税人、负责税收征收管理的税务机关；税源管理部门是指基层税务机关所属的税务分局和税务所或内设的税源管理科（股）。

实行税收管理员制度，应遵循管户与管事相结合、管理与服务相结合、属地管理与分类管理相结合的原则。

（二）税收管理员制度与税收专管员制度的比较

1. 税收专管员制度出台的背景。税收专管员制度始于20世纪50年代初期。当时百废待兴，中央政府急需筹资用于经济改造和恢复。1950年1月，政务院颁布《全国税政实施要则》，围绕《全国税政实施要则》精神，全国许多地方展开了税收专管工作，迅速查清了税源状况，切实增加了政府的财政收入，为国民经济恢复和社会主义建设积累了资金。对资本主义工商业的社会主义改造基本完成以后，我国实行了计划经济体制。在这种体制下，经济成分较为单一，税收政策法规和税收征管环节较少，这就为税收专管员制度提供了发挥特长的舞台。税收专管员制度行政动员能力强，税收征管效率高，便于税务部门快捷高效完成税收计划任务，因而适应了计划经济体制的要求，推动了社会主义建设的迅速发展。

几十年来，国家税收管理思路的变革始终以基层税收专管员制度为依托。每一次税制改革，无论是强调税收征管权的集中还是重视税收征管权的分散，最终都通过税收专管员制度得到落实。税收专管员制度能够长盛不衰固然与客观的历史条件有关，但也与它本身的运转高效的特点和优点分不开。其中最大的优点是对税源的管控直接有效。

但是，税收专管员制度也有其自身的弱点，突出表现为缺乏有效自我约束机制。虽然，随着税收专管员制度的推行，不少地方都颁布了税收专管员纪律、工作条例和守则，但是这些条例和守则强制力不够，而且缺乏有效的贯彻落实机制，因而不能有效制止滥用权力的现象。随着经济形势的发展，税收专管员的自由裁量权过大的问题引起了争议。

虽然，税收专管员制度因缺乏有效的制约机制落伍，但它遗留下来的税收分类管理思想和有效的税源监控办法，以及朴素的税收经济思想为今天推行税收管理员制度提供了宝贵的经验。在此种意义上可以说，税收专管员制度是税收管理员制度的前身。

2. 税收管理员制度出台的背景。1978 年（特别是 1987 年）以后，对外开放和经济改革对税收专管员制度带来了巨大的冲击。税收专管员的权力制约问题日益成为人们关注的焦点。权力滥用的现象越来越多地受到批评，并且被归咎于制度本身。税收专管员制度由此一度衰微，取而代之的是以职能划分为基础的，保证征、管、查相分离的集中征管模式。应该说，这种征管模式较好地防止了专管员管户时的执法不严、为税不廉、责任不清等可能出现的问题。集中管理也便利了信息化技术在税收征管工作中的运用，大大提高了管理的效率，在一定程度上降低了税收的成本，改善了税收服务。但是，随着实践的发展，它固有的一些弱点也逐渐暴露出来。

（1）"重管事，轻管户"，税源不清。集中管理模式实现了由"管户制"向"管事制"的转变，将重点放在集中征收和重点稽查上。税源管理的职能虽然落实在管理部门，各地也相应成立了各类管理机构，但由于始终处于变动磨合的状态，未达到统一和规范，税源管理的职能严重"缺位"，管户与管事相脱节。征收人员在办税服务厅只是就表审表，就票审票，不能自动收集纳税人的生产经营和税源变动情况，对未申报、非正常户、停歇业户、零散流动税源的管理更是鞭长莫及。税源管理也由过去的专管员下厂了解企业生产经营情况变成了远离企业、坐看报表的静态管理方式，大户管不细、小户漏管多，对税源控管力度明显减弱，"疏于管理、责任淡化"的问题凸显。

（2）体制僵化，被动管理，应变能力差。随着时间的推移，集中管理的模式表现出了难以克服的制度惰性，跟不上征管改革的要求。特别是随着工商注册等制度的改革，一些必要的税源信息来源减少了。以前与工商部门协作，可以从工商部门获知纳税人的经营范围和应税税种。当前随着工商部门的工作改革，纳税人有了更大的自由经营权，这就增加了税务机关对纳税人进行有效税源监控的难度。

（3）偏重计划管理，基层管理税源的积极性受挫。在许多地方，税收计划的完成情况是考核基层税务机关的主要指标。在税基较窄，税率相对较高的现实情况下，少数纳税大户对基层税务机关能否完成任务起决定性作用，因而吸引了税务机关主要的注意力。在许多情况下，基层税务组织并不需要清楚了解辖区的全部税源情况，就能够完成上级制定的计划收入任务。

以上种种问题造成了税收工作的停滞不前，突出地表现在四个方面：一是对辖区内纳税人的户数不清，缺少与纳税人的有效联系方式，对那些个体流动业户、专业市场经营者、新兴行业经营者，更显得鞭长莫及，使之成为漏管、漏征户。二是对纳税人的从业内容和生产经营状况不了解或了解不清，造成征税对象不清。三是对纳税人的税源底子、税收潜力不清，心中无数。税收任务紧了，就反复对纳税人检查。四是对纳税人申报情况不清，造成部分纳税人申报纳税质量不高，不申报、不按期申报和虚假申报的问题比较严重。

这样的税源管理问题和税务机关的组织现状表明，我们必须探索一种既不同于税务专管员制度和"重管事、轻管户"的办法，又要吸收两者优势的新的税收管理制度，这就是税收管理员制度。

3. 税收管理员制度与税收专管员制度的区别。

（1）信息化背景不同。税收专管员的工作主要靠手工完成，实行粗放式管理，效率较低，且管理质量难以保证，比较适合纳税户数少、税制简单、税收目标单一的情况。在人类社会迈向信息化的今天，信息化技术正在改变着税收管理的方式。一是传统粗放式的税收管理体制和方式被信息和网络技术改造了，大大提高了税收管理效率，使税收管理员从大量重复性的人工操作中解脱出来，使税源管理和精细化成为可能。二是利用信息化和网络技术强化了税收信息采集、处理、存储和使用，提高税收执法和税务行政管理的水平；三是利用信息和网络技术使税收管理方式发生根本性变革，使国家税收的职能作用发挥得更充分。

（2）法制化背景不同。税收专管员所遵循的政策法规在法律体系中处于较低层次，约束力和稳定性都比较差，难以规范专管员权力的使用。目前，我国的税法体系正在完善，初步建立起一个以法律、法规为主体，规章制度和其他规范性文件相配套，实体与程序并重的税法框架，构成对行政权力有效制约。在税收管理员制度下，法律和一系列的制度保障措施已经构成了对税收管理员权力滥用的屏障，使税收管理员不致重蹈税收专管员的覆辙。

（3）经济市场化背景不同。随着所有制结构的变化，非公有经济地位日益重要，而且有发展的趋势。经济成分和经济利益多样化是影响新形势下税收工作的一个重要方面。改革开放以前，我国的经济成分基本上是单一的公有制经济，税制比较单一，税收在纳税人之间不会引起较大的利益分歧。相应地，专管员的税收工作以实现"照章纳税"为目标，能够做到"一人进厂，各税统管"，集"征、管、查"于一身，既裁判，又执行。十一届三中全会以后，特别是党的"十五大"以后，我国所有制结构发生了重大变化，非公有制经济成为经济发展中增长速度最快的经济成分。所有制结构调整，彻底打破了传统经济体制下单一的公有制格局，形成了国有、集体、个体、私营、外商等不同经济成分在市场竞争中共同发展的局面。多种所有制经济的共同发展，形成了不同的利益群体，对税收工作提出了更高的要求。现在的税收管理员，不但要掌握相关的税收实体法，对各个税种的征收管理标准有清楚的认识，而且还要按照程序法的要求，约束自身的行政行为，实现税收征管程序的正义，以调节各方面的利益关系。同时，税源的急剧扩大和税源状况的复杂性，是税收专管员制度下的"单兵作战"无法胜任的。税收管理员的管理是建立在专业分工、集中管理、信息化和法制化基础上的，它能有效发挥税务机关的整体优势，应对复杂的税源情势。

（4）征纳关系不同。税收专管员时期的税款征收在很大程度上是一种强制执行的行政行为，税收任务以政府的政策和指令性计划的方式下达。税收管理员制度下的征收却是一种协作管理的行为。征纳双方都在法律的范围内履行自身的义务，合作促成税法的落实。因此，纳税人的法制观念和依法纳税观念增强了，较好地排除了税务人员个人意志的干扰，重视保护自身的合法权益。税务机关的服务观念增强了，以服务促征管。在税收管理员制度下，纳税服务是税收管理员的重要职责。

4. 税收管理员制度的优点。

（1）借鉴税收专管员的经验，调动了税务人员税源管理的积极性和能动性。税收专管员制度之所以能够长期发挥积极的作用，在很大程度上是因为它调动了税务人员的工作能动性和责任感。当前的实践表明，完备的法律体系和先进的技术手段不但不能自发调动人的积极性，相反会使人产生盲目的依赖。我国的许多偷漏税现象，既不是因为法律的缺陷，也不是由于技术落后，而是税务人员的积极性不够，对计算机和报表信息过于依赖致使工作出现了漏洞造成的。要从根本上改变偷漏税的局面，就要充分调动税务人员工作的积极性和主观能动性。借助专管的办法，税收管理员制度能使税收管理人员的责任与纳税人一一对应，推动税收管理员对税源的积极管理，采集全面的、动态的一手税源资料，减少税源漏管的可能性。

（2）吸取集中征收的教训，利用信息化网络，实现"管事"与"管户"相结合，提高工作效率和行政效力，改善税务机关与纳税人的关系。集中征收的办法在理论上是要调动纳税人的自觉纳税意识，减轻税务机关"管户"的压力，使之集中精力"管事"，提高征管工作效率。由于种种原因，实践的结果并不理想。虽然就票审票、就表审表的办法确实提高了工作效率，但是，管理的有效性还是令人怀疑。在现实中，大量的纳税人或者有意（偷漏税）、或者无意（缺少相关知识和技能）提供了扭曲的涉税信息。这些信息一旦被计算机系统采用，就会得出错误的信息处理结果。计算机信息平台的使用，加剧了错误数据的影响，结果是数据处理的效率越高，税收预测和计划的盲目性越大，管理的有效性就越差。

税收管理员制度借助于现代化手段，建立起了涵盖广泛、反应灵敏的动态的税源管理体系。它是与市场经济发展相适应的税源管理制度，把管户与管事有效结合起来，实现管理的效率和有效性并重。一方面，税收管理员按照规定与纳税人保持制度化的联系，提供专业的纳税服务和指导，帮助纳税人及时准确申报纳税，保证税务管理工作的高效率。另一方面，通过税收管理员的实地调查报告，税务机关能够掌握税源户籍、财务核算、资金周转和流转额等关键的涉税信息，从而提供针对性的、有效的税收管理，充分发挥税收在经济和社会发展中的作用。

二、税收管理员制度内容

（一）税收管理员工作职责

1. 宣传贯彻税收法律、法规和各项税收政策，开展纳税服务，为纳税人提供税法咨询和办税辅导；督促纳税人按照国家有关规定及时足额申报纳税、建立健全财务会计制度、加强账簿凭证管理。

2. 调查核实分管纳税人税务登记事项的真实性；掌握纳税人合并、分立、破产等信息；了解纳税人外出经营、注销、停业等情况；掌握纳税人户籍变化的其他情况；调查核实纳税人纳税申报（包括减免缓抵退税申请，下同）事项和其他核定、认定事项的真实性；了解掌握纳税人生产经营、财务核算的基本情况。

3. 对分管纳税人进行税款催报催缴；掌握纳税人的欠税情况和欠税纳税人的资产处理等情况；对纳税人使用发票的情况进行日常管理和检查，对各类异常发票进行实地核查；督促纳税人按照税务机关的要求安装、使用税控装置。

4. 对分管纳税人开展纳税评估，综合运用各类信息资料和评估指标及其预警值查找异常，筛选重点评估分析对象；对纳税人纳税申报的真实性、准确性作出初步判断；根据评估分析发现的问题，约谈纳税人，进行实地调查；对纳税人违反税收管理规定的行为提出处理建议。

5. 按照纳税资料"一户式"存储的管理要求，及时采集纳税人生产经营、财务核算等相关信息，建立所管纳税人档案，对纳税人信息资料及时进行整理、更新和存储，实行信息共享。

6. 完成上级交办的其他工作任务。

（二）税收管理员工作要求

1. 税收管理员要严格按照所在税务机关规定的管户责任和工作要求开展工作；严格执行各项税收法律、法规和政策，履行岗位职责，自觉接受监督。

2. 税收管理员要增强为纳税人服务的意识，认真落实各项纳税服务措施，提高服务水平；依法保护纳税人的商业秘密和个人隐私，尊重和保护纳税人的合法权益。

3. 税收管理员不直接从事税款征收、税务稽查、审批减免缓抵退税和违章处罚等工作；按照有关规定，在交通不便地区和集贸市场可以由税收管理员直接征收零散税收的，要实行双人上岗制度，并严格执行票款分离制度。

4. 税收管理员实行轮换制度，具体轮换的时限由主管税务机关根据实际情况确定。税收管理员开展下户调查、宣传送达等各类管理服务工作时，应按所在税源管理部门的工作计划进行，避免重复下户，注重减轻纳税人负担；对纳税人进行日常检查和税务约谈时，一般不少于两人；送达税务文书时，要填制《税务文书送达回证》。

5. 税收管理员在加强税源管理、实施纳税评估时，要将案头分析与下户实地调查工作相结合，案头分析与实地调查结果要提交工作报告并作为工作底稿归档。

6. 税收管理员发现所管纳税人有下列行为，应向所在税源管理部门提出管理建议：

（1）未按规定开具、取得、使用、保管发票等违章行为的。

（2）未按期申报纳税、申请延期申报和延期缴纳税款或催缴期满仍不缴纳税款的。

（3）欠税纳税人处理资产或其法定代表人需要出境的。

（4）未按规定凭税务登记证件开立银行账户并向税务机关报告账户资料的。

（5）未按规定报送《财务会计制度备案表》和会计核算软件说明书的。

（6）未按规定设置账簿、记账凭证及有关资料的。

（7）未按规定安装使用税控器具及申报纳税的。

（8）经纳税评估发现申报不实或税收定额不合理的。

（9）发现企业改组、改制、破产及跨区经营的。

（10）经调查不符合享受税收优惠政策条件的。

（11）纳税人有违章行为拒不接受税务机关处理的。

（12）发现纳税人与关联企业有不按照独立企业之间业务往来结算价款、费用等行为的。

（13）其他税收违章行为。

7. 税收管理员发现所管纳税人有下列行为，应提出工作建议并由所在税源管理部门移交税务稽查部门处理：

（1）涉嫌偷税、逃避追缴欠税、骗取出口退税、抗税以及其他需要立案查处的税收违法行为的。

（2）涉嫌增值税专用发票和其他发票违法犯罪行为的。

（3）需要进行全面系统的税务检查的。

（三）税收管理员的管理监督

基层税务机关及其税源管理部门要加强对税收管理员的管理与监督，定期听取税收管理员的工作汇报，研究分析税源管理工作中存在的问题，总结"管户"工作经验，组织信息交流，加强对税收管理员日常工作的指导与检查，加强对税收管理员的思想政治教育和岗位技能培训，注重提高其税收政策、财务会计知识水平和评估分析能力，通过能级管理等激励机制，不断提高税收管理员的素质。

税收管理员玩忽职守或徇私舞弊，构成违纪行为的，由税务机关依法给予行政处分；构成犯罪的，要依法追究其刑事责任。

本章小结

税务组织管理是实现税收职能，开展各项税务管理活动的组织保证。本章分别从税务管理机构、税务人员管理和税收管理员制度三方面介绍了税务组织管理。税务管理机构是开展税务管理活动的指挥和工作系统，是国家为实现税收职能而设立的，由税务人员组成的专门工作机构。我国目前设置了两套税务管理机构，分别为国家税务局和地方税务局。国家税务总局对国家税务局系统实行机构、编制、干部、经费的垂直管理体制。省级地方税务局实行地方政府和国家税务总局双重领导，以地方政府领导为主的管理体制。税务人员是具体贯彻执行税收政策，从事税务工作的专职人员。国家税务总局对在全国税务系统进一步推行岗位责任制的原则、基本内容、保障措施和工作要求做了进一步明确。根据《国家公务员暂行条例》和《国家公务员制度实施方案》的精神，税务系统应按照有关规定推行国家公务员制度。税收管理员制度是税务机关根据税收征管工作的需要，明确岗位职责，落实管理责任，规范税务人员行为，促进税源管理，优化纳税服务的基础工作制度。

复习思考题

1. 简述我国税务管理机构设置的原则。
2. 简要介绍我国各级税务机关的职责和权限。
3. 试述在税务系统进一步推行岗位责任制的基本内容、保障措施和工作要求。
4. 什么是税收管理员？为什么要建立税收管理员制度？
5. 税收管理员制度与税收专管员制度有什么区别？
6. 试述税收管理员的工作职责和工作要求。

推荐阅读资料

《国家税务总局关于在全国税务系统进一步推行岗位责任制的意见》，2002年2月25日，国税发〔2002〕18号。

《国家公务员暂行条例》，1993年4月24日，国务院第125号令。

《国家公务员制度实施方案》，1993年11月15日，国发〔1993〕78号。

《税收管理员制度》，2005年3月11日，国税发〔2005〕40号。

网上资源

http：//www. sdpc. gov. cn（国家发展和改革委员会网）

http：//www. mof. gov. cn（财政部网）

http：//www. chinatax. gov. cn（国家税务总局网）

http：//www. chinesetax. gov. cn（中国税务网）

第三章　征收基础管理

征收基础管理是税务管理的基础工作。本章主要介绍税务登记管理、账簿凭证管理、发票管理、纳税申报管理的相关内容。

第一节　税务登记管理

税务登记是《税收征管法》中明确规定的内容。建立税务登记制度，确立税收法律关系的主体，对于征纳双方都有重要意义。本节主要介绍税务登记管理基本法规以及税务登记管理、认定管理等各个环节的业务流程和操作规程。

一、税务登记概述

（一）税务登记概念

税务登记又称纳税登记，是税务机关对纳税人的经济活动进行登记并据此实施税务管理的一种法定制度。它是税务机关对纳税人实施税收征收管理的首要环节和基础工作，是征纳双方法律关系成立的依据和证明，也是纳税人必须依法履行的义务。

通过税务登记，税务机关可以了解纳税人的基本情况，掌握税源分布状况，合理地调配征管力量，建立科学、严密的征管组织，实行源泉控制，防止漏征漏管，保证税款及时入库。通过税务登记，还可以及时掌握纳税人的生产经营情况，研究制定税收政策和管理措施，为税务决策提供客观依据。税务登记还有利于增强纳税人税收法治观念和纳税意识，自觉接受税务机关监督管理，维护自身合法权益。通过税务登记，建立了征纳关系，有利于税务机关检查监督，保障纳税人依法享受税收政策上的帮助和指导，使生产经营、领购发票、申请减税免税等权益依法得以维护。

（二）税务登记的基本要求

1. 实行"统一代码，分别登记，分别管理，信息共享"。所谓统一代码，是指在全国范围内统一赋予每个纳税人一个纳税识别号，即税务登记号。无论是国税登记，还是地税登记，对同一纳税人只能赋予同一号码。

企业纳税人识别号为 15 位码：行政区域码＋组织机构代码。其中的行政区域码为纳税人生产、经营地的行政区域码。对国家没有赋予行政区域码的各开发区，其行政区域码按现行行政区域码执行。因税务机关调整管辖范围而使纳税人改变主管税务机关的，纳税人识别号不变。企业分支机构也应当领取组织机构代码证书，按照规定编制纳税人识别号，办理税务登记。

个体纳税户税务登记证件代码为身份证件号码。

从事生产经营的外籍、港、澳、台人员税务登记代码为区域码加上相应的有效证件（如护照、香港、澳门、台湾居民往来大陆通行证等）号码。

个体工商户开办几家生产经营单位的，主管税务机关在办理税务登记证件时可在个人身份证件号码后加 2 位后缀编码作为纳税人的识别码，以区分统一纳税人的不同经营单位。后缀编码为："01"、"02"、"03"，依此类推；即在对第一家生产经营单位办理税务登记证件时其识别码为其个人身份证件号码，不加后缀编码；在对第二家生产经营单位办理税务登记证件时，则其识别码为身份证件号码加 2 位后缀编码（01）；在对第三家生产经营单位办理税务登记证件时，则其识别码为身份证件号码加 2 位后缀编码（02）。

承包租赁经营的纳税人，应当以承包承租人的名义办理临时税务登记。个人承包租赁经营的，以承包承租人的身份证号码编制纳税人识别号；企业承包租赁经营的，以行政区域码加组织机构代码为纳税人识别号。

所谓分别登记和分别管理是指既缴纳国税机关管理的税收，又同时缴纳地税机关管理的税收纳税人，应分别向主管地国税、地税机关办理税务登记，分别接受管理。

所谓信息共享是指国税、地税通过计算机网络实现纳税登记信息共享。

2. 实行属地管理。税务登记实行属地管理，纳税人应当到生产、经营所在地或者纳税义务发生地的主管税务机关申报办理税务登记。非独立核算的分支机构也应当按照规定分别向生产经营所在地税务机关办理税务登记。

3. 实行及时登记。《税收征管法》第 15 条规定：自领取营业执照之日起 30 日内，持有关证件，向税务机关申报办理税务登记。税务机关应当自收到申报之日起 30 日内审核并发给税务登记证件。

工商行政管理机关应当将办理登记注册、核发营业执照的情况，定期向税务机关通报。

4. 建立规范、完整的纳税人分户档案。税务登记是税收征管的基础管理工作，建立翔实、完整、规范的纳税人分户档案，便于税务机关全面、真实地掌握纳税人的纳税资料，对纳税人实行源泉控制，督促纳税人遵守税法、依法履行纳税义务。

5. 不断提高税务登记率。不断提高税务登记率，即是要求减少漏登漏管户。实现应登尽登，应管尽管，将所有应当进行税务登记的纳税人都纳入税务登记管理范围，这是税务登记管理的难点。税务机关应采取一切有效措施，不断提高税务登记率。只有这样，才能保证税款征收做到应收尽收。

（三）税务登记的对象

依据《税收征管法》及其实施细则规定，依法办理税务登记的对象包括：

1. 从事生产经营的纳税人。从事生产经营的纳税人并领有工商执照，应向主管地税务机关办理税务登记。这类纳税人具体包括：企业、企业在外地设立的分支机构和从事生产经营的场所、个体工商户和从事生产、经营的事业单位。从事生产经营虽未办理工商营业执照，但已经过有关部门批准设立的纳税人也应办理税务登记。

2. 其他纳税人。其他除国家机关、个人和无固定生产、经营场所的流动性农村小商贩外，应按规定向主管税务机关办理税务登记。国家机关所属事业单位有经营行为、取得应税收入、财产、所得的，也应当办理税务登记。

根据税收法律、行政法规的规定负有扣缴税款义务的扣缴义务人（国家机关除外），应当按规定办理扣缴税款登记。

3. 税务登记的其他规定。从事生产、经营的纳税人到外县（市）临时从事生产、经营活动的，应当按规定向营业地税务机关报验登记。

（四）税务登记证件的作用

税务登记证件是税务机关对办理税务登记或扣缴税款登记的纳税人、扣缴义务人核发的一种证件，是纳税人、扣缴义务人纳入税务管理的证明，也是税务机关对纳税人、扣缴义务人实施税务管理的有效证明。税务登记证件包括税务登记证及其副本、临时税务登记证及其副本，扣缴税款登记证包括扣缴税款登记证及其副本。

纳税人办理下列事项时，必须持税务登记证件：

1. 开立银行账户。

2. 领购发票。

纳税人办理其他税务事项时，应当出示税务登记证件，经税务机关核准相关信息后办理手续。

取得临时税务登记证的纳税人，可以凭临时税务登记证及副本按有关规定办理相关涉税事项。

二、设立登记

（一）设立登记的时限

企业，企业在外地设立的分支机构和从事生产、经营的场所，个体工商户和从事生产、经营的事业单位（以下统称从事生产、经营的纳税人），应在规定的期限内向生产、经营所在地税务机关申报办理税务登记：

1. 下列纳税人核发税务登记证及副本。

（1）从事生产、经营的纳税人领取工商营业执照（含临时工商营业执照）的，应当自领取工商营业执照之日起 30 日内申报办理税务登记，税务机关核发税务登记证及副本（纳税人领取临时工商营业执照的，税务机关核发临时税务登记证及副本）。

（2）从事生产、经营的纳税人未办理工商营业执照但经有关部门批准设立的，应当自有关部门批准设立之日起 30 日内申报办理税务登记，税务机关核发税务登记证及副本。

（3）对外来从事生产、经营的纳税人（包括超过 180 天的），只办理报验登记，不再办理临时税务登记。

（4）个人独资企业、一人有限公司应当按照单位纳税人办理税务登记，不得按个体工商户办理税务登记。

（5）根据财政部、国家税务总局下发的《关于中国医药卫生事业发展基金会捐赠所得税政策问题的通知》（财税字〔2006〕67 号）的规定，教育机构和医疗机构，无论是公办还是民办，营利还是非营利，都应当办理税务登记。

（6）对于大型商场、集贸市场出租或出卖摊位（柜台）经营的纳税人，如果已办理工商营业执照，独立经营的，不论是否实行由商场或集贸市场管理机构统一缴纳税费，均应办理税务登记；如果是实行承包、承租经营，单位办理工商营业执照，实行由商场或集贸市场管理机构统一缴纳税费的，则不办理税务登记。

（7）对县（市、区）及金融、保险企业，不论是否实行财务独立核算，均应办理税务登记；对不实行财务独立核算的县（市、区）级以下金融、保险分理处、营业所、信用社等不办理税务登记证件，但可以办理税务登记证副本。

（8）对县（市、区）以及邮政电讯、烟草、石油机构应单独办理税务登记。

（9）个体车辆办理了工商营业执照或临时工商营业执照的，应按规定办理税务登记或临时税务登记证。

（10）个人出租房屋，办理了工商营业执照或临时工商营业执照的，应办理税务登记证或临时税务登记证。

对省、市地税局直属分局只负责管辖纳税户的部分地方税种征收的，对管辖的纳税户不予核发税务登记证正本；但考虑税收管理的需要，同时也为了方便纳税人办理相关涉税事项，应当督促纳税人填报税务登记表，并给予办理税务登记证副本。其税务登记代码为主管地税机关核发的税务登记证正本的代码。

2. 下列纳税人核发临时税务登记证及副本。

（1）从事生产、经营领取临时工商营业执照的纳税人，临时税务登记的期限应与临时工商营业执照的期限一致，但不得超过3年。

（2）有独立的生产经营权、在财务上独立核算并定期向发包人或者出租人上交承包费或租金的承包承租人，应当自承包承租合同签订之日起30日内，向其承包承租业务发生地税务机关申报办理临时税务登记。核发临时税务登记的期限应与承包承租时间一致，但不得超过3年。

（3）境外企业在中国境内承包建筑、安装、装配、勘探工程和提供劳务的，应当自项目合同或协议签订之日起30日内，向项目所在地税务机关申报办理临时税务登记，临时税务登记的期限为合同规定的承包期，但不超过3年。

临时登记户领取营业执照的，应当自领取营业执照之日起30日内向税务机关申报转办为正式税务登记。对临时税务登记证件到期的纳税户，税务机关经审核后，应当继续办理临时税务登记。对应领取而未领取工商营业执照临时经营的，不得办理临时税务登记，但必须照章征税，也不得向其出售发票，并督促其先办理营业执照和组织机构代码，再办理税务登记。

3. 扣缴税款登记。已办理税务登记的扣缴义务人应当自扣缴义务发生之日起30日内，向税务登记地税务机关申报办理扣缴税款登记。税务机关在其税务登记证件副本上登记扣缴税款事项，税务机关不再发给扣缴税款登记证件。个人所得税扣缴义务人应当到所在地主管税务机关申报办理扣缴税款登记，领取扣缴税款登记证。对临时发生扣缴义务的扣缴义务人，不发扣缴税款登记证。扣缴义务人识别号按照扣缴义务人所在地行政区域码加组织机构代码编制。

根据税收法律、行政法规的规定可不办理税务登记的扣缴义务人，应当自扣缴义务发生之日起30日内，向机构所在地税务机关申报办理扣缴税款登记。税务机关核发扣缴税款登记证件。

（二）设立登记的办理程序

1. 纳税人申请。纳税人在申报办理税务登记时，应当如实填写《税务登记表》。并根据不同情况向税务机关如实提供以下证件和资料：工商营业执照或其他核准执业证件；有关合同、章程和协议书；组织机构统一代码证书；法定代表人或负责人或业主的居民身份证、护照或其他合法证件；其他需要提供的有关证件、资料，由省、自治区、直辖市税务机关确定。

填写的《税务登记表》主要包括以下内容：

（1）单位名称、法定代表人或者业主姓名及其居民身份证、护照或者其他合法证件的号码。

（2）住所、经营地点。

（3）登记类型。

（4）核算方式。

（5）生产经营方式。

（6）生产经营范围。

（7）注册资金（资本）、投资总额。

（8）生产经营期限。

（9）财务负责人、联系电话。

（10）国家税务总局确定的其他有关事项。

属于享受税收优惠政策的企业，应当提供相应的证明和资料。其他需要提供的有关证件、资料由省、自治区、直辖市税务机关确定。

企业在外地的分支机构或者从事生产、经营的场所，在办理税务登记时还应当提供由总机构所在地税务机关出具的在外地设立分支机构的证明。

2. 税务机关受理及核准。纳税人提交的证件和资料齐全且《税务登记表》的填写内容符合规定的，税务机关应及时发放税务登记证件。纳税人提交的证件和资料不齐全或税务登记表的填写内容不符合规定的，税务机关应当场通知其补正或重新填报。纳税人提交的证件和资料明显有疑点的，税务机关应进行实地调查，核实后予以发放税务登记证件。

税务登记证件的主要内容包括：纳税人名称、税务登记代码、法定代表人或负责人、生产经营地址、等级类型、核算方式、生产经营范围（主营、兼营）、发证日期、证件有效期等（见图 3 - 1）。

设立登记基本流程见图 3 - 2。

纳税人取得税务登记证后，凭税务登记证副本到银行开设基本账户和其他账户，银行和其他金融机构应当在其税务登记证件副本中登录纳税人的账户、账号从事生产经营的纳税人在银行和其他金融机构开立的基本存款账户或者其他存款账户，应当自开立之日起 15 日内向主管税务机关书面报告其全部账号；发生变化时，应当自变化之日起 15 日内向主管税务机关书面报告。

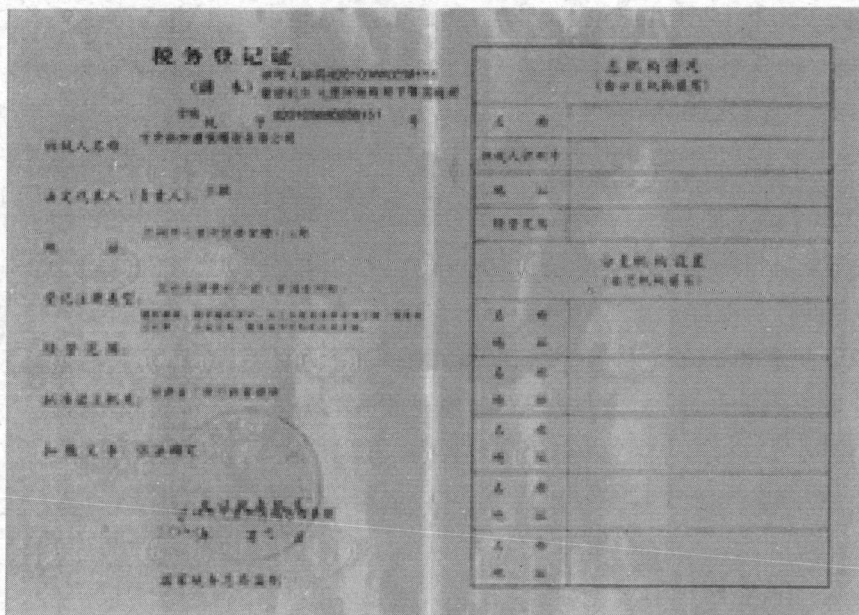

图 3-1 税务登记证式样

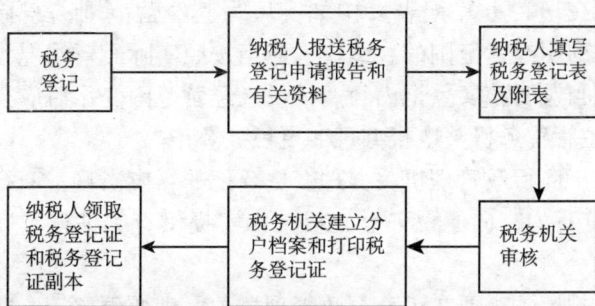

图 3-2 设立登记基本流程

税务登记证换发后，纳税人及其开户银行应当按照规定履行义务，银行和其他金融机构在纳税人开户时在新的税务登记证副本中登录账号，手工填登的，应当盖章。对原有账号暂不做登录要求，但纳税人必须向主管税务机关报告。

负责集贸市场税收征管地方税务局应加强与国家税务局的合作，做好纳税人税务登记信息交换，停、复业手续办理以及漏征漏管户清理工作。有条件的地方，可以统一办理税务登记，统一开展税务登记管理工作。

【案例 3 - 1】

（一）案情简介

某从事餐饮经营的企业，于 2012 年 4 月 8 日领取营业执照。2012 年 6 月 10 日，该企业单位辖区的主管税务所在对其实施检查时，发现该单位尚未办理税务登记。据此，税务所在 6 月 11 日作出责令该企业单位 6 月 13 日前办理税务登记并处以 500 元罚款的决定。

问：该决定是否有效？为什么？

（二）分析与处理

该决定有效。根据《税收征管法》第 60 条的有关规定："未按照规定期限申报办理税务登记、变更或者注销税务登记的，由税务机关责令限期改正，可以处 2 000 元以下的罚款；情节严重的，处 2 000 元以上 10 000 元以下的罚款。"该单位超过规定的期限未办理税务登记，违反了上述规定。

三、变更登记

（一）办理登记的时限

纳税人应当在《税务登记表》中如实填写其经营范围；经有关部门批准的证件中没有具体列明经营范围的，纳税人应当按照实际经营情况填写。设立登记后，税务机关应当及时核实登记内容。纳税人经营范围变化后应当自发生变化之日起 30 日内向主管税务机关申报办理变更税务登记。

纳税人已在工商行政管理机关办理变更登记的，应当自工商行政管理机关变更登记之日起 30 日内，向原税务登记机关如实提供有关证件、资料，申报办理变更税务登记。

纳税人按照规定不需要在工商行政管理机关办理变更登记，或者其变更登记的内容与工商登记内容无关的，应当自税务登记内容实际发生变化之日起 30 日内，或者自有关机关批准或者宣布变更之日起 30 日内，持有关证件到原税务登记机关申报办理变更税务登记。

（二）变更登记的办理程序

1. 纳税人申请。纳税人办理变更税务登记时，如已在工商行政管理机关办理变更登记的，提供以下证件、资料：工商登记变更表及工商营业执照；纳税人变更登记内容的有关证明文件；税务机关发放的原税务登记证件（登记证正、副本和登记表）；其他有关资料。

不需要在工商行政管理机关办理变更登记的，提供以下证件、资料：纳税人变更登记内容的有关证明文件；税务机关发放的原税务登记证件（登记证正、副本和税务登记表）；其他有关资料。

2. 税务机关受理。在纳税人提交资料齐全的基础上，税务机关向纳税人发放《税务登记变更表》，符合规定的，税务机关应予以受理；不符合规定的，税务机关应通知其补正。

税务机关应当自受理之日起 30 日内，审核办理变更登记。纳税人税务登记表和税务登记证中的内容都发生变更的，税务机关按变更后的内容重新核发税务登记证件；纳税人税务登记表的内容发生变更而税务登记证中的内容未发生变更的，税务机关不重新核发税务登记证件。

变更登记基本流程见图 3 - 3。

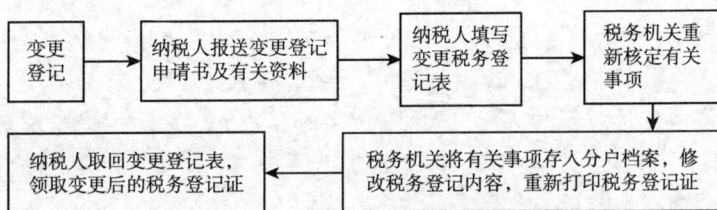

图 3 - 3　变更登记基本流程

四、停业复业登记

实行定期定额征收方式的个体工商户需要停业的，应当在停业前向其主管地税务机关申报办理停业登记。纳税人的停业期限不得超过一年。

纳税人在申报办理停业登记时，应如实填写停业申请表，说明停业理由、停业期限、停业前的纳税情况和发票的领、用、存情况，并结清应纳税款、滞纳金、罚款。税务机关应收回税务登记证件及副本、发票领购簿、未使用完的发票和其他税务证件。

纳税人停业未按规定向主管税务机关申请停业登记的，应视为未停止生产经营；纳税人在批准的停业期间进行正常经营的，应按规定向主管税务机关办理纳税申报并缴纳税款。

纳税人应当于恢复生产经营之前，向主管税务机关申报办理复业登记，如实填写《停、复业报告书》，领回并启用税务登记证件、发票领购簿及其停业前领购的发票。

纳税人停业期满不能及时恢复生产经营的，应当在停业期满前向主管税务机关提出延长停业登记申请，并如实填写《停、复业报告书》。

纳税人停业期满未按期复业又不申请延长停业的，主管税务机关应当视为已恢复生产经营，实施正常的税收管理。纳税人停业期满不向主管税务机关申报办理复业登记而复业的，主管税务机关经查实，责令限期改正，并按照《税收征管法》第60条第1款的规定处理。

【案例3-2】

（一）案情简介

如意美容厅（系有证个体户），经主管地税机关核定实行定期定额税收征收方式，核定月均应纳税额580元。2012年6月6日，因店面装修向主管地税机关提出自6月8日至6月30日申请停业的报告，主管地税机关经审核后，在6月7日作出同意核准停业的批复，并下达了《核准停业通知书》，并在办税服务厅予以公示。6月20日，地税机关接到群众举报，称如意美容厅一直在营业中。6月21日，主管地税机关派员实地检查，发现该美容厅仍在营业，确属虚假停业，遂于6月22日送达《复业通知书》，并告知需按月定额纳税。7月12日，主管地税机关下达《限期改正通知书》，责令限期申报并缴纳税款，但该美容厅没有改正。

问：主管地税机关对如意美容厅该如何处理？

（二）分析与处理

如意美容厅行为属"通知申报而拒不申报，不缴应纳税款"的偷税行为，所以主管地税机关对如意美容厅应作出除补缴6月税款580元及滞纳金外，并可按《税收征管法》第63条规定，处以所偷税款50%以上5倍以下的罚款。

五、外出经营报验登记

纳税人到外县（市）临时从事生产经营活动的，应当在外出生产经营以前，持税务登记证向主管税务机关申请开具《外出经营活动税收管理证明》。

税务机关按照一地一证的原则，核发《外出经营活动税收管理证明》，《外出经营活动税收管理证明》的有效期限一般为30日，最长不得超过180天。

纳税人应当在《外出经营活动税收管理证明》注明地进行生产经营前向当地税务机关报验登记，并提交下列证件、资料：

（1）税务登记证件副本；

（2）《外出经营活动税收管理证明》。

纳税人在《外出经营活动税收管理证明》注明地销售货物的，除提交以上证件、资料外，应如实填写《外出经营货物报验单》，申报查验货物。

纳税人外出经营活动结束，应当向经营地税务机关填报《外出经营活动情况申报表》，并结清税款、缴销发票。

纳税人应当在《外出经营活动税收管理证明》有效期满后 10 日内，持《外出经营活动税收管理证明》回原税务登记地税务机关办理《外出经营活动税收管理证明》缴销手续。

六、注销登记

（一）注销税务登记的办理范围

纳税人发生以下情形之一的，应到主管税务机关办理注销税务登记：

1. 因经营期限届满后发生解散。
2. 因改组、分设、合并等原因而撤销原企业。
3. 企业资不抵债而破产。
4. 因迁移住所和经营地点而脱离主管税务机关的管辖区。
5. 纳税人被工商行政管理部门吊销营业执照。
6. 纳税人依法终止履行纳税义务和其他情形。

（二）注销税务登记的办理期限

纳税人发生解散、破产、撤销及其他情形，依法终止纳税义务的，应当在向工商行政管理部门或者其他机关办理注销登记前，持有关证件向原税务机关申请办理注销税务登记。按规定不需要在工商行政管理部门办理注销登记的，应自有关机关批准或宣告终止之日起 15 日内，持有关证件向原税务机关申请办理注销税务登记。

纳税人因生产经营场所变动而涉及改变主管税务机关的，应当向工商行政管理部门或者其他机关申请办理注销税务登记前，或者住所、经营地点变动前，向原税务机关申报办理注销税务登记，并自注销税务登记之日起 30 日内向迁达地税务机关申请办理税务登记。

纳税人被工商行政管理部门吊销营业执照的，应自营业执照被吊销之日起 15 日内，向原税务机关申报办理注销税务登记，并结清应纳税款、滞纳金、罚款，交回所有发票和其他税务证件。

境外企业在中国境内承包建筑、安装、装配、勘探工程和提供劳务的，应当在项目完工、离开中国前 15 日内，持有关证件和资料，向原税务登记机关申报办理注销税务登记。

（三）注销登记的办理程序

1. 纳税人申请。纳税人办理注销税务登记，应向主管税务机关书面申请，并提交如下资料：上级主管部门的批文或董事会、职代会决议；税务机关要求提供的其他证件和资料。

2. 税务机关审核批准。税务机关接到上述资料后应进行审核，对符合注销登记的，发放《注销税务登记申请审核批准表》。同时，通知稽查部门对纳税人进行稽查。经稽查证实税款、滞纳金、罚款已结清，有关票据已缴纳的，方可审核办理注销税务登记。收回税务登记证件，同时开具清税证明。纳税人持清税证明及其他税务登记证件，向工商行政机关办理注销工商登记。

税务登记管理部门在注销纳税人全部纳税事项后，将注销信息资料存档，并将《注销税务登记通知书》送达纳税人。

纳税人因生产经营地点发生变化的，主管税务机关在进行注销税务登记时，应向纳税人迁达地税务机关递解《纳税人迁移通知书》，并附《纳税人档案资料交清单》，由迁达地税务机关重新办理税务登记。

七、增值税一般纳税人认定登记管理

1. 增值税纳税人，年应税销售额超过财政部、国家税务总局规定的小规模纳税人标准的，除另有规定外，应当向主管税务机关申请一般纳税人资格认定。上述所称年应税销售额，是指纳税人在连续不超过 12 个月的经营期内累计应征增值税销售额，包括纳税申报销售额、稽查查补销售额、纳税评估调整销售额、税务机关代开发票销售额和免税销售额。

稽查查补销售额和纳税评估调整销售额计入查补税款申报当月的销售额，不计入税款所属期销售额。

2. 企业申请办理一般纳税人认定手续，应向所在地主管国税局提出书面申请。

3. 企业总、分支机构不在同一县市的，应分别向其机构所在地主管税务机关申请办理一般纳税人认定登记手续。

除商业企业以外，纳税人总分支机构实行统一核算，其总机构年应税销售额超过小规模纳税人标准，但分支机构年应税销售额未超过小规模企业标准的，其分支机构可申请办理一般纳税人认定手续。在办理认定手续时，须提供总机构所在地主管税务机关批准其总机构为一般纳税人的证明。

4. 县级以上国家税务机关签署审核意见。

5. 纳税人年应税销售额超过小规模纳税人标准的，应在申报期结束后 40 日内，向主管税务机关报送一般纳税人认定表。

6. 2009 年应税销售额超过新标准的小规模纳税人，应向主管税务机关申请一般纳税人资格认定。未申请办理一般纳税人手续的，应按销售额依照增值税率计算应纳税额，不得抵扣进项税额，也不得使用增值税专用发票。

八、非正常户处理

已办理税务登记的纳税人未按照规定的期限申报纳税，在税务机关责令限期改正后，逾期不改正的，税务机关应当派员实地检查，查无下落并且无法强制其履行纳税义务的，由检查人员制作《非正常户认定书》，存入纳税人档案，税务机关暂停其税务登记证件、发票领购簿和发票的使用。纳税人被列入非正常户超过3个月的，税务机关可以宣布其税务登记证件失效，其应纳税款的追征按《税收征管法》及其实施细则的规定执行。

对集贸市场经营的个体户和自然人符合下列条件按非正常户管理：

1. 无固定的经营场所。

2. 季节性经营的特定户。

3. 正常户中途失踪并查无下落，有无依据注销的，从查无下落之日起列为非正常户管理。

对于列入非正常管理的纳税人，主管税务机关应建立非正常户税收征管监控台账，加强非管户的后续管理。

九、证照管理

临时税务登记转为税务登记的，税务机关收回临时税务登记证件，发放税务登记证件，纳税人补填税务登记表。

纳税人遗失税务登记证件的，应当在15日内书面报告主管税务机关，如实填写《税务登记证件遗失报告表》，并将纳税人的名称、税务登记证件名称、税务登记证件号码、税务登记证件有效期、发证机关名称在报刊上做遗失声明，在丢失声明中应声明证件的发放日期，凭报刊上刊登的遗失声明向主管税务机关申请补办税务登记证件。税务登记证件被税务机关宣布失效的，在失效公告中应公告证件的发证日期。补发税务登记证件的，应在税务登记证件中加盖"补发"戳记。

纳税人在统一换发税务登记证件期限后仍未按照规定期限办理换证手续的，税务机关应当统一宣布其税务登记证件失效。

纳税人应当将税务登记证件正本在其生产、经营场所或办公场所公开悬挂，接受税务机关检查。

税务机关对税务登记证件实行定期验证和换证制度。实行3年更换一次，1年验审一次的验证、换证制度。纳税人应当在规定的期限内持有关证件到主管税务机关办理验证或者换证手续。

第二节　账簿、凭证管理

账簿、凭证、发票管理是税收征管的重要内容，本节主要介绍账簿凭证管理的规定，包括账簿的设置，账簿凭证及其他有关资料的管理，财务、会计制度及办法的报送备案，并阐述发票管理各环节的一般程序与规定。

一、账簿凭证管理的意义

税收是税务机关依法根据纳税人所获取的经济收入征收的，而纳税人的经济收入只有通过一定的方式反映出来，才有可能成为税务机关征税的依据，而反映纳税人经济收入的主要方式就是会计核算。因此，纳税人的账簿设置是否规范、用以记账的凭证是否真实、合法，记账方法是否正确、有效，编制的会计报表是否正确、可靠，不仅关系到纳税人对经济收入的计算，而且关系到应纳税额的计算。因此，加强账簿凭证管理对促使纳税人自行财务会计制度，真实、完整、准确、规范地进行会计核算，保证税额的正确计算，有效防止和打击偷逃骗税等各种违法行为具有重要意义。

二、账簿设置管理

（一）设置账簿的范围

账簿是纳税人用来连续登记各种经济业务的账册或账籍。账簿包括总账、明细账、日记账及其他辅助性账簿。账簿是纳税人填报纳税申请表的主要数据来源。只有依法设置账簿，才能确保税务监督的实现，堵塞税收漏洞。

根据《税收征管法》第19条规定，所有具有应税收入、应税财产、应税行为的纳税人和扣缴义务人，按照有关法律行政法规和国务院财政、税务主管部门的规定都应设置账簿。生产经营规模小又确无建账能力的纳税人，可以聘请经批准从事会计代理业务的专业机构或者经税务机关认可的财会人员代为建账和办理账务；聘请上述机构或者经税务机关认可的财务人员有实际困难，经县以上税务机关认可批准可以不设置账簿，但必须按照税务机关的要求，建立收支凭证粘贴簿、进货销货登记簿或者使用税控装置，如实记录生产经营情况。

（二）设置账簿的期限

从事生产、经营的纳税人，应当自领取营业执照或发生纳税义务之日起15日内，按照国家规定设置账簿，将财务、会计制度或者财务、会计处理办法报送主管税务机关备案。纳税人采用电子计算机记账的，应当在使用前将会计电算化系统的会计核算软件、使用说明书及有关资料报送税务机关备案。

扣缴义务人应当自税收法律、行政法规规定的扣缴义务发生之日起10日内，按照所代扣、代收的税种设置代扣代缴、代收代缴税款账簿。

纳税人、扣缴义务人会计制度健全，能够通过计算机正确、完整计算其收入或者所得的或者代扣代缴的、代收代缴税款情况的，其计算机输出的会计记录打印成完整的书面纪录后，可视同会计账簿，但应当打印书面记录并完整保存；会计制度不健全，不能通过计算机正确、完整计算其收入和所得或者代扣代缴、代收代缴税款的，应当建立总账及与纳税或者代扣代缴、代收代缴税款有关的其他账簿。纳税人、扣缴义务人的财务、会计制度或者财务、会计处理办法与国务院或者国务院财政、税务主管部门有关税收规定相抵触的，依照国务院或者国务院财政、税务主管部门有关税收的规定计算应纳税款、代扣代缴和代收代缴的税款。

纳税人应当按照税务机关的要求安装、使用税控装置，并按照税务机关的规定报有关数据和资料。税控装置推广应用的管理办法由国家税务总局另行制定，报国务院批准后实施。

（三）设置账簿的要求

各种会计账簿之间一般按下面的关系设置：

单位的各种总分类账户按每一总分类账户开设账页，组成总账，在总分类账户以外，作为重要具有详细记载的某个总分类账户的补充，设置一部分明细分类账户，即设置明细账。为了专对某类经济业务，按其时间发生顺序逐笔详细记载，设置日记账；对于某些不是总账所能详细反映，而又不适宜于使用明细账登记的经济业务，另行设置辅助性账簿进行记录。新的会计账簿被启用时，应当在账簿封面上写明单位名称和账簿名称，并填写账簿扉页上的《启用表》，注明启用日期、账簿起止页数、记账人员和会计机构负责人、会计主管人员姓名，并加盖名章和单位公章。当财务人员调动工作时，也要在《启用表》上注明交接日期、接办人员、监交人员姓名，并由交接双方签章。会计账簿中应当记载会计凭证日期、编号、业务内容摘要、金额和其他有关资料。会计账簿应当按照连续编号的页码顺序登记，不准隔页、缺号、跳行进行账簿记录。

三、凭证管理

（一）原始凭证管理的要求

按规定，会计人员对不真实、不合法的原始凭证有权不予接受，并向单位负责人报告，对记载不准确、不完整的原始凭证予以退回，并要求按照国家统一的会计制度规定更正补充。原始凭证记载的各项内容均不准涂改；原始凭证有错误的，应当由出具单位重开或者更正，更正处应当加盖出具单位印章。原始凭证金额有错误的，应当由出具单位重开，不准在原始凭证上更正。

（二）记账凭证管理的要求

记账凭证应符合下列要求：

1. 应对记账凭证进行连续编号，以便分清会计事项处理的先后顺序，便于与会计账簿核对。

2. 记账凭证根据每一张原始凭证或若干张同类原始凭证汇总填制。

3. 记账凭证必须附原始凭证（结账和更正的例外），并注明张数。

4. 与其他单位共同负担费用可由保存原始凭证主办单位填开费用分制单。

5. 填制记账凭证错误可用红字注销法自行更正。

（三）凭证的审核

对原始凭证的审核主要包括以下几个方面内容：

1. 审核原始凭证记载的经济业务是否正常，判断是否正确、符合要求。

2. 合法性、合规性、合理性审核看是否符合规定及权限。

3. 完整性审核，看手续是否完备。

4. 正确性审核，看计算有无差错。

对记账凭证的审核主要是：记账凭证是否进行连续编号；是否根据每一张原始凭证或若干张同类原始凭证汇总填制；是否附原始凭证（结账和更正的例外），并注明张数。

四、账簿凭证的档案管理

纳税人、扣缴义务人在会计年度终了后，应按规定将账簿、会计凭证、完税凭证以及其他有关纳税资料收集、分类、归档、保管。账簿、会计凭证、报表、完税凭证及其他有关纳税资料归档后，要按会计档案规定保存，并按规定手续查阅、销毁。会计档案保存期限除税收法律、行政法规另有规定者外一般为 10 年。

账簿、会计凭证和报表，应当使用中文。民族自治地方可以同时使用当地通用的一种民族文字。外商投资企业和外国企业可以同时使用一种外国文字。

第三节　发票管理

发票管理是税务管理的重要内容，是税务机关对发票从印制到检查处理全过程进行组织、协调、监督所开展的各项活动的总称。

一、发票的概念

发票是在购销商品、提供或接受服务以及其他经济活动中，开具收取的收付款凭证。在社会经济活动中，发票起着记录、确认经济业务内容、明确经济责任的作用，是会计核算的原始凭证，是核实计税收入额和抵扣额的重要凭据，也是税务稽查的重要依据。

发票可按不同的方式进行分类。按照发票印制者的身份，可以分为统一印制发票和企业自用发票；按照发票使用者的经济性质，可分为私营企业发票、涉外企业发票、个体工商户发票；按照开票的方式，可分为手工版发票和电脑版发票；按照版面金额，可分为十元版发票、百元版发票、万元版发票等。在税收征收管理中，最常见的分类方式是根据行业特点和纳税人的生产经营项目，将发票分为普通发票、增值税专用发票和专业发票三种。

其中普通发票是最常见的发票，包括行业统一发票，个体、私营业类发票，专用类发票三种。行业统一发票只适用于特定行业内的单位，具有行业通用性的特点，如工业企业发票、商业企业发票、建筑安装业发票、服务业发票等；个体、私营业类发票包括限额式发票和定额式发票；专用类发票是具有专门用途、为某种特定活动设计使用的发票，它的作用是为了控制一些特定经营项目的税收征管和社会经济管理，如商品房销售专用发票、自来水公司销售专用发票、产权交易专用发票等。

增值税专用发票只限于增值税一般纳税人销售货物或提供应税劳务时使用的一种特殊发票，它除具备普通发票的基本属性外，还具备抵扣增值税款的功能。增值税专用发票不仅是经济活动中的重要商事凭证，还是兼记销货方履行纳税义务和购货方抵扣进行税款的凭证，对增值税的计算和管理起着决定性作用。

专业发票是指由金融、保险、邮政等部门开具使用的专业性很强的票据，通常由行业主管部门统一管理，自行设计式样，不套印税务机关的统一发票监制章，但可根据税收征管的需要纳入统一发票管理。如金融、保险企业的存贷、汇兑、转账凭证、保险凭证；邮政的邮票、邮单等。

二、发票管理内容

从管理环节看，发票管理的内容可分为发票的印制、领购、开具、取得、保管、缴销、检查及违章处罚等。加强发票管理，不仅可以促进企业正确核算经营成果，严肃税法、保证税收职能实现；而且可以打击违法经营，保护合法经营，维护经济秩序。

为了适应经济形势的变化，经国务院批准，财政部颁发了新的《中华人民共和国发票管理办法》，自2011年2月1日起开始实施。这一办法的颁布，标志着我国发票管理在规范化、法制化方面迈上了一个新台阶。

（一）发票的式样

在全国范围内统一式样的发票，由国家税务总局确定。

在省、自治区、直辖市范围内统一式样的发票，由省、自治区、直辖市国家税务局、地方税务局确定。

普通发票的基本联次包括存根联、发票联、记账联。存根联由收款方或开票方留存备查；发票联由付款方或受票方作为付款原始凭证；记账联由收款方或开票方作为记账原始凭证。增值税专用发票由基本联次或者基本联次附加其他联次构成，基本联次为三联：发票联、抵扣联和记账联。发票联，作为购买方核算采购成本和增值税进项税额的记账凭证；抵扣联，作为购买方报送主管税务机关认证和留存备查的凭证；记账联，作为销售方核算销售收入和增值税销项税额的记账凭证。其他联次用途，由一般纳税人自行确定。

发票的基本内容包括：发票的名称、发票代码和号码、联次及用途、客户名称、开户银行及账号、商品名称或经营项目、计量单位、数量、单价、大小写金额、开票人、开票日期、开票单位（个人）名称（章）等。

省以上税务机关可根据经济活动以及发票管理需要，确定发票的具体内容。

有固定生产经营场所、财务和发票管理制度健全的纳税人，发票使用量较大或统一发票式样不能满足经营活动需要的，可以向省以上税务机关申请印有本单位名称的发票。

图3-4到图3-18介绍了增值税专用发票和江苏省各行业普通发票的基本式样。

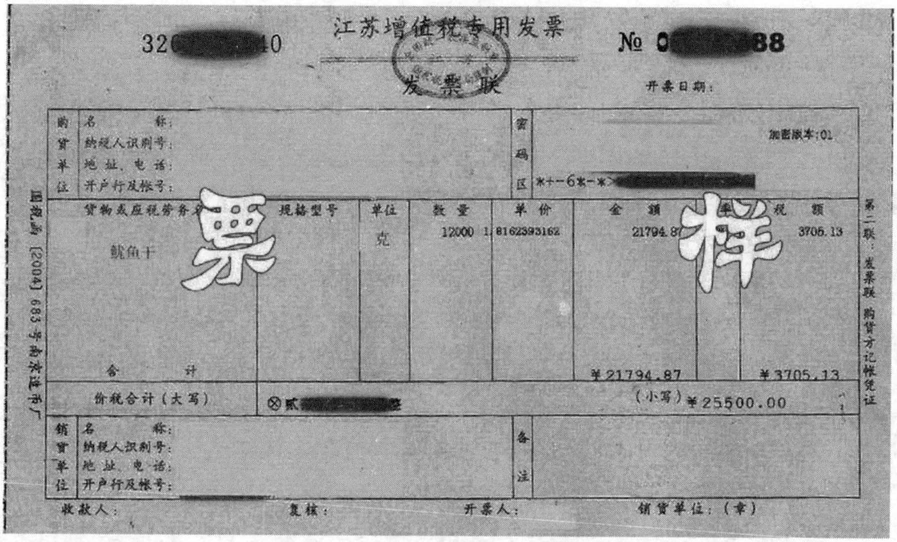

图 3-4 江苏增值税专用发票式样

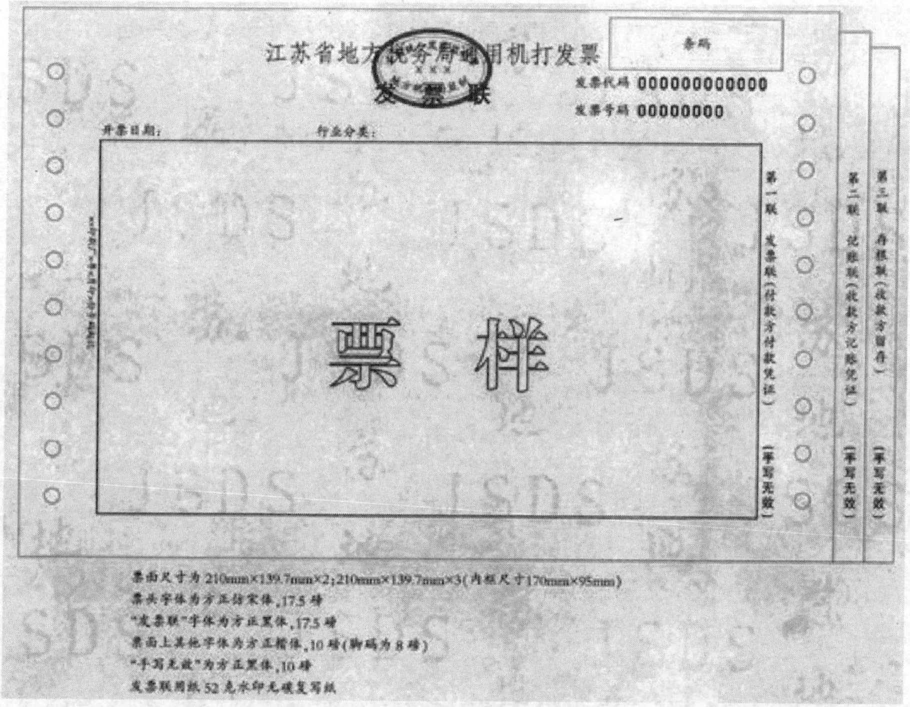

图 3-5 江苏省地方税务局通用机打平推发票（无奖）之一

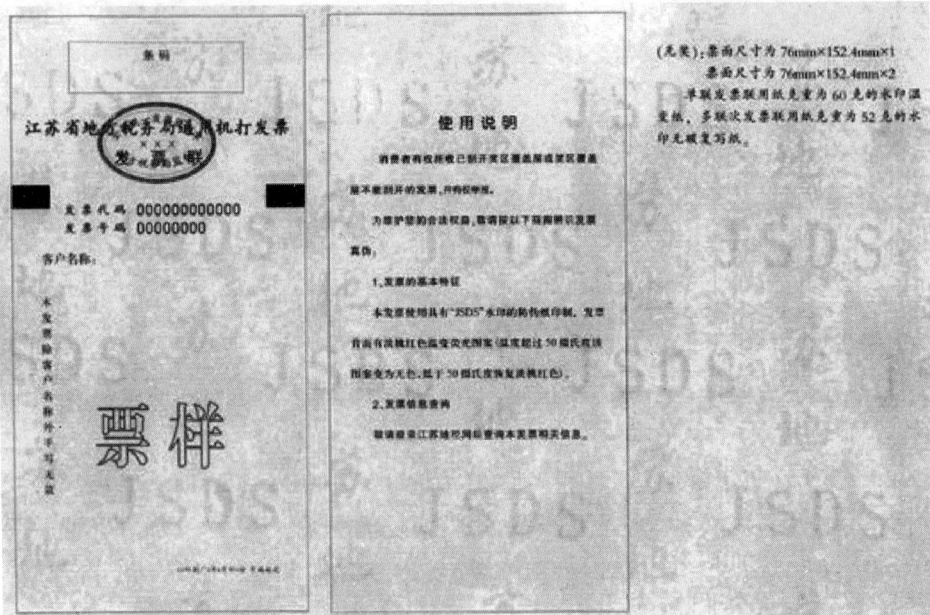

图3-6　江苏省地方税务局通用机打卷式发票（无奖）之一

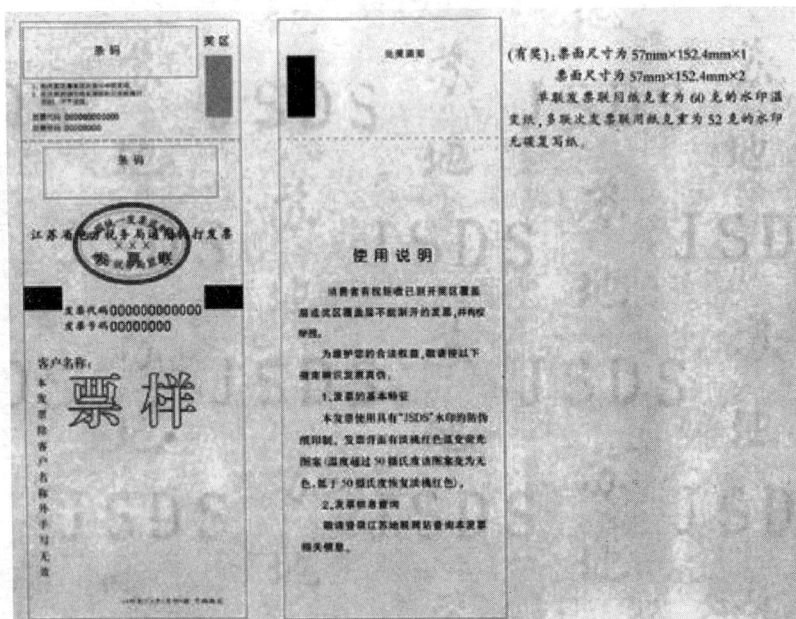

图3-7　江苏省地方税务局通用机打卷式发票（有奖）之一

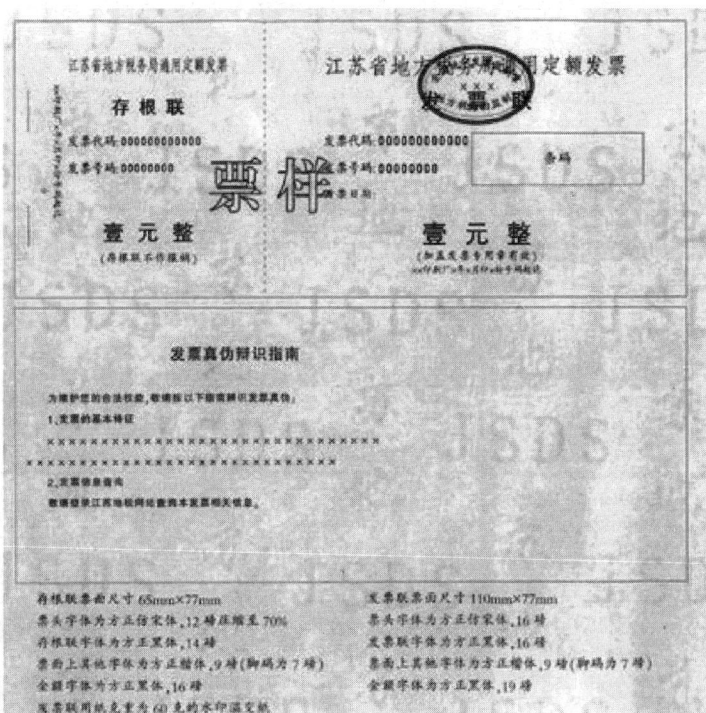

图 3-8 江苏省地方税务局通用定额发票（无奖）

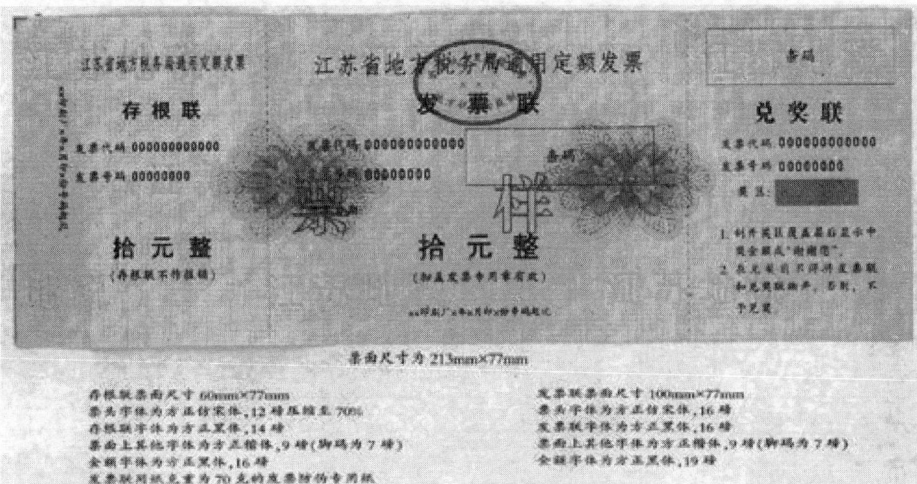

图 3-9 江苏省地方税务局通用定额发票（有奖）

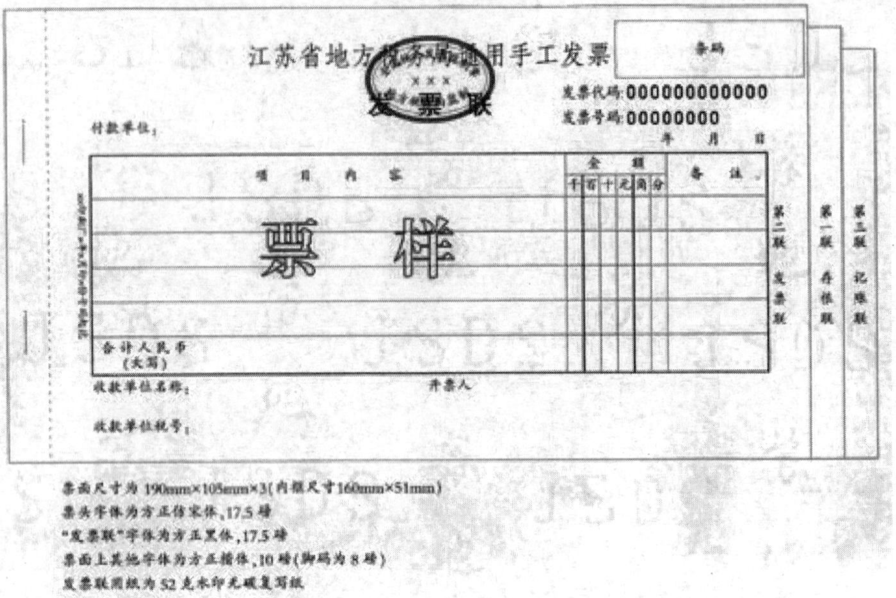

票面尺寸为 190mm×105mm×3（内框尺寸160mm×51mm）
票头字体为方正仿宋体，17.5磅
"发票联"字体为方正黑体，17.5磅
票面上其他字体为方正楷体，10磅（端码为8磅）
发票联用纸为52克米黄无碳复写纸

图3-10　江苏省地方税务局通用手工发票（千元版）

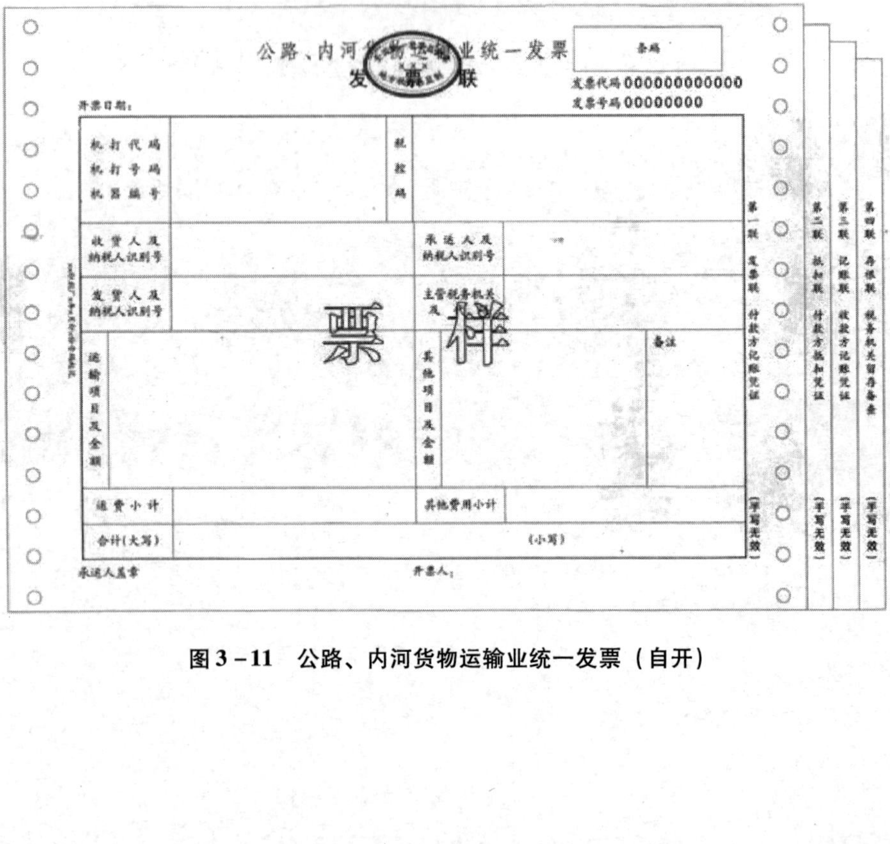

图3-11　公路、内河货物运输业统一发票（自开）

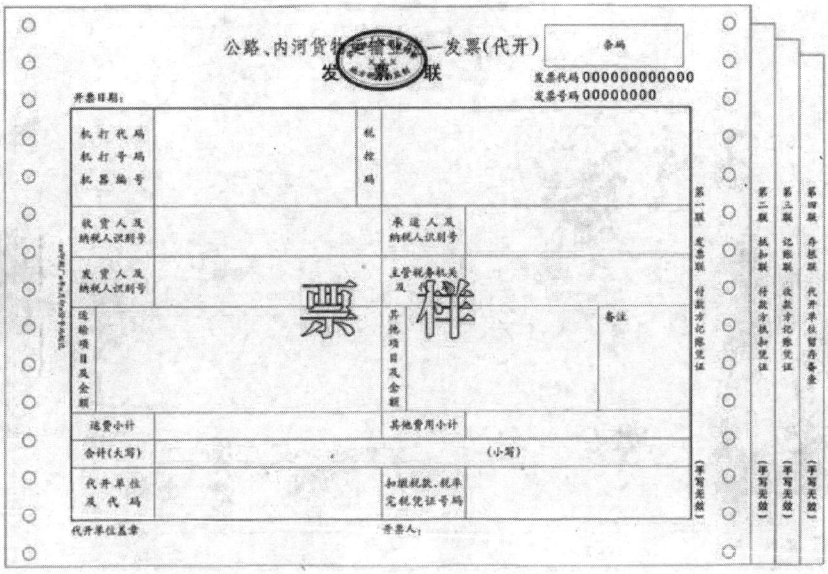

图 3-12 公路、内河货物运输业统一发票（代开）

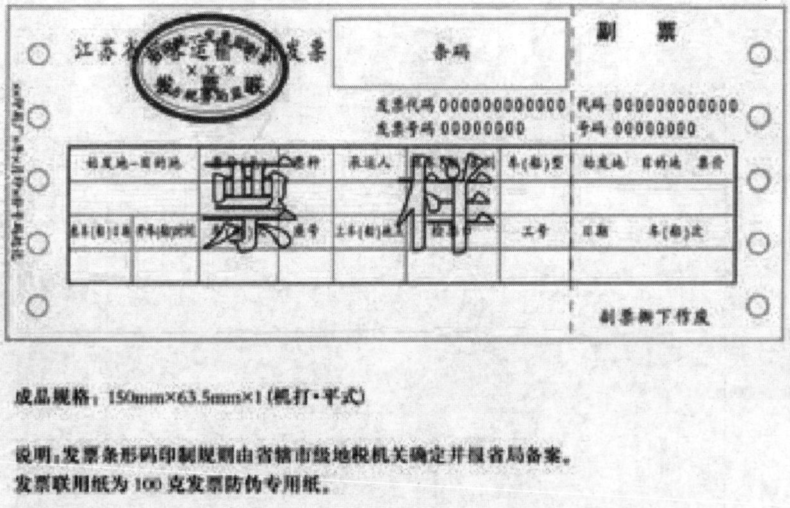

成品规格：150mm×63.5mm×1（机打·平式）

说明：发票条形码印制规则由省辖市级地税机关确定并报省局备案。
发票联用纸为100克发票防伪专用纸。

图 3-13 江苏省旅客运输专用发票

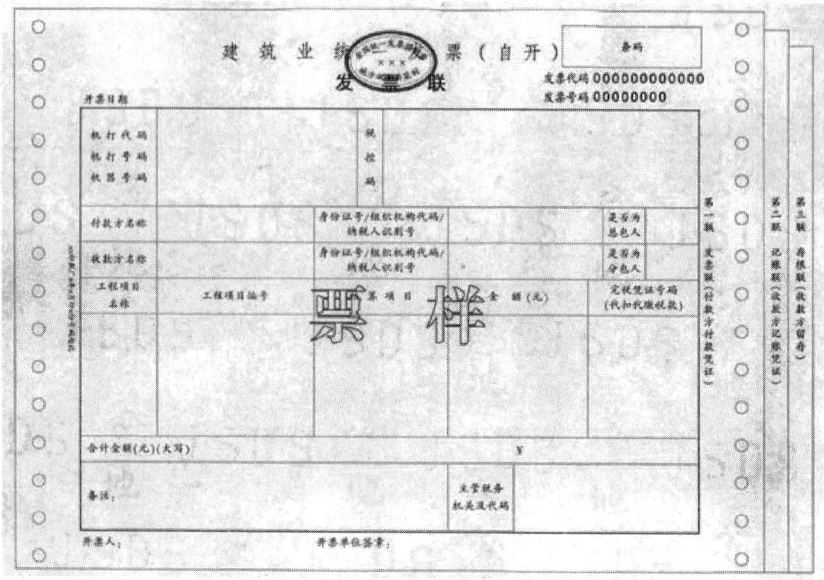
建筑业统一发票（自开）

发票联

发票代码 000000000000

发票号码 00000000

开票日期

机打代码 机打号码 机器号码		税控码			
付款方名称		身份证号/组织机构代码/纳税人识别号		是否为总包人	
收款方名称		身份证号/组织机构代码/纳税人识别号		是否为分包人	
工程项目名称	工程项目编号	结算项目	金额（元）	完税凭证号码（代扣代缴税款）	
合计金额（元）（大写）			¥		
备注：		主管税务机关及代码			

开票人：　　开票单位签章：

第一联 发票联（付款方付款凭证）

第二联 记账联（收款方记账凭证）

第三联 存根联（收款方留存）

图 3－14　建筑业统一发票（自开）

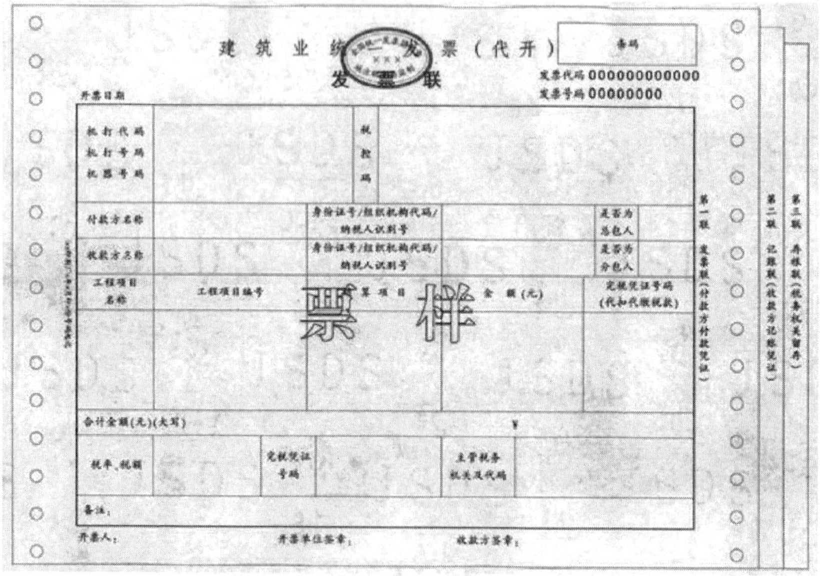
建筑业统一发票（代开）

发票联

发票代码 000000000000

发票号码 00000000

开票日期

机打代码 机打号码 机器号码		税控码			
付款方名称		身份证号/组织机构代码/纳税人识别号		是否为总包人	
收款方名称		身份证号/组织机构代码/纳税人识别号		是否为分包人	
工程项目名称	工程项目编号	结算项目	金额（元）	完税凭证号码（代扣代缴税款）	
合计金额（元）（大写）			¥		
税率、税额		完税凭证号码		主管税务机关及代码	
备注：					

开票人：　　开票单位签章：　　收款方签章：

第一联 发票联（付款方付款凭证）

第二联 记账联（收款方记账凭证）

第三联 存根联（税务机关留存）

图 3－15　建筑业统一发票（代开）

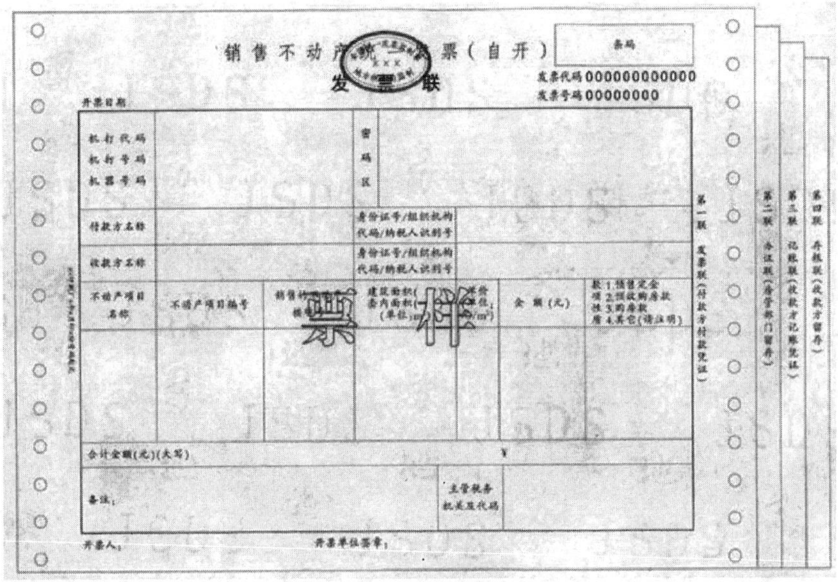

图 3－16　销售不动产统一发票（自开）

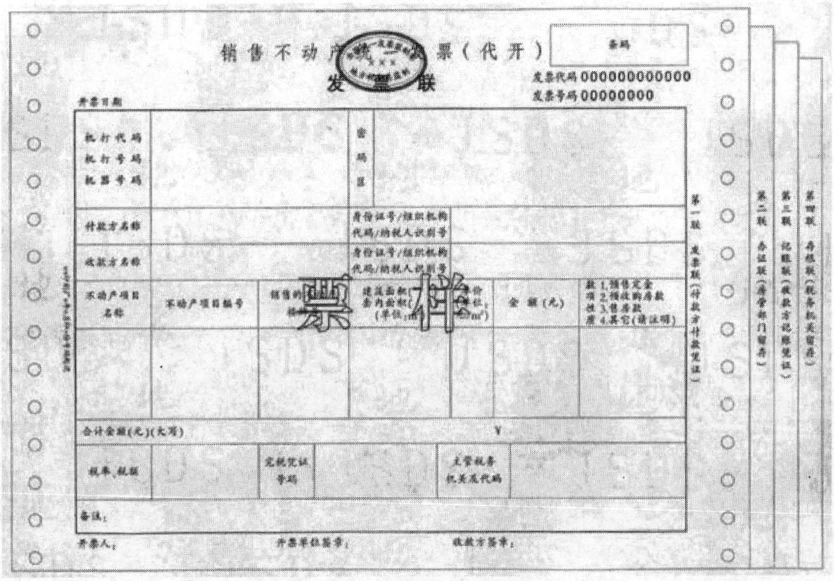

图 3－17　销售不动产统一发票（代开）

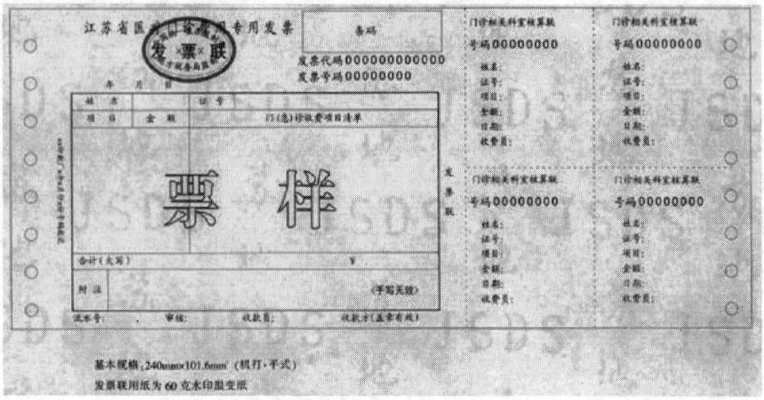

图 3 - 18　江苏省医疗门诊专用发票

（二） 发票的印制

增值税专用发票由国务院税务主管部门确定的企业印制；其他发票，按照国务院税务主管部门的规定，由省、自治区、直辖市税务机关确定的企业印制。禁止私自印制、伪造、变造发票。

1. 印制发票的企业应当具备下列条件：

（1） 取得印刷经营许可证和营业执照。

（2） 设备、技术水平能够满足印制发票的需要。

（3） 有健全的财务制度和严格的质量监督、安全管理、保密制度。

税务机关应当以招标方式确定印制发票的企业，并发给发票准印证。发票准印证由国家税务总局统一监制，省级税务机关核发。税务机关应当对印制发票企业实施监督管理，对不符合条件的，应当取消其印制发票的资格。

2. 发票防伪措施。印制发票应当使用国务院税务主管部门确定的全国统一的发票防伪专用品。禁止非法制造发票防伪专用品。

全国统一的发票防伪措施由国家税务总局确定，省级税务机关可以根据需要增加本地区的发票防伪措施，并向国家税务总局备案。

发票防伪专用品应当按照规定专库保管，不得丢失。次品、废品应当在税务机关监督下集中销毁。

3. 发票监制章。发票应当套印全国统一发票监制章。全国统一发票监制章的式样和发票版面印刷的要求，由国务院税务主管部门规定。发票监制章由省、自治区、直辖市税务机关制作。禁止伪造发票监制章。

发票印制通知书应当载明印制发票企业名称、用票单位名称、发票名称、发票代码、种类、联次、规格、印色、印制数量、起止号码、交货时间、地点等内容。

4. 发票换版规定。发票实行不定期换版制度。

全国范围内发票换版由国家税务总局确定；省、自治区、直辖市范围内发票换版由省税务机关确定。

发票换版时，应当进行公告。

5. 发票印制通知。监制发票的税务机关根据需要下达发票印制通知书，被指定的印制企业必须按照要求印制。

6. 印制要求。印制发票的企业必须按照税务机关批准的式样和数量印制发票。

发票应当使用中文印制。民族自治地方的发票，可以加印当地一种通用的民族文字。有实际需要的，也可以同时使用中外两种文字印制。

各省、自治区、直辖市内的单位和个人使用的发票，除增值税专用发票外，应当在本省、自治区、直辖市内印制；确有必要到外省、自治区、直辖市印制的，应当由省、自治区、直辖市税务机关商印制地省、自治区、直辖市税务机关同意，由印制地省、自治区、直辖市税务机关确定的企业印制。禁止在境外印制发票。

7. 发票印制管理制度。印制发票的企业按照税务机关的统一规定，建立发票印制管理制度和保管措施。

发票监制章和发票防伪专用品的使用和管理实行专人负责制度。

印制发票企业印制完毕的成品应当按照规定验收后专库保管，不得丢失。废品应当及时销毁。

（三）发票的领购

1. 领购对象。

（1）普通发票领购的对象包括三类：

① 依法办理了税务登记的单位和个人，在领取税务登记证后，可以申请领购发票。

② 依法不需要办理税务登记的单位和个人，如机关、部队、学校等。需要临时使用发票的单位和个人，可以凭购销商品、提供或者接受服务以及从事其他经营活动的书面证明、经办人身份证明，直接向经营地税务机关申请代开发票。依照税收法律、行政法规规定应当缴纳税款的，税务机关应当先征收税款，再开具发票。

③ 临时到本省、自治区、直辖市以外从事经营活动的单位或者个人，凭所在地主管税务机关开具的外出经营税收管理证明，向经营地税务机关领购经营地的发票。

（2）增值税专用发票领购对象只限于增值税一般纳税人，但如果一般纳税人属于以下情形的，也不得领购专用发票：

① 会计核算不健全，即不能按照会计制度和税务机关的要求准确核算增值税的销项税款、进项税款的纳税人。

② 不能向税务机关提供准确的销项税款、进项税款、应纳税额数据及其他有关增值税税务资料的纳税人。

③ 存在未按要求印制、开具、使用、保管等违章行为的纳税人。

④ 销售的货物全部属于免税项目的纳税人。

⑤ 纳税人当月领购专用发票而未申报的纳税人。

税务机关根据发票管理的需要，可以按照国务院税务主管部门的规定委托其他单位代开发票。税务机关在发售发票时，应当按照核准的收费标准收取工本管理费，并向购票单位和个人开具收据。发票工本费征缴办法按照国家有关规定执行。

2. 发票领购的方式。

（1）交旧购新。交旧购新是指纳税人在交回原领购并已使用的发票存根，并经主管税务机关审核无误后，才能领购新发票。

交旧购新主要适用于财务制度不健全、经营流动性较大、较易发生短期经营行为、纳税意识不强的纳税人。

（2）验旧购新。验旧购新是指纳税人将原领购并已使用的发票存根提供主管税务机关审核无误后，才能领购新发票。验旧购新是当前发票领购的主要方式。

（3）批量供应。这主要是针对领购自用发票（衔头发票）的纳税人采取的购票方式。

税务机关应当与受托代开发票的单位签订协议，明确代开发票的种类、对象、内容和相关责任等内容。

3. 领购手续。

（1）普通发票的领购手续。需要领购发票的单位和个人，应当持税务登记证件、经办人身份证明、按照国务院税务主管部门规定式样制作的发票专用章的印模，向主管税务机关办理发票领购手续。主管税务机关根据领购单位和个人的经营范围和规模，确认领购发票的种类、数量以及领购方式，在 5 个工作日内发给发票领购簿。发票领购簿的内容包括用票单位和个人的名称、所属行业、购票方式、核准购票种类、开票限额、发票名称、领购日期、准购数量、起止号码、违章记录、领购人签字（盖章）、核发税务机关（章）等内容。

初次领购的纳税人凭发票领购簿核准的发票种类、数量等向主管税务机关领购发票。再次领购时，凭发票领购簿、税务登记证副本、专职发票领购人身份证明等直接领购。

（2）增值税专用发票的领购手续。

① 一般纳税人应通过增值税防伪税控系统（以下简称防伪税控系统）使用专用发票。使用，包括领购、开具、缴销、认证纸质专用发票及其相应的数据电文。

所称防伪税控系统，是指经国务院同意推行的，使用专用设备和通用设备、运用数字密码和电子存储技术管理专用发票的计算机管理系统；所称专用设备，是指金税卡、IC卡、读卡器和其他设备；所称通用设备，是指计算机、打印机、扫描器具和其他设备。

专用发票实行最高开票限额管理。最高开票限额，是指单份专用发票开具的销售额合计数不得达到的上限额度。

最高开票限额由一般纳税人申请，税务机关依法审批。最高开票限额为 10 万元及以下的，由区县级税务机关审批；最高开票限额为 100 万元的，由地市级税务机关审批；最高开票限额为 1 000 万元及以上的，由省级税务机关审批。防伪税控系统的具体发行工作由区县级税务机关负责。

税务机关审批最高开票限额应进行实地核查。批准使用最高开票限额为 10 万元及以下的，由区县级税务机关派人实地核查；批准使用最高开票限额为 100 万元的，由地市级税务机关派人实地核查；批准使用最高开票限额为 1 000 万元及以上的，由地市级税务机关派人实地核查后将核查资料报省级税务机关审核。

一般纳税人申请最高开票限额时，需填报《最高开票限额申请表》。

② 一般纳税人领购专用设备后，凭《最高开票限额申请表》、《发票领购簿》到主管税务机关办理初始发行。所称初始发行，是指主管税务机关将一般纳税人的下列信息载入空白金税卡和 IC 卡的行为。

a. 企业名称。

b. 税务登记代码。

c. 开票限额。

d. 购票限量。

e. 购票人员姓名、密码。

f. 开票机数量。

g. 国家税务总局规定的其他信息。

一般纳税人发生上列第一、三、四、五、六、七项信息变化，应向主管税务机关申请变更发行；发生第二项信息变化，应向主管税务机关申请注销发行。

③ 一般纳税人凭《发票领购簿》、IC 卡和经办人身份证明领购专用发票。

④ 一般纳税人有下列情形之一的，不得领购开具专用发票：

a. 会计核算不健全，不能向税务机关准确提供增值税销项税额、进项税额、应纳税额数据及其他有关增值税税务资料的。

上列其他有关增值税税务资料的内容，由省、自治区、直辖市和计划单列市国家税务局确定。

b. 有《税收征管法》规定的税收违法行为，拒不接受税务机关处理的。

c. 有下列行为之一，经税务机关责令限期改正而仍未改正的：

虚开增值税专用发票；

私自印制专用发票；

向税务机关以外的单位和个人买取专用发票；

借用他人专用发票；

未按规定开具专用发票；

未按规定保管专用发票和专用设备；

未按规定申请办理防伪税控系统变更发行；

未按规定接受税务机关检查。

有上列情形的，如已领购专用发票，主管税务机关应暂扣其结存的专用发票和 IC 卡。

其中未按规定保管专用发票和专用设备是指有下列情形之一的：未设专人保管专用发票和专用设备；未按税务机关要求存放专用发票和专用设备；未将认证相符的专用发票抵扣联、《认证结果通知书》和《认证结果清单》装订成册；未经税务机关查验，擅自销毁专用发票基本联次。

（3）发票专用章。

发票专用章是指用票单位和个人在其开具发票时加盖的有其名称、税务登记号、发票专用章字样的印章。发票专用章式样由国家税务总局确定。

税务机关对领购发票单位和个人提供的发票专用章的印模应当留存备查。

发票专用章尺寸规定（见图 3 – 19）：

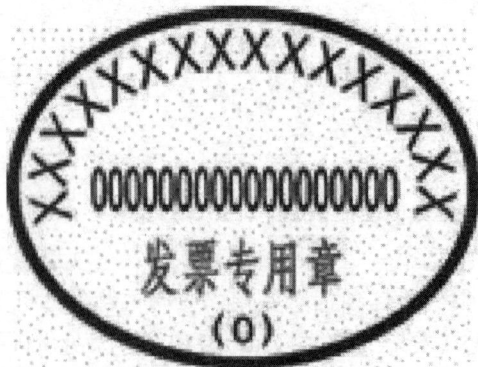

图 3 – 19   发票专用章的式样

① 形状为椭圆形，尺寸为 40×30（mm）。

② 边宽 1mm；印色为红色。

③ 中间为税号，18 位阿拉伯数字字高 3.7mm，字宽 1.3mm，18 位阿拉伯数字总宽度 26mm（字体为 Arial）。

④ 税号上方环排中文文字高为 4.2mm，环排角度（夹角）210～260 度，字与边线内侧的距离 0.5mm（字体为仿宋体）。

⑤ 税号下横排"发票专用章"文字字高 4.6mm，字宽 3mm，延章中心线到下横排字顶端距离 4.2mm（字体为仿宋体）。

⑥ 发票专用章下横排号码字高 2.2mm，字宽 1.7mm，延章中心线到下横排号码顶端距离 10mm（字体为 Arial），不需编号时可省去此横排号码。

（4）身份证明。身份证明是指经办人的居民身份证、护照或者其他能证明经办人身份的证件。

4. 发票领购中的保证制度。税务机关对外省、自治区、直辖市来本辖区从事临时经营活动的单位和个人领购发票的，可以要求其提供保证人或者根据所领购发票的票面限额以及数量交纳不超过 1 万元的保证金，并限期缴销发票。税务机关收取保证金应当开具资金往来结算票据。

按期缴销发票的，解除保证人的担保义务或者退还保证金；未按期缴销发票的，由保证人或者以保证金承担法律责任。

保证人，是指在中国境内具有担保能力的公民、法人或者其他经济组织。保证人同意为领购发票的单位和个人提供担保的，应当填写担保书。担保书内容包括：担保对象、范围、期限和责任以及其他有关事项。担保书须经购票人、保证人和税务机关签字盖章后方为有效。

保证人或者以保证金承担法律责任，是指由保证人缴纳罚款或者以保证金缴纳罚款。

提供保证人或者交纳保证金的具体范围由省税务机关规定。

（四）发票的开具

1. 普通发票的开票。

（1）开具的要求。销售商品、提供服务以及从事其他经营活动的单位和个人，对外发生经营业务收取款项，收款方应当向付款方开具发票；特殊情况下，由付款方向收款方开具发票。

特殊情况下，由付款方向收款方开具发票，是指下列情况：

① 收购单位和扣缴义务人支付个人款项时；

② 国家税务总局认为其他需要由付款方向收款方开具发票的。

向消费者个人零售小额商品或者提供零星服务的，是否可免予逐笔开具发票，由省税务机关确定。

（2）开票时间。填开发票的单位和个人必须在发生经营业务确认营业收入（权责发生制）时开具发票。未发生经营业务一律不准开具发票。

（3）红字发票的开具。开具发票后，如发生销货退回需开红字发票的，必须收回原发票并注明"作废"字样或取得对方有效证明。

开具发票后，如发生销售折让的，必须在收回原发票并注明"作废"字样后重新开具销售发票或取得对方有效证明（增加）后开具红字发票。

2. 增值税专用发票的开具。一般纳税人销售货物或者应税劳务，应当向索取增值税专用发票的购买方开具增值税专用发票，并在增值税专用发票上分别注明销售额和销项税额。

商业企业一般纳税人零售的烟、酒、食品、服装、鞋帽（不包括劳保专用部分）、化妆品等消费品不得开具专用发票。

增值税小规模纳税人（以下简称小规模纳税人）需要开具专用发票的，可向主管税务机关申请代开。

销售免税货物不得开具专用发票，法律、法规及国家税务总局另有规定的除外。

（1）一般纳税人销售货物或者提供应税劳务可汇总开具专用发票。汇总开具专用发票的，同时使用防伪税控系统开具《销售货物或者提供应税劳务清单》，并加盖财务专用章或者发票专用章。

（2）一般纳税人在开具专用发票当月，发生销货退回、开票有误等情形，收到退回的发票联、抵扣联符合作废条件的，按作废处理；开具时发现有误的，可即时作废。

作废专用发票须在防伪税控系统中将相应的数据电文按"作废"处理，在纸质专用发票（含未打印的专用发票）各联次上注明"作废"字样，全联次留存。

（3）一般纳税人取得专用发票后，发生销货退回、开票有误等情形但不符合作废条件的，或者因销货部分退回及发生销售折让的，购买方应向主管税务机关填报《开具红字增值税专用发票申请单》（以下简称《申请单》）。

《申请单》所对应的蓝字专用发票应经税务机关认证。经认证结果为"认证相符"并且已经抵扣增值税进项税额的，一般纳税人在填报《申请单》时不填写相对应的蓝字专用发票信息；经认证结果为"纳税人识别号认证不符"、"专用发票代码、号码认证不符"的，一般纳税人在填报《申请单》时应填写相对应的蓝字专用发票信息。

《申请单》一式两联：第一联由购买方留存；第二联由购买方主管税务机关留存。《申请单》应加盖一般纳税人财务专用章。

（4）主管税务机关对一般纳税人填报的《申请单》进行审核后，出具《开具红字增值税专用发票通知单》（以下简称《通知单》）。《通知单》应与《申请单》一一对应。

《通知单》一式三联：第一联由购买方主管税务机关留存；第二联由购买方送交销售方留存；第三联由购买方留存。《通知单》应加盖主管税务机关印章。《通知单》应按月依次装订成册，并比照专用发票保管规定管理。

（5）购买方必须暂依《通知单》所列增值税税额从当期进项税额中转出，未抵扣增值税进项税额的可列入当期进项税额，待取得销售方开具的红字专用发票后，与留存的《通知单》一并作为记账凭证。属于（3）条所列情形的，不作进项税额转出。

（6）销售方凭购买方提供的《通知单》开具红字专用发票，在防伪税控系统中以销项负数开具。红字专用发票应与《通知单》一一对应。

（7）同时具有下列情形的，为所称作废条件：

① 收到退回的发票联、抵扣联时间未超过销售方开票当月。

② 销售方未抄税并且未记账。

③ 购买方未认证或者认证结果为"纳税人识别号认证不符"、"专用发票代码、号码认证不符"。

所称抄税，是报税前用 IC 卡或者 IC 卡和软盘抄取开票数据电文。

（8）一般纳税人开具专用发票应在增值税纳税申报期内向主管税务机关报税，在申报所属月份内可分次向主管税务机关报税。

所称报税，是纳税人持 IC 卡或者 IC 卡和软盘向税务机关报送开票数据电文。

（9）因 IC 卡、软盘质量等问题无法报税的，应更换 IC 卡、软盘。因硬盘损坏、更换金税卡等原因不能正常报税的，应提供已开具未向税务机关报税的专用发票记账联原件或者复印件，由主管税务机关补开票数据。

3. 发票填开要求。单位和个人在开具发票时，必须做到按照号码顺序填开，填写项目齐全，内容真实，字迹清楚，全部联次一次打印，内容完全一致，并在发票联和抵扣联加盖发票专用章，按照纳税义务的发生时间开具。对不符合要求的发票，购买方有权拒收。

开具发票应当使用中文。民族自治地方可以同时使用当地通用的一种民族文字。

所有单位和从事生产、经营活动的个人在购买商品、接受服务以及从事其他经营活动支付款项，应当向收款方取得发票。取得发票时，不得要求变更品名和金额。

不符合规定的发票，不得作为财务报销凭证，任何单位和个人有权拒收。

4. 虚开发票行为。任何单位和个人不得有下列虚开发票行为：

（1）为他人、为自己开具与实际经营业务情况不符的发票。

（2）让他人为自己开具与实际经营业务情况不符的发票。

（3）介绍他人开具与实际经营业务情况不符的发票。

5. 机开发票管理。安装税控装置的单位和个人，应当按照规定使用税控装置开具发票，并按期向主管税务机关报送开具发票的数据。

使用非税控电子器具开具发票的，应当将非税控电子器具使用的软件程序说明资料报主管税务机关备案，并按照规定保存、报送开具发票的数据。

国家推广使用网络发票管理系统开具发票，具体管理办法由国务院税务主管部门制定。

6. 禁止行为。任何单位和个人应当按照发票管理规定使用发票，不得有下列行为：

（1）转借、转让、介绍他人转让发票、发票监制章和发票防伪专用品。

（2）知道或者应当知道是私自印制、伪造、变造、非法取得或者废止的发票而受让、开具、存放、携带、邮寄、运输。

（3）拆本使用发票。

（4）扩大发票使用范围。

（5）以其他凭证代替发票使用。

税务机关应当提供查询发票真伪的便捷渠道。

7. 开具范围。除国务院税务主管部门规定的特殊情形外，发票限于领购单位和个人在本省、自治区、直辖市内开具。省、自治区、直辖市税务机关可以规定跨市、县开具发票的办法。

除国务院税务主管部门规定的特殊情形外，任何单位和个人不得跨规定的使用区域携带、邮寄、运输空白发票。禁止携带、邮寄或者运输空白发票出入境。

开具发票的单位和个人应当建立发票使用登记制度，设置发票登记簿，并定期向主管税务机关报告发票使用情况。

开具发票的单位和个人应当在办理变更或者注销税务登记的同时，办理发票和发票领购簿的变更、缴销手续。

（五）增值税专用发票的认证

1. 用于抵扣增值税进项税额的专用发票应经税务机关认证相符（国家税务总局另有规定的除外）。认证相符的专用发票应作为购买方的记账凭证，不得退还销售方。

所称认证，是税务机关通过防伪税控系统对专用发票所列数据的识别、确认。所称认证相符，是指纳税人识别号无误，专用发票所列密文解译后与明文一致。

2. 经认证，有下列情形之一的，不得作为增值税进项税额的抵扣凭证，税务机关退还原件，购买方可要求销售方重新开具专用发票。

（1）无法认证。所称无法认证，是指专用发票所列密文或者明文不能辨认，无法产生认证结果。

（2）纳税人识别号认证不符。所称纳税人识别号认证不符，是指专用发票所列购买方纳税人识别号有误。

（3）专用发票代码、号码认证不符。所称专用发票代码、号码认证不符，是指专用发票所列密文解译后与明文的代码或者号码不一致。

3. 经认证，有下列情形之一的，暂不得作为增值税进项税额的抵扣凭证，税务机关扣留原件，查明原因，分别情况进行处理。

（1）重复认证。所称重复认证，是指已经认证相符的同一张专用发票再次认证。

（2）密文有误。所称密文有误，是指专用发票所列密文无法解译。

（3）认证不符。所称认证不符，是指纳税人识别号有误，或者专用发票所列密文解译后与明文不一致。所称认证不符不含上一条第（2）项、第（3）项所列情形。

（4）列为失控专用发票。所称列为失控专用发票，是指认证时的专用发票已被登记为失控专用发票。

4. 一般纳税人丢失已开具专用发票的发票联和抵扣联，如果丢失前已认证相符的，购买方凭销售方提供的相应专用发票记账联复印件及销售方所在地主管税务机关出具的《丢失增值税专用发票已报税证明单》，经购买方主管税务机关审核同意后，可作为增值税进项税额的抵扣凭证；如果丢失前未认证的，购买方凭销售方提供的相应专用发票记账联复印件到主管税务机关进行认证，认证相符的凭该专用发票记账联复印件及销售方所在地主管税务机关出具的《丢失增值税专用发票已报税证明单》，经购买方主管税务机关审核同意后，可作为增值税进项税额的抵扣凭证。

一般纳税人丢失已开具专用发票的抵扣联，如果丢失前已认证相符的，可使用专用发票发票联复印件留存备查；如果丢失前未认证的，可使用专用发票发票联到主管税务机关认证，专用发票发票联复印件留存备查。

一般纳税人丢失已开具专用发票的发票联，可将专用发票抵扣联作为记账凭证，专用发票抵扣联复印件留存备查。

专用发票抵扣联无法认证的，可使用发票联到主管税务机关认证，发票联复印件留存备查。

（六）发票的保管与缴销

开具发票的单位和个人应当按照税务机关的规定存放和保管发票，不得擅自损毁。已经开具的发票存根联和发票登记簿，应当保存 5 年。保存期满，报经税务机关查验后销毁。

使用发票的单位和个人应当妥善保管发票。发生发票丢失情形时，应当于发现丢失当日书面报告税务机关，并登报声明作废。

增值税一般纳税人注销税务登记或者转为小规模纳税人，应将专用设备和结存未用的纸质专用发票送交主管税务机关。主管税务机关应缴销其增值税专用发票，并按有关安全管理的要求处理专用设备。增值税专用发票的缴销，是指主管税务机关在纸质专用发票监制章处按"V"字剪角作废，同时作废相应的专用发票数据电文。被缴销的纸质专用发票应退还纳税人。

（七）发票的检查

1. 税务机关检查发票的权利。税务机关在发票管理中有权进行下列检查：

（1）检查印制、领购、开具、取得、保管和缴销发票的情况。

（2）调出发票查验。

（3）查阅、复制与发票有关的凭证、资料。

（4）向当事各方询问与发票有关的问题和情况。

（5）在查处发票案件时，对与案件有关的情况和资料，可以记录、录音、录像、照相和复制。

2. 税务机关发票检查遵守的规定。税务人员进行检查时，应当出示税务检查证。

税务机关需要将已开具的发票调出查验时，应当向被查验的单位和个人开具发票换票证（见图 3-20）。发票换票证与所调出查验的发票有同等的效力。被调出查验发票的单位和个人不得拒绝接受。

发票换票证仅限于在本县（市）范围内使用。需要调出外县（市）的发票查验时，应当提请该县（市）税务机关调取发票。

税务机关需要将空白发票调出查验时，应当开具收据；经查无问题的，应当及时返还。

3. 对被检查方的要求。印制、使用发票的单位和个人，必须接受税务机关依法检查，如实反映情况，提供有关资料，不得拒绝、隐瞒。

单位和个人从中国境外取得的与纳税有关的发票或者凭证，税务机关在纳税审查时有疑义的，可以要求其提供境外公证机构或者注册会计师的确认证明，经税务机关审核认可后，方可作为记账核算的凭证。

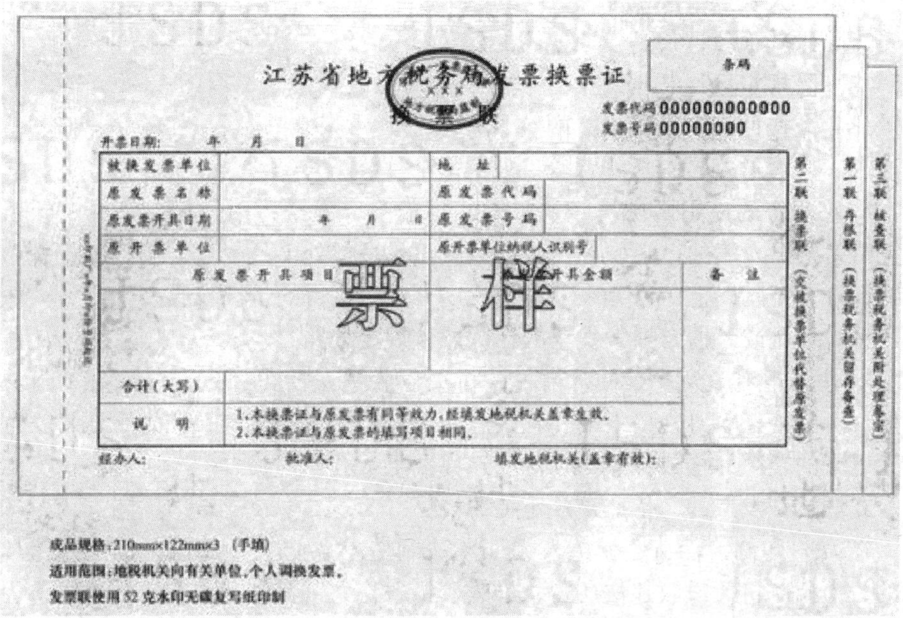
江苏省地方税务局发票换票证

换票联

条码

发票代码 000000000000

发票号码 00000000

开票日期：　年　月　日

被换发票单位		地　址	
原发票名称		原发票代码	
原发票开具日期	年　月　日	原发票号码	
原开票单位		原开票单位纳税人识别号	
原发票开具项目	开具金额	备　注	
合计（大写）			
说　明	1. 本换票证与原发票有同等效力，经填发地税机关盖章生效。 2. 本换票证与原发票的填写项目相同。		

经办人：　批准人：　填发地税机关（盖章有效）：

第二联 换票联（交被换票单位代替原发票）

第一联 存根联（换票税务机关留存备查）

第三联 核查联（换票税务机关附处理备案）

票样

成品规格：210mm×122mm×3（手填）

适用范围：地税机关向有关单位、个人调换发票。

发票联使用 52 克水印无碳复写纸印制

图 3-20　江苏省地方税务局发票换票证

税务机关在发票检查中需要核对发票存根联与发票联填写情况时，可以向持有发票或者发票存根联的单位发出发票填写情况核对卡，有关单位应当如实填写，按期报回。

4. 发票真伪的鉴定渠道。用票单位和个人有权申请税务机关对发票的真伪进行鉴别。收到申请的税务机关应当受理并负责鉴别发票的真伪；鉴别有困难的，可以提请发票监制税务机关协助鉴别。

在伪造、变造现场以及买卖地、存放地查获的发票，由当地税务机关鉴别。

（八）发票违法行为的处罚

1. 违反规定，有下列情形之一的，由税务机关责令改正，可以处 1 万元以下的罚款；有违法所得的予以没收：

（1）应当开具而未开具发票，或者未按照规定的时限、顺序、栏目，全部联次一次性开具发票，或者未加盖发票专用章的。

（2）使用税控装置开具发票，未按期向主管税务机关报送开具发票的数据的。

（3）使用非税控电子器具开具发票，未将非税控电子器具使用的软件程序说明资料报主管税务机关备案，或者未按照规定保存、报送开具发票的数据的。

（4）拆本使用发票的。

（5）扩大发票使用范围的。

（6）以其他凭证代替发票使用的。

（7）跨规定区域开具发票的。

（8）未按照规定缴销发票的。

（9）未按照规定存放和保管发票的。

2. 跨规定的使用区域携带、邮寄、运输空白发票，以及携带、邮寄或者运输空白发票出入境的，由税务机关责令改正，可以处 1 万元以下的罚款；情节严重的，处 1 万元以上 3 万元以下的罚款；有违法所得的予以没收。

丢失发票或者擅自损毁发票的，依照该规定处罚。

3. 违反规定虚开发票的，由税务机关没收违法所得；虚开金额在 1 万元以下的，可以并处 5 万元以下的罚款；虚开金额超过 1 万元的，并处 5 万元以上 50 万元以下的罚款；构成犯罪的，依法追究刑事责任。

非法代开发票的，依照该规定处罚。

4. 私自印制、伪造、变造发票，非法制造发票防伪专用品，伪造发票监制章的，由税务机关没收违法所得，没收、销毁作案工具和非法物品，并处 1 万元以上 5 万元以下的罚款；情节严重的，并处 5 万元以上 50 万元以下的罚款；对印制发票的企业，可以并处吊销发票准印证；构成犯罪的，依法追究刑事责任。

该规定的处罚，如果《中华人民共和国税收征收管理法》有规定的，依照其规定执行。

5. 有下列情形之一的，由税务机关处 1 万元以上 5 万元以下的罚款；情节严重的，处 5 万元以上 50 万元以下的罚款；有违法所得的予以没收：

（1）转借、转让、介绍他人转让发票、发票监制章和发票防伪专用品的；

（2）知道或者应当知道是私自印制、伪造、变造、非法取得或者废止的发票而受让、开具、存放、携带、邮寄、运输的。

6. 对违反发票管理规定 2 次以上或者情节严重的单位和个人，税务机关可以向社会公告。

公告，是指税务机关应当在办税场所或者广播、电视、报纸、期刊、网络等新闻媒体上公告纳税人发票违法的情况。公告内容包括：纳税人名称、纳税人识别号、经营地点、违反发票管理法规的具体情况。

7. 违反发票管理法规，导致其他单位或者个人未缴、少缴或者骗取税款的，由税务机关没收违法所得，可以并处未缴、少缴或者骗取的税款 1 倍以下的罚款。

8. 当事人对税务机关的处罚决定不服的，可以依法申请行政复议或者向人民法院提起行政诉讼。

9. 税务人员利用职权之便，故意刁难印制、使用发票的单位和个人，或者有违反发票管理法规行为的，依照国家有关规定给予处分；构成犯罪的，依法追究刑事责任。

税务机关对违反发票管理法规的行为进行处罚，应当将行政处罚决定书面通知当事人；对违反发票管理法规的案件，应当立案查处。

对违反发票管理法规的行政处罚，由县以上税务机关决定；罚款额在 2 000元以下的，可由税务所决定。

对违反发票管理法规情节严重构成犯罪的，税务机关应当依法移送司法机关处理。

【案例 3 - 3】

（一）案情简介

2011 年 10 月 20 日，某县地税局发现一家企业多开银行账户，未按规定向税务机关报告。

次日，县地税局依照《税收征管法》第 60 条规定，责令该企业在 10 月30 日前，将其全部账户向主管税务机关报告，同时对其拟处 1 000 元罚款，并履行了行政处罚告知程序。

10 月 22 日，地税局向该企业下发了《限期改正通知书》和《税务行政处罚决定书》，该企业当即缴纳了罚款，同时持有效证件准备领购营业发票。但是，县地税局以该企业没有将其全部账号向主管税务机关报告，必须深刻反省为由，停止向其发售发票。

次日，该企业认为县地税局停售发票的决定违反了《税收征管法》的有关规定，没有法律依据。向县地税局上级机关——某市地税局申请行政复议，要求撤销该县地税局停售发票的决定。

问：市地税局会如何处理？

（二）分析处理

2011 年 10 月 26 日，市地税局复议委员会依法作出复议决定：撤销某县地税局停售企业营业发票的决定，责成某县地税局立即恢复向该企业发售营业发票。

《税收征管法》第 72 条规定："从事生产、经营的纳税人、扣缴义务人有本法规定的税收违法行为，拒不接受税务机关处理的，税务机关可以收缴其发票或者停止向其发售发票。"这项规定明确了税务机关向从事生产、经营的纳税人收缴、停售发票的前提条件。

一是从事生产、经营的纳税人有《税收征管法》规定的税收违法行为。包括从事生产、经营的纳税人有违反税务登记、凭证、账簿管理的行为；有违反纳税申报制度的行为；有欠缴税款、偷税、抗税、骗取出口退税、逃避追缴欠税、逃避税务检查的行为；其他违反《税收征管法》规定的行为。

二是违法人员拒不接受税务机关处理，即对税务机关作出的限期改正、催缴税款、税收保全、强制执行、罚款等行政处理决定和行政处罚决定不予执行，或者采取欺骗、隐匿、转移财产甚至暴力威胁等方式阻挠税务机关实施处理决定的。

以上两个条件必须同时具备，税务机关才能向从事生产、经营的纳税人收缴、停售发票。

本案中的企业虽然违反了《税收征管法》的有关规定，但接受了税务机关的处理，因此并不具备《税收征管法》中规定的停售发票的情节。县地税局的处理决定显然是不对的，应依法予以纠正。

第四节　纳税申报管理

纳税申报是指纳税人在发生法定纳税义务后按照税法或税务机关规定的期限和内容向主管税务机关提交有关纳税书面报告的法律行为。纳税申报是纳税人履行纳税义务，向税务机关办理纳税手续的重要证明，也是基层税务机关办理征收业务，核定应征税款，开具完税凭证的主要依据。

一、纳税申报对象

纳税人必须依照法律、行政法规规定的或者税务机关依照法律、行政法规规定确定的申报期限、申报内容如实办理纳税申报，报送纳税申报表、财务会计报表以及税务机关根据实际需要要求纳税人报送的其他纳税资料。临时取得应税收入或发生应税行为的纳税人，在发生纳税义务之后，应立即向经营地税务机关办理纳税申报。纳税人在纳税期内没有应纳税款的，也应当按照规定办理纳税申报。

扣缴义务人必须按法律、行政法规规定或者税务机关依照法律、行政法规规定确定的申报期限和申报内容，如实履行代扣代缴、代收代缴税款申报手续（即报送代扣代缴、代收代缴税款报告表）。

纳税人享受减税、免税待遇的，在减税、免税期间应当按规定办理纳税申报。

取得临时应税收入或发生应税行为的纳税人，在发生纳税义务之后，应当立即向经营地税务机关办理纳税申报和缴纳税款。

二、纳税申报内容

纳税人、扣缴义务人的纳税申报表或者代扣代缴、代收代缴税款报告表的主要内容包括：税种、税目，应纳税项目或者应代扣代缴、代收代缴税款项目，适用税率或者单位税额，计税依据，扣除项目及标准，应退税项目及税额，应减免税项目及税额或者应代扣代缴、代收代缴税额，税款所属期限，延期缴纳税款，欠税，滞纳金等。

纳税人办理纳税申报时，应当如实填写纳税申报表，并根据不同情况相应报送下列有关证件、资料：

（1）财务、会计报表及其说明材料。

（2）与纳税有关的合同和协议书。

（3）税控装置的电子报税资料。

（4）外出经营活动税收管理证明。

（5）境内外公证机构出具的有关证明文件。

（6）税务机关规定应当报送的其他有关证件、资料。

除经税务机关核准实行简易申报方式的营业税纳税人外，其他营业税纳税人均应报送以下资料：①《营业税纳税申报表》；②按照纳税人发生营业税应税行为所属的税目，分别填报相应税目的营业税纳税申报表附表；同时发生两种或两种以上税目应税行为的，应同时填报相应的纳税申报表附表；③凡使用税控收款机的纳税人应同时报送税控收款机 IC 卡；④主管税务机关规定的其他申报资料。纳税申报资料的报送方式、报送的具体份数由省一级地方税务局确定。《营业税纳税申报表》及其附表由纳税人向主管税务机关领取。

扣缴义务人办理代扣代缴、代收代缴税款申报时，应当如实填写代扣代缴、代收代缴税款报告表，并报送代扣代缴、代收代缴税款的合法凭证以及税务机关规定的其他有关证件、资料。个人所得税的扣缴义务人应按规定报送其支付收入的个人所有的基本信息、支付个人收入和扣缴税款明细信息以及其他相关涉税信息。

三、纳税申报期限

纳税申报的期限是法律、行政法规定的或者税务机关依照法律、行政法律的规定确定的，纳税人、扣缴义务人进行纳税申报的时间段。纳税人和扣缴义务人都必须按照法定的期限办理纳税申报。

纳税申报期限的最后一日如遇国家规定的公休日，可以顺延，但不得超过法定的申报期限。

　　不同税种的纳税期限因其征收对象、计税依据不同而有区别。即使同一税种，由于纳税人所从事的生产经营活动及其规模差别大小，财务会计核算难易程度不一，纳税期限也不一样。一般分为按期纳税和按次纳税。

　　纳税人的具体纳税期限，由主管税务机关根据纳税人应纳税额的大小分别核定。不能按期纳税的，可以按次缴纳。个体户大户实行按月申报、按月征收，金额较大的，按次征收；中户也是按月申报、按月征收，对开发票的收入按次征收。

四、纳税申报方式

（一）按纳税申报表及有关资料送达的方式划分，纳税申报可分为直接申报、邮寄申报、电子申报和简易申报四种方式

　　1. 直接申报是纳税人、扣缴义务人或委托代理人到税务机关办理纳税申报的方式，这是一种传统的申报方式。

　　其主要申报方法是：

　　（1）在法定的纳税申报期内，由纳税人自行计算，自行填开缴款书并向银行缴纳税款，然后将纳税申报表、缴款书报查联和有关资料向税务机关办理申报。

　　（2）纳税人在银行开设税款预储账户，按期提前储入当期应纳税款，并在法定的申报纳税期内向税务机关报送纳税申报表和有关资料，由税务机关通知银行划款入库。

　　（3）在法定的申报纳税期内，纳税人持纳税申报表和有关资料以及应纳税款等额支票报送税务机关；税务机关集中报缴数字清单、支票，统一交由国库办理清算。

　　2. 邮寄申报是纳税人、扣缴义务人通过邮寄方式向税务机关报送纳税申报表、代扣代缴、代收代缴税款报告表及有关资料的方式。

　　邮寄申报的邮件内容包括纳税申报表、财务会计报表以及税务机关要求纳税人报送的其他纳税资料。纳税人在法定的纳税申报期内，按税务机关规定的要求填写各类申报表和纳税资料后，使用统一规定的纳税申报专用信封，可以根据约定时间由邮政人员上门收寄，也可以到指定的邮政部门办理交寄手续。无论采用何种方式，邮政部门均应向纳税人开具收据，以邮电部门收寄邮戳日期为准作为申报日期，纳税人如果要采用邮寄申报方式申报纳税，应当首先向主管税务机关提出申请，领取有关申请表，主管税务机关在审阅纳税人填报的表格是否符合要求后，对于符合条件的，核准制发《核准邮寄（数据电子）申报纳税通知书》。

　　3. 电子申报是纳税人、扣缴义务人通过传真、计算机等现代化手段向税务

机关报送纳税申报表、代扣代缴、代收代缴税款报告表及有关资料的方式。

纳税人需要采用电子申报方式申报纳税的，由纳税人向主管税务机关提出申请，领取并填写《邮寄（数据电子）申报申请审批表》，经所在地主管税务机关的审阅，对于符合条件的核准制发《核准邮寄（数据电子）申报纳税通知书》。

4. 简易申报是指实行定期定额的纳税人，经税务机关批准，通过以缴纳税款凭证代替申报或简并征期的一种申报方式，这种申报方式是以纳税人便利纳税为原则设置的。

简易申报方式的实现有两种途径：一是纳税人按照税务机关核定的税款按期缴纳入库，以完税凭证代替纳税申报，从而简化了纳税人纳税申报的行为；二是纳税人按照税务机关核定的税款和核定的纳税期或 3 个月或半年或 1 年申报纳税，从而达到了便利纳税的目的。

实行简易申报的定期定额户，应当在税务机关规定的期限内按照法律、行政法规规定缴清应纳税款，当期（指纳税期，下同）可以不办理申报手续。

定期定额户经营地点偏远、缴纳税款数额较小，或者税务机关征收税款有困难的，税务机关可以按照法律、行政法规的规定简并征期。但简并征期最长不得超过一个定额执行期。简并征期的税款征收时间为最后一个纳税期。

对月度实际经营额超过起征点的未达起征点户，主管税务机关应要求其按照税务机关依照法律、法规规定确定的期限申报纳税。实行定期定额方式缴纳税款的未达起征点户，如其实际经营额连续一定期限超过起征点的，主管税务机关应及时调整其定额，具体期限由省级税务机关确定。

定期定额户在定额执行期结束后，应当以该期每月实际发生的经营额、所得额向税务机关申报，申报额超过定额的，按申报额缴纳税款；申报额低于定额的，按定额缴纳税款。具体申报期限由省级税务机关确定。定期定额户当期发生的经营额、所得额超过定额一定幅度的，应当在法律、行政法规规定的申报期限内向税务机关进行申报并缴清税款。具体幅度由省级税务机关确定。

（二）按纳税申报的填报人划分，纳税申报可分为自行申报和代理申报两种方式

纳税人、扣缴义务人填报纳税申报表，代扣代缴、代收代缴税款报告表是自行申报。

纳税人、扣缴义务人委托税务代理人填报纳税申报表，代扣代缴、代收代缴税款报告表是代理申报。代理申报必须出具委托代理协议书和税务代理证件，经受理纳税申报税务机关核准，代理申报方为有效。

纳税人的纳税申报方式须税务机关认定批准，申报方式一经确定，一般在一个会计年度内不得改变。如需改变，纳税人须向主管税务机关提出书面申请，经批准后方可改变。

根据《个人所得税管理办法》规定，个人所得税实行纳税人与扣缴义务人向税务机关双向申报制度。该制度是指，纳税人与扣缴义务人按照法律、行政法规规定和税务机关依法律、行政法规所提出的要求，分别向主管税务机关办理纳税申报，税务机关对纳税人和扣缴义务人提供的收入、纳税信息进行交叉比对、核查的一项制度。对税法及其实施条例，以及相关法律、法规规定纳税人必须自行申报的，税务机关应要求其自行向主管税务机关进行纳税申报。

五、延期申报

延期申报，是指纳税人、扣缴义务人基于法定原因，不能在法律、行政法规规定或者税务机关依照法律、行政法规的规定确定的申报期限内办理纳税申报或者向税务机关报送代扣代缴、代收代缴税款报告表，经税务机关核准，允许延长一定的时间，在核准后的期限内办理申报的一项税务管理制度。

（一）延期申报的范围

根据我国现行法律、行政法规的规定纳税人、扣缴义务人可以获准延期申报的情况是：

1. 因不可抗力，不能按期办理纳税申报或者报送代扣代缴、代收代缴税款报告表的，可以延期办理。应当在不可抗力情形消除后，立即向税务机关报告，税务机关应当查明事实，予以核准。所谓不可抗力，是指人们无法预见、无法避免、无法克服的自然灾害，如水灾、火灾、风灾、地震等。涉及较多的纳税人、扣缴义务人受不可抗力的影响，不能按期办理纳税申报的，如受较大地震灾害的影响等，税务机关可直接公告纳税人、扣缴义务人准予延期办理纳税申报，待障碍消除后再办理纳税申报。

2. 因财务处理上的特殊原因，账务未处理完毕，不能计算应纳税额，按照规定的期限办理纳税申报或者报送代扣代缴、代收代缴税款报告表确有困难，需要延期的，应当在规定的期限内，向税务机关提出书面延期申请，经县以上税务机关核准，在核准的期限内办理申报。

（二）延期申报的条件

根据《税收征管法》的规定，纳税人、扣缴义务人经核准延期办理纳税申报的，应当在纳税期内按照上期实际缴纳的税额或者税务机关核定的税额预缴税款，并在核准的延期内办理纳税结算，一般期限最长不得超过 3 个月。因此，纳税人延期申报的基本条件是：

1. 延期申报和报送必须经过税务机关的批准。

2. 延期申报和报送必须在核准期限内预缴税款。除非纳税人因特殊困难、不能按期缴纳税款，并经省、自治区、直辖市税务机关批准可以延期纳税以外，其他经税务机关核准，允许延期申报的纳税人应当在纳税期内按照上期实行缴纳的税额或者税务机核定的税额预缴税款，并在核准的延期内办理税款结算，以保证国家应收税款及时收缴入库。

3. 预缴税款是按上期实际缴纳税额或者税务机关核定的税额缴纳。

（三）延期申报的法定程序

1. 申请。申请延期申报的纳税人、扣缴义务人应在规定的申报期前向办税服务厅、涉税窗口递交申请资料，申请资料包含书面申请报告、延期申报审批表、税务机关要求报送的其他资料。

2. 受理。受理环节审阅纳税人填写完毕的表格是否符合要求，所附需查验的资料是否齐全。

3. 核准。税务机关核准后，制发《核准延期申报通知书》，并定期制作《批准延期申报清册》。

4. 纳税人未及时查询批复结果造成的申报延期、税款滞纳，税务机关将依照《税收征管法》有关规定处罚。

【案例 3－4】

（一）案情简介

个体工商户张某 2011 年 8 月 8 日开业，当地地税机关依法核定其每月营业额为 3 000 元，每月缴纳的营业税为 150 元；同时地税机关在通知书上详细注明：该定期定额户的纳税限期为一个月，当月的营业税款应在次月的 1～15 日依法缴纳。然而，一直到 9 月 16 日，张某仍未依法缴纳税务机关核定的应纳税款。为此，地税机关在 9 月 17 日对张某下达了《责令限期改正通知书》。

但张某却认为税法明文规定：实行定期定额缴纳税款的纳税人可以实行简易申报，简易申报也就是不需要纳税申报，因此也就不存在逾期申报罚款问题，推迟几天纳税，大不了多缴几毛钱的滞纳金，所以迟迟不到税务机关缴纳税款。一直到 9 月 20 日，张某才缴纳了 8 月应缴的 150 元营业税。令他万万想不到的是，在履行了必要程序后，地税机关于 9 月 23 日对其作出了罚款 1 000 元的行政处罚决定。张某对此不服，在接到处罚通知的当日就依法向当地人民法院提起了行政诉讼，请求人民法院撤销地税机关作出的行政处罚决定。

人民法院作出了维护当地地税机关作出的具体行政行为的判决。

（二）分析与处理

显然，此案是一件非常简单的行政诉讼案。本案的关键是：作为定期定额户的张某对《税收征管法实施细则》中关于简易申报的规定不十分理解，错误地认为自己每月缴税时不需要填写申报表，因此自己就不存在申报行为，税务机关也不应该对自己按未申报行为进行处罚。《税收征管法》第25条明确规定：纳税人必须依照法律、行政法规规定或者依据税务机关依照法律、行政法规的规定而确定的申报期限、申报内容如实办理纳税申报，报送纳税申报表、财务会计报表以及税务机关根据实际需要要求纳税人报送的其他纳税资料。而这里的申报期限是指法律、行政法规规定或者税务机关依照法律、行政法规定的纳税人向税务机关申报应纳税款的期限。申报期限因纳税人缴纳的税种和法律、行政法规确定的纳税期限的不同而不同。比如营业税纳税期限分别为5日、10日、15日或者一个月；纳税人以一个月为一期纳税的，自期满之日起15日内申报纳税；以5日、10日、15日为一期纳税的，自期满之日起5日内预缴税款，于次月1～15日内申报纳税并结清上月应纳税款。

由此可见，纳税申报是纳税人将发生的税款等事项向税务机关提出书面报告的一项税务管理制度，也是纳税人的一项法定义务。《税收征管法》第62条规定：纳税人未按规定期限办理纳税申报和报送纳税资料的，由税务机关责令限期改正，可以处2 000元以下的罚款；情节严重的，可以处2 000元以上10 000元以下的罚款。

那么作为实行定期定额缴纳税款的纳税户，该如何进行纳税申报呢？有没有特殊的规定呢？根据《税收征管法实施细则》第36条规定，以及国家税务总局2006年8月下发的《个体工商户定期定额征收管理办法》：实行定期定额缴纳税款的纳税人，可以实行简易申报、简并征期等申报纳税方式。但这里的"简易申报"是指实行定期定额缴纳税款的纳税人在法律、行政法规规定的期限内或者税务机关依照法律、行政法规的规定确定的期限内缴纳税款的，税务机关可以视同申报。而"简并征期"是指实行定期定额缴纳税款的纳税人，经税务机关批准，可以采取将纳税期限合并为按季、按半年、按一年的方式缴纳税款，具体期限由省级税务机关根据具体情况确定。

综上所述，实行定期定额缴纳税款的纳税人，可以实行简易申报，但不等于就不到税务机关进行申报。显然，根据税法规定，纳税人只有在依法缴清了税务机关给自己核定的应纳税款后，才算是进行了纳税申报，否则就等于没有依法履行纳税申报义务，仍然是一种未按规定期限纳税申报的行为。根据《税收征管法》第62条规定，未按规定期限申报纳税是一种违反日常税收征管的违法行为，理应受到行政处罚。

本章小结

税务登记、账簿凭证管理、发票管理和纳税申报管理都是事前管理，属于税收征收基础管理。

税务登记包括设立登记、变更登记、注销登记、停业复业登记、外出经营登记，增值税一般纳税人还需要进行特殊的认定登记。

从事生产、经营的纳税人、扣缴义务人必须按法律规定设置账簿，并按规定的期限保管账簿凭证。发票是会计核算的原始凭证，也是计算应纳税款和进行税务检查的依据。

发票管理包括发票的印制、领购、开具、取得、保管、缴销，检查、违法行为处罚等。加强发票管理，不仅可以促进企业正确核算经营成果，严肃税法、保证税收职能实现；而且可以打击违法经营，保护合法经营，维护经济秩序。

纳税申报是纳税人履行纳税义务，向税务机关办理纳税手续的重要证明，也是基层税务机关办理征收业务，核定应征税款，开具完税凭证的主要依据。纳税人和扣缴义务人都必须按照法定的期限办理纳税申报。按纳税申报表及有关资料送达的方式划分，纳税申报可分为直接申报、邮寄申报、电子申报和简易申报四种方式。纳税人、扣缴义务人基于法定原因，不能在法律、行政法规规定或者税务机关依照法律、行政法规的规定确定的申报期限内办理纳税申报或者向税务机关报送代扣代缴、代收代缴税款报告表，经税务机关核准，可以按规定延期申报。

复习思考题

1. 什么是税务登记，它有什么基本要求？
2. 简述设立税务登记的办理时限和程序。
3. 简述变更税务登记的办理时限和程序。
4. 简述注销税务登记的适用范围和程序。
5. 对非正常户的税务登记如何处理？
6. 账簿管理的基本内容是什么？
7. 凭证管理的基本内容是什么？
8. 什么是发票？它有哪些基本特征？
9. 纳税申报的概念是什么？有何意义？
10. 为什么允许延期纳税申报？适用的范围和条件是什么？

11. 纳税申报有哪些方式？

12. 甲公司是从事房地产开发的企业，总公司所在地位于某市南京路某号，注册资本 5 000 万元，向市工商行政管理局申请工商营业登记并于 2012 年 5 月 18 日取得营业执照。2012 年 10 月 20 日发生股权变迁，其中一名股东退出经营合作，将其 10% 的股权以 600 万元的价格转让给乙公司。甲公司于 12 月 22 日召开股东大会，公司决定调整经营战略和经营范围，出资 52%，与乙公司合作，在景德镇市设立房地产开发企业。

请回答下列问题：

(1) 甲公司在办理了营业执照后，应当在什么期限内向哪些税务机关办理税务登记手续。

(2) 甲公司发生股权变更后是否应当办理变更税务登记。

(3) 与乙公司合作成立的房地产开发企业应当办理什么税务登记？

13. 2012 年 3 月 8 日，某市地税局第三税务所对一家饮食企业进行检查。稽查人员在核对填开的发票存根联时意外发现，该企业 2011 年度领购的《行政性收费收款收据》，其中 12 份既无存根联，又无收据联和记账联，该企业对此不能自圆其说。经多方查证，这 12 份收款收据仍无下落。2012 年 4 月 4 日，第三税务所把此案移交市地税局，市地税局经实地调查取证，认为该企业违反了《发票管理办法》的规定，于是对该公司下达了《税务行政处罚事项告知书》，拟给予该公司 1 万元的罚款，该公司也按规定提出了陈述和申辩。

4 月 8 日，市地税局根据《发票管理办法》第 35 条第 9 款规定，对该企业擅自撕毁发票，未按规定保管发票下达了《税务行政处罚决定书》，并作出罚款 1 万元的行政处罚决定。

问：(1) 行政收据是否是发票？

(2) 税务机关能否对该家企业进行处罚？为什么？

14. 某基层税务所 2012 年 8 月 15 日在实施税务检查点中发现，辖区内大众饭店（系私营企业）自 2012 年 5 月 10 日办理工商营业执照以来，一直没有办理税务登记证，也没有申报纳税。根据检查情况，该饭店应纳未纳税款 1 500 元，税务所 6 月 18 日作出如下处理决定：

(1) 责令大众饭店 8 月 20 日前申报办理税务登记并处以 500 元罚款。

(2) 补缴税款、加收滞纳金，并处不缴税款 1 倍即 1 500 元的罚款。

问：本处理决定是否正确？为什么？

推荐阅读资料

《中华人民共和国税收征收管理法》，2001 年 4 月 28 日，第九届全国人民代表大会常务委员会第二十一次会议通过。

《中华人民共和国税收征收管理法实施细则》，2002 年 9 月 7 日，国务院令第 362 号。

《税务登记管理办法》，2003 年 11 月 20 日，国家税务总局令第 7 号。

《中华人民共和国发票管理办法》，2011 年 1 月 27 日，国家税务总局令第 25 号。

网上资源

http：//www. chinatax. gov. cn（国家税务总局网）

http：//www. chinesetax. gov. cn（中国税务网）

第四章　税款征收管理

税款征收是税收征收管理工作的中心环节，是全部税收征管工作的目的和归宿，在整个税收工作中占据着极其重要的地位。本章主要介绍税款征收的概念、原则、方式，税款缴库方式，税款征收制度以及纳税担保。

第一节　税款征收概述

一、税款征收概念

税款征收是国家税收征收机关依照税收法律、法规规定将纳税人的应纳税款征缴入库的一系列税收管理活动的总称。

二、税款征收原则

（一）税务机关是征税的唯一行政主体

根据《税收征管法》第29条的规定，除税务机关、税务人员以及经税务机关依照法律、行政法规委托的单位和个人外，任何单位和个人不得进行税款征收活动。第41条同时规定，采取税收保全措施、强制执行措施的权利，不得由法定的税务机关以外的单位和个人行使。

（二）税务机关只能依照法律、行政法规的规定征收税款

根据《税收征管法》第28条的规定，税务机关只能依照法律、行政法规的规定征收税款。未经法定机关和法定程序调整，征纳双方均不得随意变动。税务机关代表国家向纳税人征收税款，不能任意征收，只能依法征收。

（三）税务机关不得违反法律、行政法规的规定开征、停征、多征、少征、提前征收或者延缓征收税款或者摊派税款

《税收征管法》第28条规定，税务机关依照法律、行政法规的规定征收税

款，不得违反法律、行政法规的规定开征、停征、多征、少征、提前征收、延缓征收或者摊派税款。税务机关是执行税法的专职机构，既不得在税法生效之前先行向纳税人征收税款，也不得在税法尚未失效时，停止征收税款，更不得擅立章法，新开征一种税。

在税款征收过程中，税务机关应当按照税收法律、行政法规预先规定的征收标准进行征税。不得擅自增减改变税目、调高或降低税率、加征或减免税款、提前征收或延缓征收税款以及摊派税款。

（四）　税务机关征收税款必须遵守法定权限和法定程序

税务机关执法必须遵守法定权限和法定程序，这也是税款征收的一项基本原则。例如，采取税收保全措施或强制执行措施时，办理减税、免税、退税时，核定应纳税额时，进行纳税调整时，针对纳税人的欠税，进行清理，采取各种措施时，税务机关都必须按照法律或者行政法规规定的审批权限和程序进行操作，否则就是违法。

（五）　税务机关征收税款或扣押、查封商品、货物或其他财产时，必须向纳税人开具完税凭证或开付扣押、查封的收据或清单

《税收征管法》第34条规定，税务机关征收税款时，必须给纳税人开具完税凭证。第47条规定：税务机关扣押商品、货物或者其他财产时，必须开付收据；查封商品、货物或者其他财产时，必须开付清单。这是税款征收的又一原则。

（六）　税款、滞纳金、罚款统一由税务机关上缴国库

《税收征管法》第53条规定，国家税务局和地方税务局应当按照国家规定的税收征收管理范围和税款入库预算级次，将征收的税款缴入国库。这也是税款征收的一个基本原则。

（七）　税款优先的原则

《税收征管法》第45条规定，第一次在税收法律上确定了税款优先的地位，确定了税款征收在纳税人支付各种款项和偿还债务时的顺序。税款优先的原则不仅增强了税法的刚性，而且增强了税法在执行中的可操作性。

1. 税收优先于无担保债权。这里所说的税收优先于无担保债权是有条件的，也就是说并不是优先于所有的无担保债权，对于法律上另有规定的无担保债权，不能行使税收优先权。

2. 纳税人发生欠税在前的，税收优先于抵押权、质权和留置权的执行。这里有两个前提条件：其一，纳税人有欠税；其二，欠税发生在前。即纳税人的欠

税发生在以其财产设定抵押、质押或被留置之前。纳税人在有欠税的情况下设置抵押权、质权、留置权时，纳税人应当向抵押权人、质权人说明其欠税情况。

欠缴的税款是指纳税人发生纳税义务，但未按照法律、行政法规规定的期限或者未按照税务机关依照法律、行政法规的规定确定的期限向税务机关申报缴纳的税款或者少缴的税款。纳税人应缴纳税款的期限届满之次日即是纳税人欠缴税款的发生时间。

3. 税收优先于罚款、没收非法所得。

（1）纳税人欠缴税款，同时要被税务机关决定处以罚款、没收非法所得的，税收优先于罚款、没收非法所得。

（2）纳税人欠缴税款，同时又被税务机关以外的其他行政部门处以罚款、没收非法所得的，税款优先于罚款、没收非法所得。

三、税款征收方式

税款征收方式是指税务机关根据各税种的不同特点、征纳双方的具体条件而确定的计算征收税款的方法和形式。税款征收的方式主要有：

（一）查账征收

查账征收是指税务机关按照纳税人提供的账表所反映的经营情况，依照适用税率计算缴纳税款的方式。这种方式一般适用于财务会计制度较为健全，能够认真履行纳税义务的纳税单位。

（二）查定征收

查定征收是指税务机关根据纳税人的从业人员、生产设备、采用原材料等因素，对其产制的应税产品查实核定产量、销售额并据以征收税款的方式。这种方式一般适用于账册不够健全，但是能够控制原材料或进销货的纳税单位。

（三）查验征收

查验征收是指税务机关对纳税人应税商品，通过查验数量，按市场一般销售单价计算其销售收入并据以征税的方式。这种方式一般适用于经营品种比较单一，经营地点、时间和商品来源不固定的纳税单位。

（四）定期定额征收

定期定额征收是指税务机关通过典型调查，逐户确定营业额和所得额并据以征税的方式。这种方式一般适用于无完整考核依据的小型纳税单位。

（五）委托代征税款

委托代征税款是指税务机关委托代征人以税务机关的名义征收税款，并将税款缴入国库的方式。这种方式一般适用于小额、零散税源的征收。

（六）邮寄纳税

邮寄纳税是一种新的纳税方式。这种方式主要适用于那些有能力按期纳税，但采用其他方式纳税又不方便的纳税人。

（七）其他方式

如利用网络申报、用 IC 卡纳税等方式。

四、税款缴库方式

税款缴库方式是指纳税人应纳的税款和扣缴义务人代扣代收的税款缴入国库的具体方式。国库是负责办理国家预算资金收入和支出的机构，是国家财政收支的保管和出纳机关。税务机关征收的税款都必须及时足额地缴入国库。根据国库条例规定，国库机构按照国家财政管理体制设立，原则是一级财政设立一级国库。各级国库均由中国人民银行代理，支库以下经收处的业务由专业银行的基层机构代理。国库以支库为基层库，各项税收收入均以缴纳支库为正式入库。国库经收处收纳税款仅为代收性质，应按规定办理划解手续，上划支库后才算正式入库。税务机关和国库计算入库数字和入库日期，都以支库收到税款的数额和日期为准。税款缴库方式主要有：

（一）直接缴库

直接缴库是指纳税人或扣缴义务人直接向国库经收处缴纳税款的一种缴库方式。凡在银行开立账户的纳税人或扣缴义务人都应当根据不同的税款征收方式，自己填写或由税务机关填写税收缴款书，在规定的期限内直接向国库经收处缴纳税款。纳税人在银行未开立账户的，可根据其具体情况确定税款缴库方式。常用的税款直接缴库方式有：

1. 自核自缴。自核自缴是指纳税人自行计算应纳税额、自行填开税收缴款书、自行缴送其开户银行划解税款的缴库方式。

2. 自报核缴。自报核缴是指由纳税人按期向税务机关办理纳税申报，税务机关根据纳税人纳税申报表及其有关资料填开税收缴款书，纳税人凭缴款书到银行缴纳税款的一种缴库方式。

3. 预储税款缴税。预储税款缴税是指由纳税人在指定的开户银行开设税款预储账户，按期储入当期应纳税款，在规定的期限内由税务机关通知银行直接划解税款的一种缴库方式。

（二）汇总缴库

汇总缴纳是指税务机关直接向纳税人收取税款，并按照规定的期限向国库或国库经收处汇总解缴的一种缴库方式。这种方式主要适用于直接向国库经收处缴纳税款有困难，以及没有在银行开设结算账户的纳税人，如个体工商户、临时经营者或个人。

（三）实时划缴

实时划缴是在财税库行联网的基础上，以人民银行国库为信息交换中心，利用财税库行联网通道，税务机关把纳税人申报的应纳税款实时发送至国库，国库通过同城票据实时清算系统向商业银行实时扣款，实现税款实时划解、实时入库的一种方式。

第二节　税款征收制度

一、代扣代缴、代收代缴税款制度

1. 扣缴义务人依照法律、行政法规的规定履行代扣、代收税款的义务。对法律、行政法规没有规定负有代扣、代收税款义务的单位和个人，税务机关不得要求其履行代扣、代收税款义务。

2. 扣缴义务人依法履行代扣、代收税款义务时，纳税人不得拒绝。纳税人拒绝的，扣缴义务人应当在 1 日之内报告主管税务机关处理。不及时向主管税务机关报告的，扣缴义务人应承担应扣未扣、应收未收税款的责任。

3. 扣缴义务人代扣、代收税款，只限于法律、行政法规规定的范围，并依照法律、行政法规规定的征收标准执行，对法律、法规没有规定代扣、代收税款的，扣缴义务人不能超越范围代扣、代收税款，扣缴义务人也不得提高或降低标准代扣、代收税款。

4. 税务机关按照规定付给扣缴义务人代扣、代收手续费。代扣、代收税款手续费只能由县（市）以上税务机关统一办理退库手续，不得在征收税款过程中坐支。

二、延期缴纳税款制度

《税收征管法》第 31 条第 2 款规定，纳税人因有特殊困难，不能按期缴纳税款的，经省、自治区、直辖市国家税务局、地方税务局批准，可以延期缴纳税款，但最长不得超过 3 个月。

特殊困难的主要内容：一是因不可抗力，导致纳税人发生较大损失，正常生产经营活动受到较大影响的；二是当期货币资金在扣除应付职工工资、社会保险费后，不足以缴纳税款的。当期货币资金，是指纳税人申请延期缴纳税款之日的资金余额，其中不包含国家法律和行政法规明确规定企业不可动用的资金；应付职工工资是指当期计提数。

纳税人在申请延期缴纳税款时应当注意以下几个问题：

1. 在规定期限内提出书面申请。纳税人需要延期缴纳税款的，应当在缴纳税款期限届满前提出申请，并报送下列材料：申请延期缴纳税款报告；当期货币资金余额情况及所有银行存款账户的对账单；资产负债表；应付职工工资和社会保险费等税务机关要求提供的支出预算。

税务机关应当自收到申请延期缴纳税款报告之日起 20 日内作出批准或者不予批准的决定；不予批准的，从缴纳税款期限届满之日起加收滞纳金。

2. 税款的延期缴纳，必须经省、自治区、直辖市国家税务局、地方税务局批准，方为有效。

3. 延期期限最长不得超过 3 个月，同一笔税款不得滚动审批。

4. 批准延期内免予加收滞纳金。

【案例 4 - 1】

（一）案情简介

2011 年 10 月，某县 A 企业应纳营业税款为 300 万元。由于会计休产假，资金周转有困难，企业向税务机关提出延期缴纳税款的请求，县地税局局长批准其可延期 2 个月缴纳税款。2012 年 6 月 8 日，税务机关进行日常检查时，发现 A 企业该笔税款仍未缴纳，虽经过征收分局的多次催缴，但企业一直以种种理由拖欠。然而，经过检查往来账项，发现 A 企业应收账款余额较大，其中债务人 B 企业所欠营业款 250 万元早已到期，且了解到 B 企业近半年资信情况一直很好。

问：1. 县地税局局长是否应批准企业延期纳税？为什么？

2. 税务机关可依法采取哪些措施和行使哪些权利？

（二）分析与处理

1. 县地税局局长不应批准企业延期纳税。因为会计休产假，资金周转有困难，不能作为申请延期纳税的理由，而且，县地税局局长也无权批准延期纳税。根据《税收征管法》第31条和《税收征管法实施细则》第41条规定，纳税人因有特殊困难，不能按期缴纳税款的，经省、自治区、直辖市国家税务局批准，可以延期纳税，但是最长不得超过3个月。所称特殊困难，一是因不可抗力，导致纳税人发生较大损失，正常生产经营活动受到较大影响的；二是当期货币资金扣除应付职工工资、社会保险费后，不足以缴纳税款的。

2. 税务机关可以采取强制执行措施。根据《税收征管法》第40条规定，限期期满未缴纳税款的，经县以上税务局（分局）局长批准，税务机关可以书面通知其开户银行或者其他金融机构从其存款中扣缴税款或扣押、查封、依法拍卖或变卖价值相当于应纳税款的商品、货物或者其他财产，以拍卖或者变卖所得抵缴税款。

3. 税务机关可以行使代位权。《税收征管法》第50条规定，欠缴税款的纳税人因怠于行使到期债权，或者放弃到期债权，或者无偿转让财产，或者以明显不合理的低价转让财产而受让人知道该情形，对国家税收造成损害的，税务机关可以依照合同法第73条、第74条的规定行使代位权、撤销权。因此，税务机关可以直接向 B 企业收回货款，用以抵缴税款。

三、税收滞纳金征收制度

《税收征管法》第32条规定：纳税人未按照规定期限缴纳税款的，扣缴义务人未按照规定期限解缴税款的，税务机关除责令限期缴纳外，从滞纳税款之日起，按日加收滞纳税款万分之五的滞纳金。

加收滞纳金的具体操作应按下列程序进行：

1. 先有税务机关发出催缴税款通知书，责令限期缴纳或解缴税款，告知纳税人如不按期履行纳税义务，将依法按日加收滞纳税款万分之五的滞纳金。

2. 从滞纳之日起加收滞纳金（加收滞纳金的起止时间为法律、行政法规规定或者税务机关依照法律、行政法规的规定确定的税款缴纳期限届满次日起至纳税人、扣缴义务人实际缴纳或者解缴税款之日止）。

3. 拒绝缴纳滞纳金的，可以按不履行纳税义务实行强制执行措施，强行划拨或者强制征收。

四、减免税收制度

根据《税收征管法》第 33 条和《税收征管法实施细则》第 43 条的有关规定，办理减税、免税应注意下列事项：

（1）纳税人可以依照法律、行政法规的规定书面申请减税、免税。

（2）减税、免税的申请须经法律、行政法规规定的减税、免税审查批准机关审批。地方各级人民政府、各级人民政府主管部门、单位和个人违反法律、行政法规规定，擅自作出的减税、免税决定无效，税务机关不得执行，并向上级税务机关报告。

（3）法律、行政法规规定或者经法定的审批机关批准减税、免税的纳税人，应当持有关文件到主管税务机关办理减税、免税手续。减税、免税期满，纳税人应当自期满次日起恢复纳税。

（4）纳税人享受减税、免税的条件发生变化时，应当自发生变化之日起 15 日内向税务机关报告，经税务机关审核后，停止其减税、免税；对不报告的，又不再符合减税、免税条件的，税务机关有权追回已减免的税款。

（5）纳税人在享受减免税待遇期间，仍应按规定办理纳税申报。

另外，国家税务总局颁布并于 2005 年 10 月 1 日执行的《税收减免管理办法（试行）》（以下简称《办法》）对减免税又作了如下具体规定：

（1）减免税分为报批类减免税和备案类减免税。报批类减免税是应由税务机关审批的减免税项目；备案类减免税是指取消审批手续的减免税项目和不需税务机关审批的减免税项目。

纳税人享受报批类减免税，应提交相应资料，提出申请，经按本办法规定具有审批权限的税务机关（以下简称有权税务机关）审批确认后执行。未按规定申请或虽申请但未经有权税务机关审批确认的，纳税人不得享受减免税。

纳税人享受备案类减免税，应提请备案，经税务机关登记备案后，自登记备案之日起执行。纳税人未按规定备案的，一律不得减免税。

（2）纳税人同时从事减免项目与非减免项目的，应分别核算，独立计算减免项目的计税依据以及减免税额度。不能分别核算的，不能享受减免税；核算不清的，由税务机关按合理方法核定。

（3）纳税人依法可以享受减免税待遇，但未享受而多缴税款的，凡属于无明确规定需经税务机关审批或没有规定申请期限的，纳税人可以在《税收征管法》第 51 条规定的期限内申请减免税，要求退还多缴的税款，但不加算银行同期存款利息。

（4）减免税审批机关由税收法律、法规、规章设定。凡规定应由国家税务总局审批的，经由各省、自治区、直辖市和计划单列市税务机关上报国家税务总局；凡规定应由省级税务机关及省级以下税务机关审批的，由各省级税务机关审批或确定审批权限，原则上由纳税人所在地的县（区）税务机关审批；对减免税金额较大或减免税条件复杂的项目，各省、自治区、直辖市和计划单列市税务机关可根据效能与便民、监督与责任的原则适当划分审批权限。各级税务机关应按照规定的权限和程序进行减免税审批，禁止越权和违规审批减免税。

（5）纳税人申请报批类减免税的，应当在政策规定的减免税期限内，向主管税务机关提出书面申请，并报送以下资料：

① 减免税申请报告，列明减免税理由、依据、范围、期限、数量、金额等。

② 财务会计报表、纳税申报表。

③ 有关部门出具的证明材料。

④ 税务机关要求提供的其他资料。

纳税人报送的材料应真实、准确、齐全。税务机关不得要求纳税人提交与其申请的减免税项目无关的技术资料和其他材料。

（6）纳税人可以向主管税务机关申请减免税，也可以直接向有权审批的税务机关申请。由纳税人所在地主管税务机关受理、应当由上级税务机关审批的减免税申请，主管税务机关应当自受理申请之日起10个工作日内直接上报有权审批的上级税务机关。

税务机关对纳税人提出的减免税申请，应当根据以下情况分别作出处理：

① 申请的减免税项目，依法不需要由税务机关审查后执行的，应当即时告知纳税人不受理。

② 申请的减免税材料不详或存在错误的，应当告知并允许纳税人更正。

③ 申请的减免税材料不齐全或者不符合法定形式的，应在5个工作日内一次告知纳税人需要补正的全部内容。

④ 申请的减免税材料齐全、符合法定形式的，或者纳税人按照税务机关的要求提交全部补正减免税材料的，应当受理纳税人的申请。

（7）税务机关受理或者不予受理减免税申请，应当出具加盖本机关专用印章和注明日期的书面凭证。

（8）减免税审批是对纳税人提供的资料与减免税法定条件的相关性进行的审核，不改变纳税人真实申报责任。

税务机关需要对申请材料的内容进行实地核实的，应当指派2名以上工作人员按规定程序进行实地核查，并将核查情况记录在案。上级税务机关对减免税实地核查工作量大、耗时长的，可委托企业所在地区县级税务机关具体组织实施。

（9）减免税期限超过1个纳税年度的，进行一次性审批。纳税人享受减免税的条件发生变化的，应自发生变化之日起15个工作日内向税务机关报告，经税务机关审核后，停止其减免税。

有审批权的税务机关对纳税人的减免税申请，应按以下规定时限及时完成审批工作，作出审批决定：

县、区级税务机关负责审批的减免税，必须在 20 个工作日作出审批决定；地市级税务机关负责审批的，必须在 30 个工作日内作出审批决定；省级税务机关负责审批的，必须在 60 个工作日内作出审批决定。在规定期限内不能作出决定的，经本级税务机关负责人批准，可以延长 10 个工作日，并将延长期限的理由告知纳税人。

（10）减免税申请符合法定条件、标准的，主管税务机关应当在规定的期限内作出准予减免税的书面决定。依法不予减免税的，应当说明理由，并告知纳税人享有依法申请行政复议或者提起行政诉讼的权利。

税务机关作出的减免税审批决定，应当自作出决定之日起 10 个工作日内向纳税人送达减免税审批书面决定。

减免税批复未下达前，纳税人应按规定办理申报缴纳税款。

（11）纳税人在执行备案类减免税之前，必须向主管税务机关申报以下资料备案：

① 减免税政策的执行情况。

② 主管税务机关要求提供的有关资料。

主管税务机关应在受理纳税人减免税备案后 7 个工作日内完成登记备案工作，并告知纳税人执行。

（12）纳税人已享受减免税的，应当纳入正常申报，进行减免税申报。纳税人享受减免税到期的，应当申报缴纳税款。税务机关和税收管理员应当对纳税人已享受减免税情况加强管理监督。税务机关应结合纳税检查、执法检查或其他专项检查，每年定期对纳税人减免税事项进行清查、清理，加强监督检查，主要内容包括：

① 纳税人是否符合减免税的资格条件，是否以隐瞒有关情况或者提供虚假材料等手段骗取减免税。

② 纳税人享受减免税的条件发生变化时，是否根据变化情况经税务机关重新审查后办理减免税。

③ 减免税税款有规定用途的，纳税人是否按规定用途使用减免税款；有规定减免税期限的，是否到期恢复纳税。

④ 是否存在纳税人未经税务机关批准自行享受减免税的情况。

⑤ 已享受减免税是否未申报。

（13）减免税的审批采取谁审批谁负责制度，各级税务机关应将减免税审批纳入岗位责任制考核体系中，建立税收行政执法责任追究制度。

① 建立健全审批跟踪反馈制度。各级税务机关应当定期对审批工作情况进行跟踪与反馈，适时完善审批工作机制。

② 建立审批案卷评查制度。各级审批机关应当建立各类审批资料案卷，妥善保管各类案卷资料，上级税务机关应定期对案卷资料进行评查。

③ 建立层级监督制度。上级税务机关应建立经常性的监督制度，加强对下级税务机关减免税审批工作的监督，包括是否按本办法规定的权限、条件、时限等实施减免税审批工作。

（14）税务机关应按本办法规定的时间和程序，按照公正透明、廉洁高效和方便纳税人的原则，及时受理和审批纳税人申请的减免税事项。非因客观原因未能及时受理或审批的，或者未按规定程序审批和核实造成审批错误的，应按税收征管法和税收执法责任制的有关规定追究责任。

（15）主管税务机关应设立纳税人减免税管理台账，详细登记减免税的批准时间、项目、年限、金额，建立减免税动态管理监控机制。

五、税额核定制度

根据《税收征管法》第35条的规定，纳税人有下列情形之一的，税务机关有权核定其应纳税额：

（1）依照法律、行政法规的规定可以不设置账簿的。

（2）依照法律、行政法规的规定应当设置但未设置账簿的。

（3）擅自销毁账簿或者拒不提供纳税资料的。

（4）虽设置账簿，但账目混乱或者成本资料、收入凭证、费用凭证残缺不全，难以查账的。

（5）发生纳税义务，未按照规定的期限办理纳税申报，经税务机关责令限期申报，逾期仍不申报的。

（6）纳税人申报的计税依据明显偏低，又无正当理由的。

目前税务机关核定税额的方法主要有以下四种：

（1）参照当地同类行业或者类似行业中，经营规模和收入水平相近的纳税人的收入额和利润率核定。

（2）按照营业收入或者成本加合理的费用和利润的方法核定。

（3）按照耗用的原材料、燃料、动力等推算或者测算核定。

（4）按照其他合理的方法核定。

采用以上一种方法不足以正确核定应纳税额时，可以同时采用两种以上的方法核定。

纳税人对税务机关采取规定的方法核定的应纳税额有异议的，应当提供相关证据，经税务机关认定后，调整应纳税额。

六、税收调整制度

这里所说的税收调整制度，主要指的是关联企业的税收调整制度。

《税收征管法》第36条规定，企业或者外国企业在中国境内设立的从事生产、经营的机构、场所与其关联企业之间的业务往来，应当按照独立企业之间的业务往来收取或者支付价款、费用；不按照独立企业之间的业务往来收取或者支付价款、费用，而减少其应纳税的收入或者所得额的，税务机关有权进行合理调整。

所称关联企业，是指有下列关系之一的公司、企业和其他经济组织：

（1）在资金、经营、购销等方面，存在直接或者间接的拥有或者控制关系。

（2）直接或者间接地同为第三者所拥有或者控制。

（3）在利益上具有相关联的其他关系。

"在利益上具有相关联的其他关系"具体是指：

① 企业与另一个企业之间借贷资金占企业自有资金额50%或以上，或企业借贷资金总额的10%是由另一企业担保的。

② 企业的董事或经理等高级管理人员一半以上或有一名常务董事是由另一企业所委派的。

③ 企业的生产经营活动必须由另一企业提供特许权利（包括工业产权、专有技术等）才能正常进行的。

④ 企业生产经营购进的原材料、零配件等（包括价格和交易条件等）是由另一企业所控制和供应的。

⑤ 企业生产的产品或商品的销售（包括价格及交易条件等）是由另一企业所控制的。

⑥ 对企业生产经营、交易具有实际控制的其他利益上相关联的关系，包括家属、亲属等。

纳税人与其关联企业之间的业务往来有下列情形之一的，税务机关可以调整其应纳税额：

（1）购销业务未按照独立企业之间的业务往来作价。

（2）融通资金所支付或者收取的利息超过或者低于没有关联关系的企业之间所能同意的数额，或者利率超过或者低于同类业务的正常利率。

（3）提供劳务，未按照独立企业之间业务往来收取或者支付劳务费用。

（4）转让财产、提供财产使用权等业务往来，未按照独立企业之间业务往来作价或者收取、支付费用。

（5）未按照独立企业之间业务往来作价的其他情形。

纳税人有上述所列情形之一的，税务机关可以按照下列方法调整计税收入额或者所得额：

（1）按照独立企业之间进行的相同或者类似业务活动的价格。

（2）按照再销售给无关联关系的第三者的价格所应取得的收入和利润水平。

（3）按照成本加合理的费用和利润。

（4）按照其他合理的方法。

纳税人与其关联企业未按照独立企业之间的业务往来支付价款、费用的，税务机关自该业务往来发生的纳税年度起 3 年内进行调整；有特殊情况的，可以自该业务往来发生的纳税年度起 10 年内进行调整。

特殊情况是指纳税人有下列情形之一：①纳税人在以前年度与其关联企业的业务往来累计达到或超过 10 万元人民币的；②经税务机关案头审计分析，纳税人在以前年度与其关联企业业务往来，预计需调增其应纳税收入或所得额达 50 万元人民币的；③纳税人在以前年度与设在避税地的关联企业有业务往来的；④纳税人在以前年度未按规定进行关联企业间业务往来年度申报，或申报内容不实，或不提供有关价格、费用标准的。

七、未办理税务登记的从事生产、经营的纳税人，以及临时从事经营的纳税人的税款征收制度

《税收征管法》第 37 条规定，对未按照规定办理税务登记的从事生产、经营的纳税人以及临时从事经营的纳税人，由税务机关核定其应纳税额，责令缴纳；不缴纳的，税务机关可以扣押其价值相当于应纳税款的商品、货物。扣押后缴纳应纳税款的，税务机关必须立即解除扣押，并归还所扣押的商品、货物；扣押后仍不缴纳应纳税款的，经县以上税务局（分局）局长批准，依法拍卖或者变卖所扣押的商品、货物，以拍卖或者变卖所得抵缴税款。

（一）适用对象

未办理税务登记的从事生产、经营的纳税人以及临时从事经营的纳税人。未办理税务登记从事生产、经营的纳税人，包括到外县市从事生产、经营而未向营业地税务机关报验登记的纳税人。

（二）执行程序

1. 核定应纳税额。税务机关要按规定的方法（见本节五），尽可能合理地确定其应纳税额。

2. 责令缴纳。税务机关核定应纳税额后，应责令纳税人按核定的税额缴纳

税款。

3. 扣押商品、货物。对经税务机关责令缴纳而不缴纳税款的纳税人，税务机关可以扣押其价值相当于应纳税款的商品、货物。

4. 解除扣押或者拍卖、变卖所扣押的商品、货物。扣押后缴纳应纳税款的，税务机关必须立即解除扣押，并归还所扣押的商品、货物。纳税人应当自扣押之日起 15 日缴纳税款。对扣押的鲜活、易腐烂变质或者易失效的商品、货物，税务机关根据扣押物品的保质期可以缩短规定的扣押期限。

5. 抵缴税款。税务机关拍卖或者变卖所扣押的商品、货物后，拍卖或者变卖所得抵缴税款。

八、税收保全措施

税收保全措施是指税务机关对可能由于纳税人的行为或者某种客观原因，致使以后税款的征收不能保证或难以保证的案件，采取限制纳税人处理或转移商品、货物或其他财产的措施。

《税收征管法》第 38 条规定，税务机关有根据认为从事生产、经营的纳税人有逃避纳税义务行为的，可以在规定的纳税期之前，责令限期缴纳税款；在限期内发现纳税人有明显的转移、隐匿其应纳税的商品、货物以及其他财产或者应纳税的收入迹象的，税务机关可以责成纳税人提供纳税担保。如果纳税人不能提供纳税担保，经县以上税务局（分局）局长批准，税务机关可以采取下列税收保全措施：

（1）书面通知纳税人开户银行或者其他金融机构冻结纳税人的金额相当于应纳税款的存款。

（2）扣押、查封纳税人的价值相当于应纳税款的商品、货物或者其他财产。其他财产包括纳税人的房地产、现金、有价证券等不动产和动产。

纳税人在上款规定的限期内缴纳税款的，税务机关必须自收到税款或银行转回的完税凭证之日起 1 日内解除税收保全措施；限期已满仍未缴纳税款的，经县以上税务局（分局）局长批准，税务机关可以书面通知纳税人开户银行或者其他金融机构，从其冻结的存款中扣缴税款，或者依法拍卖或者变卖所扣押、查封的商品、货物或者其他财产，以拍卖或者变卖所得抵缴税款。

采取税收保全措施不当，或者纳税人在期限内已缴纳税款，税务机关未立即解除税收保全措施，使纳税人的合法利益遭受损失的，税务机关应当承担赔偿责任。

个人及其所扶养家属维持生活必需的住房和用品，不在税收保全措施的范围之内。个人所扶养家属，是指与纳税人共同居住生活的配偶、直系亲属以及无生活来源并由纳税人扶养的其他亲属。生活必需的住房和用品不包括机动车辆、金银饰品、古玩字画、豪华住宅或一处以外的住房。税务机关对单价 5 000 元以下的其他生活用品，不采取税收保全措施。

税务机关扣押商品、货物或者其他财产时，必须开付收据，查封商品、货物或者其他财产时，必须开付清单。

根据上述规定，采取税收保全措施应注意以下几个方面：

（一）采取税收保全措施的前提和条件

税务机关采取税收保全措施的前提是，从事生产、经营的纳税人有逃避纳税义务行为的。也就是说，税务机关采取税收保全措施的前提是对逃税的纳税人采取的。采取时，应当符合下列两个条件：

1. 纳税人有逃避纳税义务的行为。没有逃避纳税义务行为的，不能采取税收保全措施。逃避纳税义务的行为的最终目的是为了不缴或少缴税款，其采取的方法主要是转移、隐匿可以用来缴纳税款的资金或实物。

2. 必须是在规定的纳税期之前和责令限期缴纳应纳税款的限期内。如果纳税期和责令缴纳应纳税款的限期届满，纳税人又没有缴纳应纳税款的，税务机关可以按规定采取强制执行措施，就无所谓税收保全了。

（二）采取税收保全措施的法定程序

1. 责令纳税人提前缴纳税款。税务机关有根据认为从事生产、经营的纳税人有逃避纳税义务行为的，可以在规定的纳税期之前，责令限期缴纳应纳税款。税务机关对有逃税行为的纳税人在规定的纳税期之前，责令限期缴纳税款时，主管税务机关应下达给有逃税行为的纳税人执行。同时主管税务机关填制由纳税人签章的《税务文书送达回证》。

2. 责成纳税人提供纳税担保。在限期内，纳税人有明显转移、隐匿应纳税的商品、货物以及其他财产或者应纳税的收入迹象的，税务机关可以责成纳税人提供纳税担保。

3. 冻结纳税人的存款。纳税人不能提供纳税担保的，经县以上税务局（分局）局长批准，书面通知纳税人开户银行或者其他金融机构冻结纳税人的金额相当于应纳税款的存款。

税务机关在采取此项措施时，应当注意的问题有：

（1）应经县以上税务局（分局）局长批准。

（2）冻结的存款数额要以相当于纳税人应纳税款的数额为限，而不是全部存款。

4. 查封、扣押纳税人的商品、货物或其他财产。纳税人在开户银行或者其他金融机构中没有存款，或者税务机关无法掌握其存款情况的，税务机关可以扣押、查封纳税人的价值相当于应纳税款的商品、货物或其他财产。

（三） 税收保全措施的终止

税收保全措施的终止有两种情况：一是纳税人在规定的期限内缴纳了应纳税款的，税务机关必须立即解除税收保全措施；二是纳税人超过规定的期限仍不缴纳税款的，经县以上税务局（分局）局长批准，终止保全措施，转入强制执行措施，即：书面通知纳税人开户银行或者其他金融机构从其冻结的存款中扣缴税款，或者拍卖、变卖所扣押、查封的商品、货物或者其他财产，以拍卖或者变卖所得抵缴税款。

九、税收强制执行措施

税收强制执行措施是指当事人不履行税收法律、行政法规规定的义务，税务机关采用法定的强制手段，强迫当事人履行义务的措施。

《税收征管法》第 40 条规定，从事生产、经营的纳税人、扣缴义务人未按照规定的期限缴纳或者解缴税款，纳税担保人未按照规定的期限缴纳所担保的税款，由税务机关责令限期缴纳，逾期仍未缴纳的，经县以上税务局（分局）局长批准，税务机关可以采取下列强制执行措施：

（1）书面通知其开户银行或者其他金融机构从其存款中扣缴税款；

（2）扣押、查封、依法拍卖或者其变卖其价值相当于应纳税款的商品、货物或者其他财产，以拍卖或者变卖所得抵缴税款。

税务机关采取强制执行措施时，对上款所列纳税人、扣缴义务人、纳税担保人未缴纳的滞纳金同时强制执行。

个人及其所扶养家属维持生活必需的住房和用品，不在强制执行措施的范围之内。

在扣缴税款的同时，主管税务机关应当按照《税收征管法》第 68 条规定，可以处以不缴或者少缴的税款 50% 以上 5 倍以下的罚款。

拍卖或者变卖所得抵缴税款、滞纳金、罚款以及扣押查封、保管、拍卖、变卖等费用后，剩余部分应当在 3 日内退还被执行人。

根据上述规定，采取税收强制执行措施应注意以下方面：

（一） 税收强制执行的适用范围

强制执行措施的适用范围仅限于未按照规定的期限缴纳或者解缴税款，经责令限期缴纳，逾期仍未缴纳的从事生产、经营的纳税人、扣缴义务人、纳税担保人。需要强调的是，采取强制执行措施适用于扣缴义务人、纳税担保人，采取税收保全措施时则不适用。

（二）采取税收强制执行措施的程序

1. 税款的强制征收（扣缴税款）。纳税人、扣缴义务人、纳税担保人在规定的期限内未缴纳或者解缴税款或者提供担保的，经主管税务机关责令限期缴纳。逾期仍未缴纳的，经县以上税务局（分局）局长批准，书面通知其开户银行或者其他金融机构，从其存款中扣缴税款。

2. 扣押、查封、拍卖或者变卖，以拍卖或者变卖所得抵缴税款。按照《税收征管法》第40条规定，扣押、查封、拍卖或者变卖等行为具有连续性，即扣押、查封后，不再给纳税人自动履行纳税义务的期间，税务机关可以直接拍卖或者变卖其价值等于应纳税款的商品、货物或者其他财产，以拍卖或者变卖所得抵缴税款。

【案例4-2】

（一）案情简介

某县地税局城区分局征管人员于2012年11月20日对个体双定户纳税情况进行检查时，纳税人王某声称将于2012年11月30日前迁往外地经营，拒绝接受检查。征管人员认为王某有逃避缴纳11月应纳税款的可能性，于11月21日以分局名义向王某下达《限期缴纳税款通知书》，责令其于11月26日前缴纳11月应纳税款300元。

王某对此不满，并在11月23日开始租用车辆拉走部分货物。征管人员发现后于当日向王某下达《提供纳税担保通知书》，责令其于11月24日前提供纳税担保。王某以未到法定的纳税期限为由拒绝提供纳税担保，也拒绝缴纳税款，征管人员多次与其协商未果。

11月27日，经催缴王某仍未缴纳税款。28日，城区分局根据《税收征管法》规定，经县局局长批准，对其采取税收强制执行措施，扣押、查封、依法拍卖或变卖了其部分货物，并依法对其处以300元罚款。

问：税务机关的各项处理是否正确？为什么？

（二）分析与处理

1. 11月21日向王某下达《限期缴纳税款通知书》，责令其限期缴纳及11月23日向王某下达《提供纳税担保书》，责令其提供纳税担保，均是正确的。根据《税收征管法》第38条规定，税务机关有根据认为从事生产、经营的纳税人有逃避纳税义务行为的，可以在规定的纳税期之前，责令限期缴纳应纳税款；在限期内发现纳税人有明显的转移、隐匿其应纳税的商品、货物以及其他财产或者应纳税的收入迹象的，税务机关可以责成纳税人提供纳税担保。

2. 11月28日对王某采取税收强制执行措施是不正确的，只能采取税收保全措施。因为11月28日并没有超过规定的纳税期限。

十、欠税清缴制度

《税收征管法》在欠税清缴方面主要采取了以下措施：

（一）严格控制欠缴税款的审批权限

根据《税收征管法》第31条的规定，缓缴税款的审批权限集中在省、自治区、直辖市国家税务局、地方税务局。这样规定，一方面能帮助纳税人渡过暂时的难关，另一方面也体现了严格控制欠税的精神，保证国家税收免遭损失。

（二）限期缴税时限

从事生产、经营的纳税人、扣缴义务人未按照规定的期限缴纳或者解缴税款的，纳税担保人未按照规定的期限缴纳所担保的税款的，由税务机关发出限期缴纳税款通知书，责令缴纳或者解缴税款的最长期限不得超过15日。

（三）建立欠税清缴制度，防止税款流失

1. 扩大了阻止出境对象的范围。《税收征管法》第44条规定，欠缴税款的纳税人或者他的法定代表人需要出境的，应当在出境前向税务机关结清应纳税款、滞纳金或者提供担保。未结清税款、滞纳金，又不提供担保的，税务机关可以通知出境管理机关阻止其出境。

2. 建立改制纳税人欠税的清缴制度。《税收征管法》第48条规定，纳税人有合并、分立情形的，应当向税务机关报告，并依法缴清税款。纳税人合并时未缴清税款的，应当由合并后的纳税人继续履行未履行的纳税义务；纳税人分立时未缴清税款的，分立后的纳税人对未履行的纳税义务应当承担连带责任。

3. 大额欠税处分财产报告制度。根据《税收征管法》第49条和《税收征管法实施细则》第77条的规定，欠缴税款数额在5万元以上的纳税人，在处分其不动产或者大额资产之前，应当向税务机关报告。这一规定有利于税务机关及时掌握欠税企业处置不动产和大额资产的动向。税务机关可以根据其是否侵害了国家税收，是否有转移资产、逃避纳税义务的情形，决定是否行使税收优先权，是否采取税收保全措施或者强制执行措施。

4. 税务机关可以对欠缴税款的纳税人行使代位权、撤销权，即对纳税人的到期债权等财产权利，税务机关可以依法向第三者追索以抵缴税款。《税收征管法》第50条规定，欠缴税款的纳税人因怠于行使到期债权，或者放弃到期债权，或者无偿转让财产，或者以明显不合理的低价转让财产而受让人知道该情形，对

国家税收造成损害的，税务机关可以依照合同法第 73 条、第 74 条的规定行使代位权、撤销权。

税务机关依照前款规定行使代位权、撤销权的，不免除欠缴税款的纳税人尚未履行的纳税义务和应承担的法律责任。

5. 建立欠税公告制度。《税收征管法》第 45 条、《税收征管法实施细则》第 76 条以及《欠税公告办法（试行）》对欠税及欠税公告作了如下具体规定：

（1）欠税是指纳税人超过税收法律、行政法规规定的期限或者纳税人超过税务机关依照税收法律、行政法规规定确定的纳税期限（以下简称税款缴纳期限）未缴纳的税款（不包括滞纳金和罚款），包括：

① 办理纳税申报后，纳税人未在税款缴纳期限内缴纳的税款。

② 经批准延期缴纳的税款期限已满，纳税人未在税款缴纳期限内缴纳的税款。

③ 税务检查已查定纳税人的应补税额，纳税人未在税款缴纳期限内缴纳的税款。

④ 税务机关根据《税收征管法》第 27 条、第 35 条核定纳税人的应纳税额，纳税人未在税款缴纳期限内缴纳的税款。

⑤ 纳税人的其他未在税款缴纳期限内缴纳的税款。

（2）公告机关（指县以上税务局，下同）应当按期在办税场所或者广播、电视、报纸、期刊、网络等新闻媒体上公告纳税人的欠缴税款情况。

① 企业或单位欠税的，每季公告一次。

② 个体工商户和其他个人欠税的，每半年公告一次。

③ 走逃、失踪的纳税户以及其他经税务机关查无下落的非正常户欠税的，随时公告。

（3）欠税公告内容如下：

① 企业或单位欠税的，公告企业或单位的名称、纳税人识别号、法定代表人或负责人姓名、居民身份证或其他有效身份证件号码、经营地点、欠税税种、欠税余额和当期新发生的欠税金额。

② 个体工商户欠税的，公告业户名称、业主姓名、纳税人识别号、居民身份证或其他有效身份证件号码、经营地点、欠税税种、欠税余额和当期新发生的欠税金额。

③ 个人（不含个体工商户）欠税的，公告其姓名、居民身份证或其他有效身份证件号码、欠税税种、欠税余额和当期新发生的欠税金额。

（4）企业、单位纳税人欠缴税款 200 万元以下（不含 200 万元），个体工商户和其他个人欠缴税款 10 万元以下（不含 10 万元）的由县级税务局（分局）在办税服务厅公告；企业、单位纳税人欠缴税款 200 万元以上（含 200 万元），个体工商户和其他个人欠缴税款 10 万元以上（含 10 万元）的，由地（市）级税务局（分局）公告；对走逃、失踪的纳税户以及其他经税务机关查无下落的纳税人欠税的，由各省、自治区、直辖市和计划单列市国家税务局、地方税务局公告。

（5）欠税公告的数额实行欠税余额和新增欠税相结合的办法，对纳税人的以下欠税，税务机关可不公告：

① 已宣告破产，经法定清算后，依法注销其法人资格的企业欠税。

② 被责令撤销、关闭，经法定清算后，被依法注销或吊销其法人资格的企业欠税。

③ 已经连续停止生产经营 1 年（按日历日期计算）以上的企业欠税。

④ 失踪 2 年以上的纳税人的欠税。

公告决定应当列为税收征管资料档案，妥善保存。

（6）欠税发生后，除按规定公告外，税务机关应当依法催缴并严格按日计算加收滞纳金，直至采取税收保全、税收强制执行措施清缴欠税。

【案例 4-3】

（一）案情简介

某集体工业企业，主营机器配件加工业务，由于经营不善，在停止其主营业务时，把所承租的楼房转租给某企业经营，将收取的租金收入挂在往来科目，未结转收入及申报缴纳有关税费。该县地税局在日常检查时，发现了其偷税行为并依法作出补税、加收滞纳金和处以罚款的决定。对此，该企业未提出异议，却始终不缴纳税款、滞纳金和罚款。

该局在多次催缴无效的情况下，一方面依法向人民法院申请对其罚款采取强制执行措施；另一方面将此案移送公安局进一步立案侦查，追究该企业的法律责任。地税局在与公安局配合调查期间，得知该企业的法定代表人李某已办理好出国、出境证件，有出国（境）的迹象。

问：该企业法定代表人李某是否可以出境？为什么？

（二）分析与处理

该企业在缴清税款、滞纳金或提供纳税担保之前，李某不可以出境。依据《税收征管法》第 44 条，欠缴税款的纳税人或者他的法定代表人需要出境的，应当在出境前向税务机关结清应纳税款、滞纳金或者提供担保。未结清税款、又不提供担保的，税务机关可以通知出境管理机关阻止其出境。

十一、税收的退还和追征制度

（一）税款的退还

《税收征管法》第51条规定，纳税人超过应纳税额缴纳的税款，税务机关发现后应当立即退还；纳税人自结算缴纳税款之日起3年内发现的，可以向税务机关要求退还多缴的税款并加算银行同期存款利息，税务机关及时查实后应当立即退还；涉及从国库中退库的，依照法律、行政法规有关国库管理的规定退还。

税务机关发现纳税人多缴税款的，应当自发现之日起10日内办理退还手续，纳税人发现多缴税款，要求退还的，税务机关应当自接到纳税人退还申请之日起30日内查实并办理退还手续。

（二）税款的追征

《税收征管法》第52条和《税收征管法实施细则》第82条规定，因税务机关责任，致使纳税人、扣缴义务人未缴或者少缴税款的，税务机关在3年内可要求纳税人、扣缴义务人补缴税款，但是不得加收滞纳金。

因纳税人、扣缴义务人计算等失误，未缴或者少缴税款的，税务机关在3年内可以追征税款、滞纳金；有特殊情况的追征期可以延长到5年。

所称特殊情况，是指纳税人或者扣缴义务人因计算错误等失误，未缴或者少缴、未扣或者少扣、未收或者少收税款，累计数额在10万元以上的。

对偷税、抗税、骗税的，税务机关追征其未缴或者少缴的税款、滞纳金或者所骗取的税款，不受前款规定期限的限制。

【案例4-4】

（一）案情简介

某企业财务人员2006年7月采取虚假的纳税申报手段少缴营业税5万元。2012年6月，税务人员在检查中发现了这一问题，要求追征这笔税款。该企业财务人员认为时间已过了3年，超过了税务机关的追征期，不应再缴纳这笔税款。

问：税务机关是否可以追征这笔税款？为什么？

（二）分析与处理

税务机关可以追征这笔税款。《税收征管法》第52条规定，对偷税、抗税、骗税的，税务机关可以无限期追征其未缴或者少缴的税款、滞纳金或者所骗取的税款。从此案可以看出，该企业少缴税款并非是计算失误，而是违反税法，采取虚假纳税申报，其行为在性质上已构成偷税。因此，税务机关可以无限期追征。

十二、税款入库制度

1. 审计机关、财政机关依法进行审计、检查时，对税务机关的税收违法行为作出的决定，税务机关应当执行；发现被审计、检查单位有税收违法行为的，向被审计、检查单位下达决定、意见书，责成被审计、检查单位向税务机关缴纳应当缴纳的税款、滞纳金。税务机关应当根据有关机关的决定、意见书，依照税收法律、行政法规的规定，将应收的税款、滞纳金按照国家规定的税收征收管理范围和税款入库预算级次缴入国库。

2. 税务机关应当自收到审计机关、财政机关的决定、意见书之日起 30 日内将执行情况书面回复审计机关、财政机关。

有关机关不得将其履行职责过程中发现的税款、滞纳金自行征收入库或者以其他款项的名义自行处理、占压。

第三节　纳税担保

一、纳税担保概述

（一）纳税担保的概念

纳税担保，是指经税务机关同意或确认，纳税人或其他自然人、法人、经济组织以保证、抵押、质押的方式，为纳税人应当缴纳的税款及滞纳金提供担保的行为。

（二）纳税担保人

纳税担保人包括以保证方式为纳税人提供纳税担保的纳税保证人和其他以未设置或者未全部设置担保物权的财产为纳税人提供纳税担保的第三人。

（三）纳税担保的范围

纳税担保范围包括税款、滞纳金和实现税款、滞纳金的费用。费用包括抵押、质押登记费用，质押保管费用，以及保管、拍卖、变卖担保财产等相关费用支出。

用于纳税担保的财产、权利的价值不得低于应当缴纳的税款、滞纳金，并考虑相关的费用。纳税担保的财产价值不足以抵缴税款、滞纳金的，税务机关应当向提供担保的纳税人或纳税担保人继续追缴。

用于纳税担保的财产、权利的价格估算，除法律、行政法规另有规定外，由税务机关按照《税收征管法实施细则》第64条规定的方式，参照同类商品的市场价、出厂价或者评估价估算。

纳税人有下列情况之一的，适用纳税担保：

1. 税务机关有根据认为从事生产、经营的纳税人有逃避纳税义务行为，在规定的纳税期之前经责令其限期缴纳应纳税款，在限期内发现纳税人有明显的转移、隐匿其应纳税的商品、货物以及其他财产或者应纳税收入的迹象，责成纳税人提供纳税担保的。

2. 欠缴税款、滞纳金的纳税人或者其法定代表人需要出境的。

3. 纳税人同税务机关在纳税上发生争议而未缴清税款，需要申请行政复议的。

4. 税收法律、行政法规规定可以提供纳税担保的其他情形。

（四）纳税担保的法律责任

1. 纳税人、纳税担保人采取欺骗、隐瞒等手段提供担保的，由税务机关处以1 000元以下的罚款；属于经营行为的，处以10 000元以下的罚款。

非法为纳税人、纳税担保人实施虚假纳税担保提供方便的，由税务机关处以1 000元以下的罚款。

2. 纳税人采取欺骗、隐瞒等手段提供担保，造成应缴税款损失的，由税务机关按照《税收征管法》第68条规定处以未缴、少缴税款50%以上5倍以下的罚款。

3. 税务机关负有妥善保管质物的义务。因保管不善致使质物灭失或者毁损，或未经纳税人同意擅自使用、出租、处分质物而给纳税人造成损失的，税务机关应当对直接损失承担赔偿责任。

纳税义务期限届满或担保期间，纳税人或者纳税担保人请求税务机关及时行使权利，而税务机关怠于行使权利致使质物价格下跌造成损失的，税务机关应当对直接损失承担赔偿责任。

4. 税务机关工作人员有下列情形之一的，根据情节轻重给予行政处分：

（1）对符合担保条件的纳税担保，不予同意或故意刁难的。

（2）对不符合担保条件的纳税担保，予以批准，致使国家税款及滞纳金遭受损失的。

（3）私分、挪用、占用、擅自处分担保财物的。

（4）其他违法情形。

二、纳税保证

（一）纳税保证的概念

纳税保证是指纳税保证人向税务机关保证，当纳税人未按照税收法律、行政法规规定或者税务机关确定的期限缴清税款、滞纳金时，由纳税保证人按照约定履行缴纳税款及滞纳金的行为。税务机关认可的，保证成立；税务机关不认可的，保证不成立。

（二）纳税保证人

纳税保证人是指在中国境内具有纳税担保能力的自然人、法人或者其他经济组织。法人或其他经济组织财务报表资产净值超过需要担保的税额及滞纳金两倍以上的，自然人、法人或其他经济组织所拥有或者依法可以处分的未设置担保的财产的价值超过需要担保的税额及滞纳金的，为具有纳税担保能力。

国家机关、学校、幼儿园、医院等事业单位、社会团体不得作为纳税保证人；企业法人的职能部门不得为纳税保证人。企业法人的分支机构有法人书面授权的，可以在授权范围内提供纳税担保。

有以下情形之一的，不得作为纳税保证人：

1. 有偷税、抗税、骗税、逃避追缴欠税行为被税务机关、司法机关追究过法律责任未满 2 年的。

2. 因有税收违法行为正在被税务机关立案处理或涉嫌刑事犯罪被司法机关立案侦查的。

3. 纳税信誉等级被评为 C 级以下的。

4. 在主管税务机关所在地的市（地、州）没有住所的自然人或税务登记不在本市（地、州）的企业。

5. 无民事行为能力或限制民事行为能力的自然人。

6. 与纳税人存在担保关联关系的。

7. 有欠税行为的。

（三）纳税保证责任

纳税保证为连带责任保证，纳税人和纳税保证人对所担保的税款及滞纳金承担连带责任。当纳税人在税收法律、行政法规或税务机关确定的期限届满未缴清税款及滞纳金的，税务机关即可要求纳税保证人在其担保范围内承担保证责任，缴纳担保的税款及滞纳金。

（四）纳税担保书的内容

纳税保证人同意为纳税人提供纳税担保的，应当填写纳税担保书。纳税担保书应当包括以下内容：

1. 纳税人应缴纳的税款及滞纳金数额、所属期间、税种、税目名称。
2. 纳税人应当履行缴纳税款及滞纳金的期限。
3. 保证担保范围及担保责任。
4. 保证期间和履行保证责任的期限。
5. 保证人的存款账号或者开户银行及其账号。
6. 税务机关认为需要说明的其他事项。

（五）纳税保证的时限

1. 纳税担保书须经纳税人、纳税保证人签字盖章并经税务机关签字盖章同意方为有效。纳税担保从税务机关在纳税担保书上签字盖章之日起生效。

2. 保证期间为纳税人应缴纳税款期限届满之日起60日，即税务机关自纳税人应缴纳税款的期限届满之日起60日内有权要求纳税保证人承担保证责任，缴纳税款、滞纳金。

履行保证责任的期限为15日，即纳税保证人应当自收到税务机关的纳税通知书之日起15日内履行保证责任，缴纳税款及滞纳金。

纳税保证期间内税务机关未通知纳税保证人缴纳税款及滞纳金以承担担保责任的，纳税保证人免除担保责任。

3. 纳税人在规定的期限届满未缴清税款及滞纳金，税务机关在保证期限内书面通知纳税保证人的，纳税保证人应按照纳税担保书约定的范围，自收到纳税通知书之日起15日内缴纳税款及滞纳金，履行担保责任。

纳税保证人未按照规定的履行保证责任的期限缴纳税款及滞纳金的，由税务机关发出责令限期缴纳通知书，责令纳税保证人在限期15日内缴纳；逾期仍未缴纳的，经县以上税务局（分局）局长批准，对纳税保证人采取强制执行措施，通知其开户银行或其他金融机构从其存款中扣缴所担保的纳税人应缴纳的税款、滞纳金，或扣押、查封、拍卖、变卖其价值相当于所担保的纳税人应缴纳的税款、滞纳金的商品、货物或者其他财产，以拍卖、变卖所得抵缴担保的税款、滞纳金。

三、纳税抵押

（一）纳税抵押的概念

纳税抵押是指纳税人或纳税担保人不转移下列可抵押财产的占有，将该财产作为税款及滞纳金的担保。纳税人逾期未缴清税款及滞纳金的，税务机关有权依法处置该财产以抵缴税款及滞纳金。以上纳税人或者纳税担保人为抵押人，税务机关为抵押权人，提供担保的财产为抵押物。

（二）纳税抵押的范围

1. 下列财产可以抵押：
（1）抵押人所有的房屋和其他地上定着物；
（2）抵押人所有的机器、交通运输工具和其他财产；
（3）抵押人依法有权处分的国有的房屋和其他地上定着物；
（4）抵押人依法有权处分的国有的机器、交通运输工具和其他财产；
（5）经设区的市、自治州以上税务机关确认的其他可以抵押的合法财产。
以依法取得的国有土地上的房屋抵押的，该房屋占用范围内的国有土地使用权同时抵押；以乡（镇）、村企业的厂房等建筑物抵押的，其占用范围内的土地使用权同时抵押。

2. 下列财产不得抵押：
（1）土地所有权。
（2）土地使用权，但上述抵押范围规定的除外。
（3）学校、幼儿园、医院等以公益为目的的事业单位、社会团体、民办非企业单位的教育设施、医疗卫生设施和其他社会公益设施。
（4）所有权、使用权不明或者有争议的财产。
（5）依法被查封、扣押、监管的财产。
（6）依法定程序确认为违法、违章的建筑物。
（7）法律、行政法规规定禁止流通的财产或者不可转让的财产。
（8）经设区的市、自治州以上税务机关确认的其他不予抵押的财产。

（三）纳税抵押的程序

1. 填写纳税担保书和纳税担保财产清单。纳税担保书应当包括以下内容：
（1）担保的纳税人应缴纳的税款及滞纳金数额、所属期间、税种名称、税目。

（2）纳税人履行应缴纳税款及滞纳金的期限。

（3）抵押物的名称、数量、质量、状况、所在地、所有权权属或者使用权权属。

（4）抵押担保的范围及担保责任。

（5）税务机关认为需要说明的其他事项。

纳税担保财产清单应当写明财产价值以及相关事项。纳税担保书和纳税担保财产清单须经纳税人签字盖章并经税务机关确认。

2. 办理抵押物登记。纳税抵押自抵押物登记之日起生效。纳税人应向税务机关提供由以下部门出具的抵押登记的证明及其复印件（以下简称证明材料）：

（1）以城市房地产或者乡（镇）、村企业的厂房等建筑物抵押的，提供县级以上地方人民政府规定部门出具的证明材料。

（2）以船舶、车辆抵押的，提供运输工具的登记部门出具的证明材料。

（3）以企业的设备和其他动产抵押的，提供财产所在地的工商行政管理部门出具的证明材料或者纳税人所在地的公证部门出具的证明材料。

抵押期间，经税务机关同意，纳税人可以转让已办理登记的抵押物，并告知受让人转让物已经抵押的情况。纳税人转让抵押物所得的价款，应当向税务机关提前缴纳所担保的税款、滞纳金。超过部分，归纳税人所有，不足部分由纳税人缴纳或提供相应的担保。

3. 处理抵押财产。

（1）在抵押物灭失、毁损或者被征用的情况下，税务机关应该就该抵押物的保险金、赔偿金或者补偿金要求优先受偿，抵缴税款、滞纳金；在抵押物灭失、毁损或者被征用的情况下，抵押权所担保的纳税义务履行期未满的，税务机关可以要求将保险金、赔偿金或补偿金等作为担保财产。

（2）纳税人在规定的期限内未缴清税款、滞纳金的，税务机关应当依法拍卖、变卖抵押物，变价抵缴税款、滞纳金。

（3）纳税担保人以其财产为纳税人提供纳税抵押担保的，按照纳税人提供抵押担保的规定执行；纳税担保书和纳税担保财产清单须经纳税人、纳税担保人签字盖章并经税务机关确认。

（4）纳税人在规定的期限届满未缴清税款、滞纳金的，税务机关应当在期限届满之日起15日内书面通知纳税担保人自收到纳税通知书之日起15日内缴纳担保的税款、滞纳金；纳税担保人未按照前款规定的期限缴纳所担保的税款、滞纳金的，由税务机关责令限期在15日内缴纳；逾期仍未缴纳的，经县以上税务局（分局）局长批准，税务机关依法拍卖、变卖抵押物，抵缴税款、滞纳金。

四、纳税质押

（一）纳税质押的概念

纳税质押，是指经税务机关同意，纳税人或纳税担保人将其动产或权利凭证移交税务机关占有，将该动产或权利凭证作为税款及滞纳金的担保。纳税人逾期未缴清税款及滞纳金的，税务机关有权依法处置该动产或权利凭证以抵缴税款及滞纳金。

（二）纳税质押的分类

纳税质押分为动产质押和权利质押。

1. 动产质押。动产质押包括现金以及其他除不动产以外的财产提供的质押。

纳税人以动产提供质押担保的，应当填写纳税担保书和纳税担保财产清单并签字盖章。纳税担保书应当包括以下内容：

（1）担保的税款及滞纳金数额、所属期间、税种名称、税目。

（2）纳税人履行应缴纳税款、滞纳金的期限。

（3）质物的名称、数量、质量、价值、状况、移交前所在地、所有权权属或者使用权权属。

（4）质押担保的范围及担保责任。

（5）纳税担保财产价值。

（6）税务机关认为需要说明的其他事项。

2. 权利质押。权利质押包括汇票、支票、本票、债券、存款单等权利凭证提供的质押。

以汇票、支票、本票、公司债券出质的，税务机关应当于纳税人背书清单记载"质押"字样。以存款单出质的，应由签发的金融机构核押。

以载明兑现或者提货日期的汇票、支票、木票、债券、存款单出质的，汇票、支票、本票、债券、存款单兑现日期先于纳税义务履行期或者担保期的，税务机关与纳税人约定将兑现的价款用于缴纳或者抵缴所担保的税款及滞纳金。

（三）纳税质押的处理

1. 纳税人在规定的期限内未缴清税款、滞纳金的，税务机关应当在期限届满之日起15日内书面通知纳税担保人自收到纳税通知书之日起15日内缴纳担保的税款、滞纳金。

2. 纳税担保人未按照上述规定的期限缴纳所担保的税款、滞纳金，由税务机关责令限期在15日内缴纳；缴清税款、滞纳金的，税务机关自纳税担保人缴清税款及滞纳金之日起 3 个工作日内返还质物、解除质押关系；逾期仍未缴纳的，经县以上税务局（分局）局长批准，税务机关依法拍卖、变卖质押物，抵缴税款、滞纳金。

本章小结

税款征收是税收征收管理工作的中心环节，是全部税收征管工作的目的和归宿，在整个税收工作中占据着极其重要的地位。在税款征收中，应遵循以下原则：税务机关是征税的唯一行政主体；税务机关只能依照法律、行政法规的规定征收税款；税务机关不得违反法律、行政法规的规定开征、停征、多征、少征、提前征收或者延缓征收税款或者摊派税款；税务机关征收税款必须遵守法定权限和法定程序；税务机关征收税款或扣押、查封商品、货物或其他财产时，必须向纳税人开具完税凭证或开付扣押、查封的收据或清单；税款、滞纳金、罚款统一由税务机关上缴国库；税款优先的原则。

税款征收方式是指税务机关根据各税种的不同特点、征纳双方的具体条件而确定的计算征收税款的方法和形式。税款征收的方式主要有：查账征收；查定征收；查验征收；定期定额征收；委托代征税款；邮寄纳税以及其他方式。税款缴库方式是指纳税人应纳的税款和扣缴义务人代扣代收的税款缴入国库的具体方式。税款缴库方式主要有：直接缴库；汇总缴库；实时划缴。

税款征收制度是税款征收管理的核心内容，主要包括代扣代缴、代收代缴税款制度；延期缴纳税款制度；税收滞纳金征收制度；减免税收制度；税额核定制度；税收调整制度；未办理税务登记的从事生产、经营的纳税人，以及临时从事经营的纳税人的税款征收制度；税收保全措施；税收强制执行措施；欠税清缴制度；税收的退还和追征制度；税款入库制度。

纳税担保是保障国家税收收入，保护纳税人和其他当事人的合法权益的重要手段，主要包括纳税保证、纳税抵押、纳税质押等。

复习思考题

1. 税款征收的原则是什么？
2. 税款征收主要有哪些方式？它们各自适用的范围如何？
3. 试述延期纳税制度的内容。
4. 在哪些情形下，税务机关有权核定纳税人的应纳税额？
5. 什么是税收保全措施？在什么情况下，税务机关可以采取税收保全措施？

6. 什么是强制执行措施？在什么情况下，税务机关可以采取强制执行措施？

7. 应建立哪些欠税清缴制度防止税款流失？

8. 什么是关联企业？关联企业税收调整制度的主要内容是什么？

9. 什么叫纳税担保？纳税担保的范围包括哪些？

10. 试述纳税抵押的概念和范围。

11. 如何办理纳税抵押？

12. 试述纳税质押的分类和处理。

13. 2012 年 9 月 8 日，税收管理员李明和张媛两人在日常检查中，发现王某开了一家小商品超市，生意很红火，但没有办理税务登记，于是根据了解的情况核定王某应补缴税款 2 000 元，责令王某当日到税务机关缴纳，但王某以没钱为由拒不缴纳，税收管理员于是提请税务所扣押了王某价值 2 000 元的大米。扣押至 9 月 25 日王某仍不缴纳应纳税款，经税务所所长批准，变卖了 2 000 元的大米抵缴了税款。

问：（1）税收管理员的执法行为是否正确？

（2）税务所的执法行为是否正确？为什么？

推荐阅读资料

《中华人民共和国税收征收管理法》，2001 年 4 月 28 日，第九届全国人民代表大会常务委员会第二十一次会议通过。

《中华人民共和国税收征收管理法实施细则》，2002 年 9 月 7 日，国务院令第 362 号。

国家税务总局关于贯彻《中华人民共和国税收征收管理法》及其实施细则若干具体问题的通知，2003 年 4 月 23 日，国税发〔2003〕47 号。

国家税务总局关于印发《税收减免管理办法（试行）》的通知，2005 年 8 月 3 日，国税发〔2005〕129 号。

《纳税担保试行办法》，2005 年 5 月 24 日，国家税务总局令第 11 号。

网上资源

http：//www. sdpc. gov. cn（国家发展和改革委员会网）

http：//www. mof. gov. cn（财政部网）

http：//www. chinatax. gov. cn（国家税务总局网）

http：//www. chinesetax. gov. cn（中国税务网）

第五章　征管监控管理

征管监控是强化税源管理，减少税收流失，提高税收征管质量，保证国家税收收入及时足额入库的重要手段。本章主要介绍税务检查、法律责任和纳税评估的相关内容。

第一节　税务检查

一、税务检查的概念

税务检查是税务机关依据国家税法和财务会计制度的规定，对纳税人、扣缴义务人履行纳税义务、扣缴义务的情况进行检查和监督，以充分发挥税收职能作用的一种管理活动。

二、税务检查的作用

税务检查是国家赋予税务机关的职责和权力，是国家财政监督的重要组成部分，是税收征管工作的重要环节，也是保证国家税收收入及时足额入库的重要手段。因此，税务检查对促进我国经济建设的不断发展发挥着重要的作用。

（一）有利于正确贯彻执行国家财政税收政策，保证国家财政收入

通过税务检查，税务机关根据"依法办事，依率计征"的原则，把该收的税款及时足额地组织入库，防止一些部门、单位和个人挪用、挤占或截留应上交国家的税款。阻止和打击一些纳税人采取隐瞒、虚报、作假、转移财产等手段偷税。同时把多征的税款及时退回企业，促进企业经营资金的正常运转。这样既有利于企业生产发展和自觉履行纳税义务，又正确贯彻执行了税收政策，维护了国家利益，保证了国家的财政收入。

（二）有利于严肃财经纪律，增强法制观念，充分发挥税收监督职能作用

税务检查通过税收监督这一手段，可以发现和纠正纳税人各种违反国家财税

政策的行为，揭露一切非法经营、偷税、抗税、贪污、盗窃等活动，并配合有关部门依法处理，促使纳税人端正生产经营方向，自觉履行纳税义务，从而严肃税收法纪，强化税收工作，保障改革和经济建设的顺利进行。

（三） 有利于促进企业改善经营管理，加强经济核算，提高经济效益

税务检查是对纳税人已经发生的经济业务、财务会计记录进行的事后检查监督。通过税务检查工作，不仅能帮助企业总结发展生产中的成功经验，还可以发现和纠正企业在纳税方面存在的问题，发现和揭露企业在财务管理和产、供、销等各环节存在的问题和薄弱环节，促进企业采取措施，建立健全财务制度，改善经营管理，加强经济核算，增产节约，降低成本，减少损耗，提高经济效益。

（四） 有利于检验征管质量，促进征管水平的提高

税务检查不仅可以纠错堵漏，还可以通过检查中发现的错征、漏征问题，考核税收征管工作的质量。错征、漏征行为的发生，其原因是多种多样的，除纳税人方面存在的问题外，还有可能是税收征管工作不力造成的，如税收征管制度不够完善，税务人员工作不深入，业务水平低，执行税收政策不认真，对企业生产经营情况不作深入细致的调查，税收政策变动不及时通知企业，造成错征、漏征等。通过税务检查，可以针对检查出来的各种问题总结研究，分析其原因，划清征纳双方的责任界限，抓住其中的薄弱环节，作出实事求是的处理意见，并提出改进措施，以密切征纳关系，提高管理质量，使征管工作科学化、规范化。

（五） 有利于提高纳税人依法纳税的观念

税务检查的过程，也是宣传税收政策的过程，对检查中发现的纳税人计算和偷税等方面的错误情况，检查人员一方面要作出处理，另一方面还需要开展税法宣传、解释工作，以增强纳税人的纳税意识，提高纳税人的纳税观念。

三、税务检查的权责

（一） 税务检查权

根据《税收征管法》和《税收征管法实施细则》的规定，税务机关的税务检查权主要有以下九个方面：

1. 查账权。即检查纳税人的账簿、记账凭证、报表和有关资料，检查扣缴义务人代扣代缴、代收代缴税款账簿、记账凭证和有关资料。

因检查需要时，经县以上税务局（分局）局长批准，可以将纳税人、扣缴

义务人以前会计年度的账簿、记账凭证、报表和其他有关资料调回税务机关检查，但是税务机关必须向纳税人、扣缴义务人开付清单，并在 3 个月内完整退还；有特殊情况的，经设区的市、自治州以上税务局局长批准，税务机关可以将纳税人、扣缴义务人当年的账簿、记账凭证、报表和其他有关资料调回检查，但是税务机关必须在 30 日内退还。

2. 场地检查权。即到纳税人的生产、经营场所和货物存放地检查纳税人应纳税的商品、货物或者其他财产，检查扣缴义务人与代扣代缴、代收代缴税款有关的经营情况。

3. 责成提供资料权。即责成纳税人、扣缴义务人提供与纳税或者代扣代缴、代收代缴税款有关的文件、证明材料和有关资料。

4. 询问权。即询问纳税人、扣缴义务人与纳税或者代扣代缴、代收代缴税款有关的问题和情况。

5. 交通和邮政检查权。即到车站、码头、机场、邮政企业及其分支机构检查纳税人托运、邮寄应税商品、货物或者其他财产的有关单据凭证和资料。

6. 存款账户查核权。经县以上税务局（分局）局长批准，凭全国统一格式的检查存款账户许可证明，查询从事生产、经营的纳税人、扣缴义务人在银行或者其他金融机构的存款账户。税务机关在调查税收违法案件时，经设区的市、自治州以上税务局（分局）局长批准，可以查询案件涉嫌人员的储蓄存款。税务机关查询所获得的资料，不得用于税收以外的用途。上述所称的"经设区的市、自治州以上税务局局长"包括地（市）一级（含直辖市下设区）的税务局局长。

税务机关查询的内容，包括纳税人存款账户余额和资金往来情况。

7. 税收保全措施或者强制执行措施权。税务机关对从事生产、经营的纳税人以前纳税期的纳税情况依法进行税务检查时，发现纳税人有逃避纳税义务行为，并有明显的转移、隐匿其应纳税的商品、货物以及其他财产或者应纳税收入的迹象的，可以按照本法规定的批准权限采取税收保全措施或者强制执行措施。税务机关采取税收保全措施的期限一般不得超过 6 个月；重大案件需要延长的，应当报国家税务总局批准。

8. 调查权。税务机关依法进行税务检查时，有权向有关单位和个人调查纳税人、扣缴义务人和其他当事人与纳税或者代扣代缴、代收代缴税款有关的情况，有关单位和个人有义务向税务机关如实提供有关资料及证明材料。

9. 记录、录音、录像、照相和复制权。税务机关调查税务违法案件时，对与案件有关的情况和资料，可以记录、录音、录像、照相和复制。

（二）税务检查权的约束

对税务检查权进行约束，可以有效地防止税务机关及其税务人员滥用职权，以便更好地贯彻国家的税收政策法令，维护纳税人和扣缴义务人的合法权利。税务检查权的约束，主要体现在以下四个方面：

1. 税务机关派出的人员进行税务检查时，应当出示税务检查证和税务检查通知书，并有责任为被检查人保守秘密；未出示税务检查证和税务检查通知书的，被检查人有权拒绝检查；税务机关对集贸市场及集中经营业户进行检查时，可以使用统一的税务检查通知书。

2. 税务机关检查存款账户时，应当指定专人负责，凭全国统一格式的检查存款账户许可证明进行，并有责任为被检查人保守秘密。

3. 税务机关对纳税人、扣缴义务人及其他当事人处以罚款或者没收违法所得时，应当开付罚没凭证；未开付罚没凭证的，纳税人、扣缴义务人以及其他当事人有权拒绝给付。

4. 税务机关进入纳税人电算化系统进行检查时，有责任保证纳税人会计电算化系统的安全性，并保守纳税人的商业秘密。

【案例 5-1】

（一）案情简介

何某是一家私营企业的业主。2011 年 7 月，税务人员在检查该私营企业账务时，经县税务局局长批准，同时检查该企业在中国银行的存款账户及何某本人和其妻王某在储蓄所的存款。查实何某自 2011 年 1 月以来账外经营收入 70 万元，于是依法作出了补税和罚款的处理决定。何某气急败坏，当即向银行责问为何将该厂存款账户和私人储蓄存款提供给税务机关检查，银行人员称税务机关提供了检查存款账户的许可证明，有权进行检查。

问：税务机关是否有权检查该企业的存款账户和何某本人及其妻子的个人储蓄存款？为什么？

（二）分析与处理

税务机关有权检查该企业的银行存款账户，但对何某妻子王某的储蓄存款检查不合法。根据《税收征管法》第 54 条第（6）项规定，经县以上税务局（分局）局长批准，凭全国统一格式的检查存款账户许可证明，查询从事生产经营的纳税人、扣缴义务人在银行或者其他金融机构的存款账户。税务机关在调查税收违法案件时，经设区的市、自治州以上税务局（分局）局长批准，可以查询案件涉嫌人员的储蓄存款。因此，税务机关有权依法检查该单位的银行存款账户。何某属私营企业主，何某在银行的储蓄存款账户，属于银行存款账户的检查范围，但对何某妻子王某的储蓄存款账户的检查必须经过设区的市、自治州以上税务局（分局）局长批准。

【案例 5 - 2】

（一）案情简介

申江公司是一家集体企业，2011 年 3 ～ 5 月，企业均为零申报。县地税局通过调查，初步了解到其货款通过东方公司账户结算。为掌握确凿证据，2011 年 5 月 15 日，稽查局两名工作人员在出示税务检查证后，对东方公司的存款账户进行了检查核对，掌握了申江公司利用东方公司账号偷税 10 000 元的违法事实。5 月 20 日，县地税局依照法定程序下达了税务处理决定：责令申江公司补缴税款，并加收滞纳金，同时处 30 000 元罚款。

问：县地税局的执法行为存在哪些问题？并说明理由。

（二）分析与处理

1. 税务机关对东方公司账户检查中存在违法问题。根据《税收征管法》第 54 条第（6）项规定，查询从事生产、经营纳税人、扣缴义务人在银行或其他金融机构的存款账户，应经县以上税务局局长批准，凭全国统一格式的检查存款账户许可证明进行。该案中，税务人员未经批准就对东方公司的存款账户进行检查，属越权行为。

2. 税务人员未出示税务检查通知书。《税收征管法》第 59 条规定，税务人员实施税务检查时，应出示税务检查证和税务检查通知书。

3. 未将案件移送司法机关追究刑事责任。申江公司的偷税行为已构成犯罪，应移送司法机关追究刑事责任。

四、税务检查的方法

（一）全查法

全查法是对被查纳税人一定时期内所有会计凭证、账簿、报表及各种存货进行全面、系统检查的一种方法。

（二）抽查法

抽查法是对被查纳税人一定时期内的会计凭证、账簿、报表及各种存货，抽取一部分进行检查的一种方法。

（三）顺查法

顺查法是对被查纳税人按照其会计核算的顺序，依次检查会计凭证、账簿、报表，并将其相互核对的一种检查方法。

（四）逆查法

逆查法是指逆会计核算的顺序，依次检查会计报表、账簿及凭证，并将其相互核对的一种检查方法。

（五）联系查法

联系查法是根据掌握的情况，对会计凭证、账簿和报表有联系的地方，相互对照检查的一种方法。联系查法可按照账内联系检查，也可按照账外联系检查。账内联系是指纳税企业内部账与证、账与账、账与表之间的联系；账外联系是账与物，账内记录与企业外部有关单位账务之间的联系。

（六）侧面查法

侧面查法是依据平时掌握的情况和有关人员的来信、反映，对照企业账簿记录进行检查的一种方法。

（七）比较分析法

比较分析法是将被查纳税人检查期有关财务指标的实际完成数进行纵向或横向比较，分析其异常变化情况，从中发现纳税问题线索的一种方法。

（八）控制计算法

控制计算法也称逻辑推算法，指根据被查纳税人财务数据的相互关系，用可靠或科学测定的数据，验证其检查期账面记录或申报的资料是否正确的一种检查方法。

（九）查询法

查询法就是在查账过程中，根据查账的线索或听到的有关人员的反映，通过询问或调查的方式，取得必要的资料或证实有关问题的方法。

（十）审阅法

审阅法指对被查纳税人的会计账簿、凭证等账务资料，通过直观地审查阅览，发现在纳税方面存在问题的一种检查方法。

（十一）观察法

观察法指通过被查纳税人的生产经营场所、仓库、工地等现场，实地观察其生产经营及存货等情况，以发现纳税问题或验证账中可疑问题的一种检查方法。

（十二） 外调法

外调法指对被查纳税人有怀疑或已掌握一定线索的经济事项，通过向与其有经济联系的单位或个人进行调查，予以查证核实的一种方法。

（十三） 盘存法

盘存法指通过被查纳税人的货币资金、存货及固定资产等实物进行盘点清查，核实其账实是否相符，进而发现纳税问题的一种检查方法。

（十四） 现场检查法

现场检查法指税务机关派人员到被查纳税人的机构办公地点对其账务资料进行检查的一种方法。

（十五） 调账检查法

调账检查法指将被查纳税人的账务资料调到税务机关进行检查的一种方法。

以上这些检查方法各有所长，各有各的特点，并且相互联系。因此，在税务检查工作中，检查人员要熟悉各种检查方法的特点、优势、根据检查的目的、要求和检查对象的具体情况，可将几种方法有选择地结合起来灵活运用，不能只孤立地应用某一种检查方法，影响税务检查的效果。

五、税务稽查概述

（一） 税务稽查的概念

税务稽查是税务机关依法对纳税人、扣缴义务人履行纳税义务、扣缴义务情况所进行的税务检查和处理工作的总称。

1. 税务稽查的主体。税务稽查的主体是税务机关，根据《税收征管法》第14 条规定，税务机关是指各级税务局、税务分局、税务所和按照国务院规定设立的并向社会公告的税务机构。根据《税收征管法实施细则》第 9 条规定，按照国务院规定设立的并向社会公告的税务机构，是指省以下税务局的稽查局。稽查局专司偷税、逃避追缴欠税、骗税、抗税案件的查处。

2. 税务稽查的客体。税务稽查的客体是纳税人、扣缴义务人履行纳税义务、扣缴义务的情况。

3. 税务稽查的对象。税务稽查的对象是纳税人和扣缴义务人。根据《税收征管法》第 4 条规定，法律、行政法规规定负有纳税义务的单位和个人为纳税人。法律、行政法规规定负有代扣代缴、代收代缴义务的单位和个人为扣缴义务人。纳税人、扣缴义务人必须按法律、行政法规的规定缴纳税款、代扣代缴、代收代缴税款。

（二）税务稽查和日常税务检查的区别和联系

税务稽查是税务稽查机构的专业检查，是税务检查的一个重要组成部分。它是由税务稽查局依法组织实施的对纳税人、扣缴义务人履行纳税义务、扣缴义务的情况进行的全面的、综合的检查。日常税务检查是指除稽查局外的税收征收管理部门对纳税人、扣缴义务人履行纳税义务、扣缴义务情况进行的税务检查。征管部门的日常税务检查，主要是征管部门在履行职责时对纳税人、扣缴义务人在有关的征管环节所进行的税务检查，也可以对纳税人、扣缴义务人进行全面的检查。

1. 税务稽查与日常税务检查的区别。税务稽查与日常税务检查的区别主要表现在以下方面：一是案件来源不同。税务稽查的案件来源主要有：按照稽查计划和选案标准，正常挑选和随机抽取的案件，征管部门发现疑点转来的案件；举报的案件；移交或转交的案件。日常税务检查的案件来源主要有：在税收征管的各个环节中对纳税人情况进行检查的案件；按照税法或实际情况的需要对纳税人的情况进行检查的案件，如在办理延期纳税、减免税手续等情况下需要对纳税人进行检查的。二是检查的对象、性质、目的不同。税务稽查的主要对象是涉及偷逃抗骗税的重大案件、特大案件，是专业性的税务检查，主要目的是查处税收违法案件；日常税务检查的对象主要是在税收征管活动中有特定义务或需要，或者在某一环节出现问题的纳税人、扣缴义务人，既具有检查的性质，又具有调查和审查的性质，目的是为了加强征管，维护正常的征管秩序，及时发现和防止重大、特大案件的发生。三是检查的方式、程序和手段不同。税务稽查有严格的稽查程序，坚持严格的专业化分工，各环节互相制约；日常税务检查方式灵活多样，程序不一定严格按照选案、实施、审理、执行四个步骤执行，只要是合法、有效的税收执法就可以。四是检查的时间不同。税务稽查往往是检查以前年度的情况，征管部门的日常税务检查往往只是当年的情况；五是职责范围不同。稽查部门与征收管理部门在税务检查上的职责范围要按照以下三个原则划分：一是在征管过程中，对纳税人、扣缴义务人履行纳税义务的日常性检查及处理由基层征收管理机构负责；二是税收违法案件的查处（包括选案、实施、审理、执行）由稽查局负责；三是专项检查部署由稽查局负责牵头统一组织。

2. 税务稽查与日常税务检查的联系。税务稽查和征管部门的日常税务检查的联系主要表现在以下三个方面：一是税务稽查和征管部门的日常税务检查互相补充、互相支持。税务稽查是防止税收流失的最后一道防线，为打击和防范税收违法，防止税收流失，维护税收秩序筑起的一道防洪大堤，征管部门的日常检查主要是为防洪大堤做好基础工作，做好维护和修补；二是征管部门的日常检查往往为稽查部门提供案源，征管部门通过税务检查，发现有重大偷税、骗税和其他严重税收违法嫌疑的，通过选案及时传递给稽查部门，成为稽查部门的案件来源之一；三是稽查部门通过稽查发现的问题，将有关情况反馈给征管部门，征管部门据此加强征管，并确定征管部门的税务检查重点，以提高征管质量。

（三）税务稽查的原则

1. 公正合法原则。《税务稽查规程》规定，税务稽查必须以事实为根据，以税收法律、法规、规章为准绳。也就是说，在税务稽查工作中必须公正合法。这是税务稽查的一项基本原则，也是依法治税原则在税务稽查中的重要体现。

根据这项原则，我们在税务稽查工作中，一方面，必须实事求是，一切从实际出发。在对纳税人、扣缴义务人履行纳税义务、扣缴义务情况实施稽查时，必须查明真相，做到事实清楚，证据确实充分，数据翔实准确，资料齐全。另一方面，以税收法律、法规、规章为准绳，严格执法，依法行政，过罚相当，不能畸轻畸重。既要充分行使《税收征管法》赋予税务机关的检查权力，又要严格执行《税收征管法》对税务机关执法行为的监督制约措施。做到有法必依，执法必严，违法必究，以保证税法的严肃性和各项税收政策的贯彻执行。

2. 专业分工和监督制约原则。专业分工和监督制约原则是加强税收法制建设，规范税收执法的要求；是提高税务稽查效率，做好税务稽查工作的要求；也是社会经济发展的要求。

第一，实行新的税收征管模式后，税务稽查成为税务机关对纳税人、扣缴义务人的主要监控手段，承担着打击各种税收违法行为的重任。为了适应新形势对税务稽查工作的要求，税务稽查必须实行专业化，对稽查机构内部来说，就是实行选案、实施、审理、执行等各环节稽查人员各司其职的模式。只有这样，才能提高稽查技能，从而克服原有模式下稽查缺乏内部分工、工作职责不清的现象，明确职责，加强监督，增加稽查工作的整体效能。

第二，新的税务稽查形式要求专业化分工基础上的监督制约。随着新税收征管模式的推行，自觉纳税申报制度的建立，税务机关的征管工作重心必须向税务稽查调整、转移，税务稽查权就显得比较突出。然而，任何一种权力都必须置于被监督、受制约的状态之中。只有这样，实行选案、实施、审理、执行专业化分工的税务稽查才能较好地解决稽查权力过于集中与需要制约的矛盾。实行专业化分工后，选案、实施、审理、执行在各自职能范围内自行行使相应权力，但任何一个环节都无法独揽权力，同时每一个环节都接受其他环节的监督，共同形成一个监督制约体系。

第三，社会生产的发展，计算机等现代信息技术的广泛采用，要求对以手工操作为基础的、缺乏分工的传统税务稽查进行改革。

3. 规范高效原则。首先，税务稽查必须坚持规范原则，即依照法定权限和程序开展，正确运用税收法律法规进行检查和处理；其次，税务稽查要坚持高效原则，及时发现和打击税收违法行为，并尽可能降低检查成本。随着经济的发展，偷、逃税分子装备越来越精良和先进，手段越来越狡猾和隐蔽，这就更加要求税务稽查办案人员发挥积极性、主动性，善于在每一环节抓住时机，以快制胜。从发现案件到立案调查，从采取措施保全税款和收集证据，都应当积极主动，反应迅速，行动果断，以快制胜，不给违法分子以串供和隐匿、销毁、转移证据的机会。具体来说，在税务稽查过程中，要做到四"快"：检查要快、取证要快、定案要快、入库要快。

（四）税务稽查的职能

税务稽查职能是税务稽查的内在功能，是税务稽查活动的一种长期属性。一般可概括为监督、惩处和教育三个方面。

1. 监督职能。税务稽查的监督职能是为贯彻税收法律法规而监察和督促纳税人和扣缴义务人履行纳税和扣缴义务的功能。它是税务稽查的基本职能。

税务稽查对纳税人和扣缴义务人的监督主要通过对其生产经营情况以及有关纳税、扣缴税款情况的稽核审查得以实现。因此，为使税务稽查的监督职能充分发挥，必须在稽查的广度和深度上下工夫。此外，税务稽查的监督职能应主要限于对纳税人、扣缴义务人的纳税、扣缴税款情况进行监督，不应把执法行为也列入税务稽查的监督范围。

2. 惩处职能。税务稽查的惩处职能是对有偷逃税等违法行为的纳税人和扣缴义务人依法作出税务处理并对其违法行为予以经济制裁的功能。它是税务稽查的法定职能。

税务稽查的惩处职能是税收的强制性和税务机关的行政处罚权在税务稽查中的集中体现。所以，我们应高度重视惩处职能的发挥，充分行使税务机关的行政处罚权，打击各种税收违法行为，维护税收秩序，确保财政收入。

3. 教育职能。税务稽查的教育职能是指税务机关通过税务稽查查处了税收违法行为，进而从反面教育了当事人，也教育了其他纳税人和扣缴义务人，从而增强了纳税人、扣缴义务人依法纳税、扣缴税款的自觉性。它是从监督和惩处职能中派生出来的，其效用的力量源泉来自监督和惩处职能。

税务稽查的教育职能表现在两个方面：一方面，对发现的税收违法行为依法予以修正，按照税法的要求予以处理。这是对当事人的直接教育。另一方面，通过查处税收违法行为，对广大纳税人会产生威慑、警示作用。

（五）税务稽查的种类

税务稽查包括日常稽查、专项稽查、专案稽查，这是按照税务稽查对象的来源、稽查内容的范围大小和稽查目的的不同进行的分类。

1. 日常稽查。日常稽查是指对通过计算机或人工筛选出来的稽查对象采取的全面、综合性稽查。这类稽查具有以下特点：第一，稽查对象的来源是根据计算机或人工筛选出来的。第二，稽查的内容和范围是全面的，既要求有广度，又要求有深度。第三，税务稽查的目的是全面掌握纳税人、扣缴义务人履行纳税义务、代扣代缴或者代收代缴义务和执行税收征管制度的情况。这种稽查就是税务机关对纳税人、扣缴义务人履行上述义务情况的例行检查。第四，稽查时要事先通知纳税人及其他被稽查对象。

2. 专项稽查。专项稽查是对根据特定目的的要求而被抽出来的纳税人、扣缴义务人所进行的某个方面或某些方面的稽查，如个人所得税稽查、营业税稽查、所得税稽查、某类行业的专项稽查。这类稽查具有以下特点：第一，稽查对象是根据特定目的而挑选出来的，通常是上级税务机关发现某些税种、某些行业存在较多问题而布置的，或者是本级税务机关发现本地区存在某些带有普遍性问题而安排的；第二，稽查的内容范围是侧重在某一方面，或者是某一类问题上，而不是全面的、综合的；第三，稽查的时间和稽查的所属期间是特定的，通常是规定某年某月到某年某月检查某类纳税人或扣缴义务人某一期间的问题。

3. 专案稽查。专案稽查是对举报、转办、交办等案件的稽查。这类稽查具有如下特点：第一，稽查的来源是公民举报、其他部门转办、领导交办、国际情报交换，或者全面稽查、专项稽查中发现疑点的。第二，稽查的内容范围主要是举报、转办、交办等情况指明的线索。第三，稽查的直接目的是查处举报、转办、交办、情报交换中所列举的违法行为，把反映的问题落实。

（六）税务稽查的程序

1. 税务稽查选案。税务稽查选案是稽查的第一道工序，即通过计算机、人工或者两者结合，在各类纳税人中选出最有可能的逃税者，这是提高稽查效率，有效地将有限的人力调配到最需要稽查对象上的非常重要的措施，一般包括计算机选案、随机抽选以及群众举报、上级交办、有关部门转交、国际情报交换和金税协查产生的案件等。

2. 税务稽查实施。税务稽查实施是税务稽查的第二道程序，是对已确定的稽查对象进行税务检查的过程。它是税务稽查的核心环节和关键，为稽查审理、结果的定性和最终处理提供依据，对整个税务稽查具有重要意义。

3. 税务稽查审理。审理是税务稽查一般程序的必经阶段，是对税务稽查实施阶段工作的监督性程序。审理的主要任务是对照税务稽查报告，核准案件事实，审查鉴别证据，分析认定案件性质，并形成审理报告。

4. 税务稽查执行。不论是否立案，也不论采取何种稽查程序，只要稽查发现或审理确认有问题的，都应根据税务处理决定书的规定执行。

第二节　法律责任

一、法律责任概述

（一）税收法律责任的概念

法律责任是违法主体因其违法行为所应承担的后果。税收法律责任是指违法主体因涉税违法行为而应依法承担的法律后果。其基本特征有三点：

1. 承担税收法律责任的主体是税收法律关系中的当事人。税收法律关系的当事人包括纳税义务人、扣缴义务人、税务人员以及其他与税收法律关系有关的机构人员。

2. 当事人必须有违反税收法律法规的行为。税收法律法规中对当事人的规范，有义务性规范、受权性规范和禁止性规范。如税收法律法规规定当事人必须按规定办理税务登记；当事人不得采取伪造、销毁账簿等手段偷税；授权税务人员依法征税等。当事人若违反了这些规范，则应承担税收法律责任。

3. 所承担的法律后果必须是相关法律法规中明确规定的。我国税收法律责任分别规定在现行的税收相关法律法规中，如《刑法》、《税收征管法》、《税收征管法实施细则》、《全国人大常委会关于惩治偷税、抗税犯罪的补充规定》等。

（二）税收法律责任的分类

为了正确认定税收法律责任，进而准确有效地追究相关人员的违法责任，对税收法律责任根据不同的标准进行不同的分类具有重要意义。

1. 以承担主体的不同分类。从这一角度将税收法律责任分为征税主体的税收法律责任与纳税主体的税收法律责任。征税主体的税收法律责任指征税主体行使征税权利时违反法定的职责和义务应承担的法律责任。此责任的承担者主要为作为组织体的征税机关和作为自然人的征税机关的工作人员。纳税主体的税收法律责任指纳税主体在违反税收法律规定的法定义务时应承担的法律责任。

2. 以违反税法内容的不同分类。从这一角度将税收法律责任分为违反税收实体法的责任和违反税收程序法的责任。违反税收实体法要承担相应的法律责任，但在税收法律活动中，违反有关的税收法律程序，是否要承担法律责任以及承担何种法律责任，在理论界存有争议。随着税收程序法的不断发展和完善，程序公正越来越体现出了其自身的独立价值，从保证程序自身的独立性出发，应当确立独立的税收程序违法责任。

（三）税收法律责任的形式

税收法律责任的表现形式根据引起法律责任的违法行为的性质及其承担责任的方式，可分为行政责任和刑事责任。

1. 税收违法行政责任。税收法律责任中的行政责任是指税收法律关系主体违反税收相关法律法规，不履行税收相关法律法规所规定的义务，但尚不够承担刑事责任时应承担的法律责任。行政责任的形式分为行政处分和行政处罚两种。行政处分主要针对的是国家工作人员与其职务有关的违法、渎职或失职行为；行政处罚制裁的行为是处于行政管理相对人地位的公民、法人或其他组织不服从管理的违法行为。

《税收征管法》规定，行政处分形式按其违法程度，可以分为：警告、记过、记大过、降级、降职撤职、留用察看、开除。行政处罚的形式主要有三种：罚款、没收违法所得、限期改正。

2. 税收违法刑事责任。税收法律责任中的刑事责任是指税收法律关系主体违反了法律规定，情节严重构成犯罪所应承担的法律责任。税收法律关系主体违反刑事法律规定所构成的形式主要有：逃避缴纳税款罪、抗税罪、伤害罪、行贿罪、诈骗罪、受贿罪、渎职罪等。

犯罪所承担的法律责任就是刑罚。刑罚分为主刑和附加刑。主刑有管制、拘役、有期徒刑、无期徒刑、死刑五种。附加刑有罚金、剥夺政治权利、没收财产三种。

企事业单位可以构成某些犯罪的主体，其主管人员和直接责任人员是刑事法律主体的重要组成部分，人民法院在追究企事业单位法律责任的同时，也依法追究其主管人员和责任人员的刑事责任。税收法律关系的主体既违反行政法律规定，又违反刑事法律规定，需要承担两种法律责任时，必须依照法律规定，先追究其行政责任，再移送司法机关追究其刑事责任。

二、纳税主体的法律责任

（一）违反税务管理基本规定行为的法律责任

1. 根据《税收征管法》第 60 条和《税收征管法实施细则》第 90 条规定，

纳税人有下列行为之一的，由税务机关责令限期改正，可以处 2 000 元以下的罚款；情节严重的，处 2 000 元以上 1 万元以下的罚款。

（1）未按照规定的期限申报办理税务登记、变更或者注销登记的。

（2）未按照规定设置、保管账簿或者保管记账凭证和有关资料的。

（3）未按照规定将财务、会计制度或者财务、会计处理办法和会计核算软件报送税务机关备查的。

（4）未按照规定将其全部银行账号向税务机关报告的。

（5）未按照规定安装、使用税控装置，或者损毁或者擅自改动税控装置的。

（6）未按照规定办理税务登记证件验证或者换证手续的。

2. 纳税人不办理税务登记的，由税务机关责令限期改正；逾期不改正的，经税务机关提请，由工商行政管理机关吊销其营业执照。

3. 纳税人未按照规定使用税务登记证件，或者转借、涂改、损毁、买卖、伪造税务登记证件的，处 2 000 元以上 1 万元以下的罚款；情节严重的，处 1 万元以上 5 万元以下的罚款。

（二）扣缴义务人违反账簿、凭证管理的法律责任

《税收征管法》第 61 条规定，扣缴义务人未按照规定设置、保管代扣代缴、代收代缴税款账簿或者保管代扣代缴、代收代缴税款记账凭证及有关资料的，由税务机关责令限期改正，可以处 2 000 元以下的罚款；情节严重的，处 2 000 元以上 5 000 元以下的罚款。

（三）纳税人、扣缴义务人未按规定进行纳税申报的法律责任

《税收征管法》第 62 条规定，纳税人未按照规定的期限办理纳税申报和报送纳税资料的，或者扣缴义务人未按照规定的期限向税务机关报送代扣代缴、代收代缴税款报告表和有关资料的，由税务机关责令限期改正，可以处 2 000 元以下的罚款；情节严重的，可以处 2 000 元以上 1 万元以下的罚款。

（四）偷税的法律责任

1. 《税收征管法》第 63 条规定，纳税人仿造、变造、隐匿、擅自销毁账簿、记账凭证，或者在账簿上多列支出或者不列、少列收入，或者经税务机关通知申报而拒不申报或者进行虚假的纳税申报，不缴或者少缴应纳税款的，是偷税。对纳税人偷税的，由税务机关追缴其不缴或者少缴的税款、滞纳金，并处不缴或者少缴的税款 50% 以上 5 倍以下的罚款；构成犯罪的，依法追究刑事责任。

扣缴义务人采取前款所列手段，不缴或者少缴已扣、已收税款，由税务机关追缴其不缴或者少缴的税款、滞纳金，并处不缴或者少缴的税款 50% 以上 5 倍以

下的罚款；构成犯罪的，依法追究刑事责任。

2. 《刑法》第 201 条规定，纳税人采取欺骗、隐瞒手段进行虚假纳税申报或者不申报，逃避缴纳税款数额较大并且占应纳税额 10% 以上的，处 3 年以下有期徒刑或者拘役，并处或者单处罚金；数额巨大并且占应纳税额 30% 以上的，处 3 年以上 7 年以下有期徒刑，并处罚金。

扣缴义务人采取前款所列手段，不缴或者少缴已扣、已收税款，数额较大的，依照前款的规定处罚。

对多次实施前两款行为，未经处理的，按照累计数额计算。

有第一款行为，经税务机关依法下达追缴通知后，补缴应纳税款，缴纳滞纳金，并且接受行政处罚的，不予追究刑事责任；但是，5 年内曾因逃避缴纳税款受过刑事处罚或者被税务机关给予两次以上行政处罚的除外。

（五）进行虚假申报或不进行申报行为的法律责任

《税收征管法》第 64 条规定，纳税人、扣缴义务人编造虚假计税依据的，由税务机关责令限期改正，并处 5 万元以下的罚款。

纳税人不进行纳税申报，不缴或者少缴应纳税款的，由税务机关追缴其不缴或者少缴的税款、滞纳金，并处不缴或者少缴税款 50% 以上 5 倍以下的罚款。

（六）逃避追缴欠税的法律责任

《税收征管法》第 65 条规定，纳税人欠缴应纳税款，采取转移或者隐匿财产的手段，妨碍税务机关追缴欠缴的税款的，由税务机关追缴欠缴的税款、滞纳金，并处欠缴税款 50% 以上 5 倍以下的罚款；构成犯罪的，依法追究刑事责任。

《刑法》第 203 条规定，纳税人欠缴应纳税款，采取转移或者隐匿财产的手段，致使税务机关无法追缴欠缴的税款，数额在 1 万元以上不满 10 万元的，处 3 年以下有期徒刑或者拘役，并处或者单处欠缴税款 1 倍以上 5 倍以下罚金；数额在 10 万元以上的，处 3 年以上 7 年以下有期徒刑，并处欠缴税款 1 倍以上 5 倍以下罚金。

（七）骗取出口退税的法律责任

《税收征管法》第 66 条规定，以假报出口或者其他欺骗手段，骗取国家出口退税款的，由税务机关追缴其骗取的退税款，并处骗取税款 1 倍以上 5 倍以下的罚款；构成犯罪的，依法追究刑事责任。

对骗取国家出口退税款的，税务机关可以在规定期间内停止为其办理出口退税。

《刑法》第 204 条规定，以假报出口或者其他欺骗手段，骗取国家出口退税款，数额较大的，处 5 年以下有期徒刑或者拘役，并处骗取税款 1 倍以上 5 倍以下罚金；数额巨大或者有其他严重情节的，处 5 年以上 10 年以下有期徒刑，并处骗取税款 1 倍以上 5 倍以下罚金；数额特别巨大或者有其他特别严重情节的，处 10 年以上有期徒刑或者无期徒刑，并处骗取税款 1 倍以上 5 倍以下罚金或者没收财产。

（八）抗税的法律责任

《税收征管法》第 67 条规定，以暴力、威胁方法拒不缴纳税款的，是抗税，除由税务机关追缴其拒缴的税款、滞纳金外、依法追究刑事责任。情节轻微，未构成犯罪的，由税务机关追缴其拒缴的税款、滞纳金，并处拒缴税款 1 倍以上 5 倍以下的罚款。

《刑法》第 202 条规定，以暴力、威胁方法拒不缴纳税款的，处 3 年以下有期徒刑或者拘役，并处拒缴税款 1 倍以上 5 倍以下罚金；情节严重的，处 3 年以上 7 年以下有期徒刑，并处拒缴税款 1 倍以上 5 倍以下罚金。

（九）在规定期限内不缴或少缴税款的法律责任

《税收征管法》第 68 条规定，纳税人、扣缴义务人在规定期限内不缴或者少缴应纳或者应解缴的税款，经税务机关责令限期缴纳，逾期仍未缴纳的，税务机关除依照本法第 40 条规定采取强制执行措施追缴其不缴或者少缴的税款外，可以处不缴或者少缴税款 50% 以上 5 倍以下的罚款。

（十）扣缴义务人不履行扣缴义务的法律责任

《税收征管法》第 69 条规定，扣缴义务人应扣未扣、应收而不收税款的，由税务机关向纳税人追缴税款，对扣缴义务人处应扣未扣、应收未收税款 50% 以上 3 倍以下的罚款。

（十一）不配合税务机关依法检查的法律责任

《税收征管法》第 70 条规定，纳税人、扣缴义务人逃避、拒绝或者以其他方式阻挠税务机关检查的，由税务机关责令改正，可以处 1 万元以下的罚款；情节严重的，处 1 万元以上 5 万元以下的罚款。

逃避、拒绝或者以其他方式阻挠税务机关检查的情形：

1. 提供虚假资料，不如实反映情况，或者拒绝提供有关资料的。

2. 拒绝或者阻止税务机关记录、录音、录像、照相和复制与案件有关的情况和资料的。

3. 在检查期间，纳税人、扣缴义务人转移、隐匿、销毁有关资料的。

4. 有不依法接受税务检查的其他情形的。

（十二）非法印制发票的法律责任

1.《税收征管法》第 71 条规定，违反本法第 22 条规定，非法印制发票的，由税务机关销毁非法印制的发票，没收违法所得和作案工具，并处 1 万元以上 5 万元以下的罚款；构成犯罪的，依法追究刑事责任。

2.《刑法》第 206 条规定，伪造或者出售伪造的增值税专用发票的，处 3 年以下有期徒刑、拘役或者管制，并处 2 万元以上 20 万元以下罚金；数量较大或者有其他严重情节的，处 3 年以上 10 年以下有期徒刑，并处 5 万元以上 50 万元以下罚金；数量巨大或者有其他特别严重情节的，处 10 年以上有期徒刑或者无期徒刑，并处 5 万元以上 50 万元以下罚金或者没收财产。

伪造并出售伪造的增值税专用发票，数量特别巨大，情节特别严重，严重破坏经济秩序的，处无期徒刑或者死刑，并处没收财产。

单位犯本条规定之罪的，对单位判处罚金，并对其直接负责的主管人员和其他直接责任人员，处 3 年以下有期徒刑、拘役或者管制；数量较大或者有其他严重情节的，处 3 年以上 10 年以下有期徒刑；数量巨大或者有其他特别严重情节的，处 10 年以上有期徒刑或者无期徒刑。

3.《刑法》第 209 条规定，伪造、擅自制造或者出售伪造、擅自制造的可以用于骗取出口退税、抵扣税款的其他发票的，处 3 年以下有期徒刑、拘役或者管制，并处 2 万元以上 20 万元以下罚金；数量巨大的，处 3 年以上 7 年以下有期徒刑，并处 5 万元以上 50 万元以下罚金；数量特别巨大的，处 7 年以上有期徒刑，并处 5 万元以上 50 万元以下罚金或者没收财产。

伪造、擅自制造或者出售伪造、擅自制造的前款规定以外的其他发票的，处 2 年以下有期徒刑、拘役或者管制，并处或者单处 1 万元以上 5 万元以下罚金；情节严重的，处 2 年以上 7 年以下有期徒刑，并处 5 万元以上 50 万元以下罚金。

4. 非法印制、转借、倒卖、变造或者伪造完税凭证的，由税务机关责令改正，处 2 000 元以上 1 万元以下的罚款；情节严重的，处 1 万元以上 5 万元以下的罚款；构成犯罪的，依法追究刑事责任。

（十三）有税收违法行为而拒不接受税务机关处理的法律责任

《税收征管法》第 72 条规定，从事生产、经营的纳税人、扣缴义务人有本法规定的税收违法行为，拒不接受税务机关处理的，税务机关可以收缴其发票或者停止向其发售发票。

【案例 5 - 3】

（一）案情简介

2012 年 7 月，D 县地税局在对该县某报社进行例行检查时发现报社在 6 月支付某作家稿费 5 000 元，未代扣代缴个人所得税 560 元。该县地税局遂依照法定程序作出税务处理决定，由报社补缴未代扣代缴的个人所得税，并处 1 000 元罚款。

问：D 县地税局的决定是否正确，为什么？

（二）分析与处理

1. 由报社补缴税款的决定错误。《税收征管法》第 69 条规定，扣缴义务人应扣未扣、应收未收税款的，由税务机关向纳税人追缴税款。

2. 对报社处以 1 000 元罚款符合法律规定。《税收征管法》第 69 条规定，扣缴义务人应扣未扣、应收未收税款的，由税务机关向纳税人追缴税款，对扣缴义务人处应扣未扣、应收未收税款 50% 以上 3 倍以下的罚款。

三、征税主体的法律责任

（一）擅自改变税收征收管理范围的法律责任

《税收征管法》第 76 条规定，税务机关违反规定擅自改变税收征收管理范围和税款入库预算级次的，责令限期改正，对直接负责的主管人员和其他直接责任人员依法给予降级或者撤职的行政处分。

（二）不移交的法律责任

《税收征管法》第 77 条规定，纳税人、扣缴义务人有本法规定的第 63 条、第 65 条、第 66 条、第 67 条、第 71 条规定的行为涉嫌犯罪的，税务机关应当依法移交司法机关追究刑事责任。

税务人员徇私舞弊，对依法应当移交司法机关追究刑事责任的不移交，情节严重的，依法追究刑事责任。

（三）不依法查封、扣押的法律责任

《税收征管法》第 79 条规定，税务机关、税务人员查封、扣押纳税人个人及其所扶养家属维持生活必需的住房和用品的，责令退还，依法给予行政处分，构成犯罪的，依法追究刑事责任。

《税收征管法实施细则》第 97 条规定，税务人员私分扣押、查封的商品、货物或者其他财产，情节严重，构成犯罪的，依法追究刑事责任；尚不构成犯罪

的，依法给予行政处分。

（四）不依法行政的法律责任

《税收征管法》第80条规定，税务人员与纳税人、扣缴义务人勾结、唆使或者协助纳税人、扣缴义务人有本法第63条、第65条、第66条规定的行为，构成犯罪的，按照《刑法》关于共同犯罪的规定处罚；尚不构成犯罪的，依法给予行政处分。

（五）渎职行为的法律责任

1. 《税收征管法》第81条规定，税务人员利用职务上的便利，收受或者索取纳税人、扣缴义务人财物或者谋取其他不正当利益，构成犯罪的，依法追究刑事责任；尚不构成犯罪的，依法给予行政处分。

2. 《税收征管法》第82条规定，税务人员徇私舞弊或者玩忽职守，不征收或者少征应征税款，致使国家税收遭受重大损失，构成犯罪的，依法追究刑事责任；尚不构成犯罪的，依法给予行政处分。

税务人员滥用职权，故意刁难纳税人、扣缴义务人的，调离税收工作岗位，并依法给予行政处分。

税务人员对控告、检举税收违法违纪行为的纳税人、扣缴义务人以及其他检举人进行打击报复，依法给予行政处分；构成犯罪的，依法追究刑事责任。

3. 《刑法》第404条规定，税务机关的工作人员徇私舞弊，不征或者少征应征税款，致使国家税收遭受重大损失的，处5年以下有期徒刑或者拘役；造成特别重大损失的，处5年以上有期徒刑。

4. 《刑法》第405条规定，税务机关的工作人员违反法律、行政法规的规定，在办理发售发票、抵扣税款、出口退税工作中，徇私舞弊，致使国家利益遭受重大损失的，处5年以下有期徒刑或者拘役；致使国家利益遭受特别重大损失的，处5年以上有期徒刑。

（六）不按规定征收税款的法律责任

《税收征管法》第83条规定，违反法律、行政法规的规定提前征收、延缓征收或者摊派税款的，由其上级机关或者行政监察机关责令改正，对直接负责的主管人员和其他直接责任人员依法给予行政处分。

《税收征管法》第84条规定，违反法律、行政法规的规定，擅自作出税收的开征、停征或者减税、免税、退税、补税以及其他同税收法律、行政法规相抵触的决定的，除依照本法规定撤销其擅自作出的决定外，补征应征未征税款，退还不用征收而征收的税款，并由上级机关追究直接负责的主管人员和其他直接责任人员的行政责任；构成犯罪的，依法追究刑事责任。

（七）未按照规定回避的法律责任

《税收征管法》第85条规定，税务人员在征收税款或者查处税收违法案件时，未按照本法规定进行回避的，对直接负责的主管人员和其他直接责任人员，依法给予行政处分。

四、相关当事人的法律责任

（一）银行及其他金融机构拒绝配合税务机关依法执行职务的法律责任

1. 《税收征管法》第73条规定，纳税人、扣缴义务人的开户银行或者其他金融机构拒绝接受税务机关依法检查纳税人、扣缴义务人存款账户，或拒绝执行税务机关作出的冻结存款或者扣缴税款的决定，或者在接到税务机关的书面通知后帮助纳税人、扣缴义务人转移存款，造成税款流失的，由税务机关处10万元以上50万元以下的罚款，对直接负责的主管人员和其他直接责任人员处1 000元以上1万元以下的罚款。

2. 《税收征管法实施细则》第92条规定，银行和其他金融机构未依照《税收征管法》的规定在从事生产、经营的纳税人的账户中登录税务登记证件号码，或者未按规定在税务登记证件中登录从事生产、经营的纳税人的账户账号的，由税务机关责令其限期改正，处2 000元以上2万元以下的罚款；情节严重的处2万元以上5万元以下的罚款。

3. 《税收征管法实施细则》第93条规定，为纳税人、扣缴义务人非法提供银行账户、发票、证明或者其他方便，导致未缴、少缴税款或者骗取国家出口退税款的，税务机关除没收其违法所得外，可以处未缴、少缴或者骗取的税款1倍以下的罚款。

（二）未经税务机关依法委托征收税款的法律责任

《税收征管法》第78条规定，未经税务机关依法委托征收税款的，责令退还收取的财物，依法给予行政处分或者行政处罚；致使他人合法权益受到损失的，依法承担赔偿责任；构成犯罪的，依法追究刑事责任。

（三）有关单位拒绝配合税务机关依法执行职务的法律责任

《税收征管法实施细则》第95条规定，税务机关依照《税收征管法》第54条第（5）项的规定，到车站、码头、机场、邮政企业及其分支机构检查纳税人有关情况时，有关单位拒绝的，由税务机关责令改正，可以处1万元以下的罚款；情节严重的，处1万元以上5万元以下的罚款。

（四）违反税务代理的法律责任

《税收征管法实施细则》第98条规定，税务代理人违反税收法律、行政法规，造成纳税人未缴或者少缴税款的，除由纳税人缴纳或者补缴应纳税款、滞纳金外，对税务代理人处纳税人未缴或者少缴税款50%以上3倍以下的罚款。

五、税务行政处罚

（一）税务行政处罚的概念

税务行政处罚是指公民、法人或者其他组织有违反税收征收管理秩序的违法行为，尚未构成犯罪，依法应当承担行政责任的，由税务机关给予行政处罚。它包括以下几方面的内容：

1. 当事人行为违反了税收法律规范，侵犯的客体是税收征收管理秩序，应当承担税务行政责任。

2. 从当事人主观方面说，并不区分是否具有主观故意或者过失，只要有税务违法行为存在，并有法定依据给予行政处罚的，就要承担行政责任，依法给予税务行政处罚。

3. 当事人行为一般是尚未构成犯罪，依法应当给予行政处罚的行为。

（二）税务行政处罚的设定与种类

1. 税务行政处罚的设定。税务行政处罚的设定是指由特定的国家机关通过一定形式首次独立规定公民、法人或者其他组织的行为规范，并规定违反该行为规范的行政制裁措施。现行我国税收法制的原则是税权集中、税法统一，税收的立法权主要集中在中央。

（1）全国人民代表大会及其常务委员会可以通过法律的形式设定各种税务行政处罚。

（2）国务院可以通过行政法规的形式设定除限制人身自由以外的税务行政处罚。

（3）国家税务总局可以通过规章的形式设立警告和罚款。税务行政规章对非经营活动中的违法行为设定罚款不得超过1 000元；对经营活动中的违法行为，有违法所得的，设定罚款不得超过违法所得的3倍，且最高不得超过30 000元，没有违法所得的，设定罚款不得超过10 000元；超过限额的，应当报国务院批准。

　　省、自治区、直辖市和计划单列市国家税务局、地方税务局及其以下各级税务机关制定的税收法律、法规、规章以外的规范性文件，在税收法律、法规、规章规定给予行政处罚的行为、种类和幅度的范围内作出具体规定，是一种执行税收法律、法规、规章的行为，不是对税务行政处罚的设定。因此，这类规范性文件与行政处罚法规定的处罚设定原则并不矛盾，是有效的，是可以执行的。

　　2. 税务行政处罚的种类。根据税务行政处罚的设定原则，税务行政处罚的种类是可变的，它将随着税收法律、法规、规章设定的变化而变化或者增减。根据规定，现行税务机关执行的税务行政处罚种类主要有四种：（1）罚款；（2）没收非法所得；（3）停止出口退税权；（4）收缴发票和暂停供应发票。

（三）税务行政处罚的主体与管辖

　　1. 主体。税务行政处罚的实施主体主要是县以上的税务机关。税务机关是指能够独立行使税收征收管理职权，具有法人资格的行政机关。我国税务机关的组织构成包括国家税务总局，省、自治区、直辖市国家税务局、地方税务局，地（市、州、盟）国家税务局、地方税务局，县（市、旗）国家税务局、地方税务局四级。这些税务机关都具有税务行政处罚主体资格。

　　各级税务机关的内设机构、派出机构不具处罚主体资格，不能以自己的名义实施税务行政处罚。但是税务所可以实施罚款额在 2 000 元以下的税务行政处罚。这是《税收征管法》对税务所的特别授权。

　　2. 管辖。根据《行政处罚法》和《税收征管法》的规定，税务行政处罚由当事人税收违法行为发生地的县（市、旗）以上税务机关管辖。

（四）税务行政处罚的程序

　　合法的处罚程序是保证行政处罚产生预期法律效力和后果的必要条件，不遵守法定程序的行政处罚无效。

　　税务机关实施行政处罚时，在程序上应当履行告知有关事项和听取意见两项义务，并根据不同案情分别依法适用简易程序、一般程序和听证程序。

　　1. 税务行政处罚的简易程序。税务行政处罚的简易程序是指税务机关及其执法人员对于公民、法人或者其他组织违反税收征收管理秩序的行为，当场作出税务行政处罚决定的行政处罚程序。简易程序的适用条件：一是案情简单、事实清楚、违法后果比较轻微且有法定依据应当给予处罚的违法行为；二是给予的处罚较轻，仅适用于对公民处以 50 元以下和对法人或者其他组织处以 1 000 元以下罚款的违法案件。

　　符合上述条件，税务行政执法人员当场作出税务行政处罚决定应当按照下列程序进行：

（1）向当事人出示税务行政执法身份证件；

（2）告知当事人受到税务行政处罚的违法事实、依据和陈述申辩权；

（3）听取当事人陈述申辩意见；

（4）填写具有预定格式、编有号码的税务行政处罚决定书，并当场交付当事人；

（5）将税务行政处罚决定书报所属税务机关备案；

（6）执行（参见一般程序中的执行）。

简易程序工作流程见图5-1。

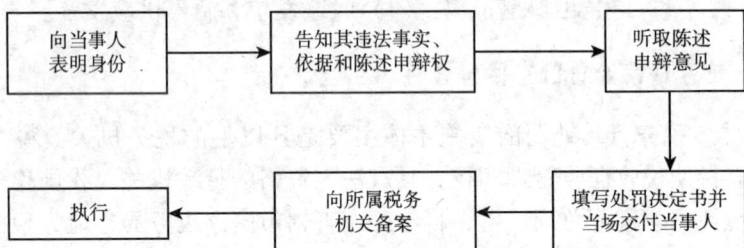

图5-1　简易程序工作流程

2. 税务行政处罚的一般程序。税务行政处罚的一般程序是指税务机关及其执法人员对于公民、法人和其他组织违反税收征收管理秩序的行为，经过立案、调查、告知、审查、决定、执行等程序后，作出处罚决定。适用一般程序的案件，一般是情节比较复杂，处罚比较重的案件。

（1）立案。将发现的应当给予行政处罚的税收违法行为分类登记，并填写《立案审批表》，报本部门负责人批准。

（2）调查。税务机关对依法应当给予行政处罚的税收违法行为，必须全面、客观、公正地调查，查清违法事实，取得充分确凿的证据，制作调查报告，并及时将调查报告连同所有案卷材料移交审查机构审查。必要时，依照法律法规的规定可以进行检查。

税务机关在调查或者进行检查时，执法人员不得少于两人，并应当向当事人或有关人员出示证件，询问或者检查应当制作笔录。

税务机关在收集证据时，可以采取抽样取证的方法。在证据可能丢失或者以后难以取得的情况下，经行政机关负责人批准，可以先行登记保存，并应当在7日内及时作出处理决定，当事人或者有关人员不得销毁或者转移证据。

（3）告知。调查机构进行调查后，对依法应当给予行政处罚的，应及时提出处罚建议，以税务机关的名义制作《税务行政处罚事项告知书》并送达当事人，告知当事人作出处罚建议的事实、理由和依据，以及当事人依法享有的陈述申辩或要求听证的权利。

当事人进行陈述和申辩时，必须充分听取当事人的意见，对当事人提出的事实、理由和证据应当做好记录，并进行复检。当事人符合听证条件并要求听证的，应当依法举行听证。

（4）审查。审查机构收到调查报告及案卷材料后，应对其内容的合法性和真实性进行审查。同时，审查机构还应对下列事项进行审查：

① 调查机构认定的事实、证据和处罚建议适用的处罚种类、依据是否正确。

② 调查取证是否符合法定程序。

③ 当事人陈述申辩的事实、证据是否成立。

④ 听证人、当事人听证申辩的事实、证据是否成立。

审查机构应在自收到调查机构移交案卷之日起 10 日内审查终结，制作审查报告，并连同案卷材料报送税务机关负责人审批。

（5）决定。审查机构作出审查意见并报送税务机关负责人审批后，应当在收到审批意见之日起 3 日内，根据不同情况分别制作以下处理决定书并报送税务机关负责人签发：

① 有应受行政处罚违法行为的，根据情节轻重及具体情况予以处罚。

② 违法行为轻微，依法可以不予行政处罚的不予行政处罚。

③ 违法事实不能成立，不得予以行政处罚。

④ 违法行为已构成犯罪的，移送司法机关。

对情节复杂或者重大违法行为给予较重的行政处罚，行政机关的负责人应当集体讨论。

税务机关作出罚款决定的行政处罚决定书应当载明罚款代收机构的名称、地址和当事人应当缴纳罚款的数额期限等，并明确当事人逾期缴纳是否加处罚款。

（6）执行。税务机关作出行政处罚决定后，应当依法送达当事人执行。

税务行政处罚的执行是指履行税务机关依法作出的行政处罚决定的活动。税务机关依法作出行政处罚决定后，当事人应当在行政处罚决定规定的期限内，予以履行。当事人在法定期限内不申请复议又不起诉，并且在规定期限内又不履行的，税务机关可以依法强制执行或者申请法院强制执行。

税务机关对当事人作出罚款行政处罚决定的，当事人应在收到行政处罚决定书之日起 15 日内缴纳罚款，到期不缴纳的，税务机关可以对当事人每日按罚款数额的 3% 加处罚款。

税务机关对当事人当场作出行政处罚决定，具有依法给予 20 元以下罚款或者不当场收缴罚款事后难以执行情形的，税务机关行政执法人员可以当场收缴罚款。

税务机关行政执法人员当场收缴罚款的，必须向当事人出具合法罚款收据，并应当自收缴罚款之日起 2 日内将罚款交至税务机关。税务机关应当在 2 日内将罚款交付指定的银行或者其他金融机构。

除了依法可以当场收缴罚款的情形以外，税务机关作出罚款的行政处罚决定的执行，实行作出罚款决定的税务机关与收缴罚款的机构相分离。

一般程序工作流程见图 5 - 2。

立案 → 调查 → 告知

执行 ← 决定 ← 审查

图 5 - 2　一般程序工作流程

3. 税务行政处罚的听证程序。听证是指税务机关在对当事人某些违法行为作出处罚决定之后，按照一定形式听取调查人员和当事人意见的程序。税务行政处罚听证的范围是对公民作出 2 000 元以上，或者对法人或其他组织作出 1 万元以上罚款的案件。税务行政处罚听证程序如下：

（1）凡属听证范围的案件，在作出处罚决定之前，应当首先向当事人送达《税务行政处罚事项告知书》，告知当事人已经查明的违法事实、证据、处罚的法律依据和拟给予的处罚，并告知有要求举行听证的权利。

（2）要求听证的当事人，应当在收到《税务行政处罚事项告知书》后 3 日内向税务机关书面提出听证要求，逾期不提出的，视为放弃听证权利。

（3）税务机关应当在当事人提出听证要求后的 15 日内举行听证，并在举行听证的 7 日前将《税务行政处罚听证通知书》送达当事人，通知当事人举行听证的时间、地点、主持人的情况。

（4）除涉及国家秘密、商业秘密或者个人隐私的不公开听证的以外，对于公开听证的案件，应当先期公告案情和听证的时间、地点并允许公众旁听。

（5）听证会开始时，主持人应当首先声明并出示税务机关负责人授权主持听证的决定，然后查明当事人或其代理人、调查人员及其他人员是否到场；宣布案由和听证会的组成人员名单；告知当事人有关的权利义务；记录员宣读听证会纪律。

（6）听证会开始后，先由调查人员就当事人的违法行为进行指控，并出示事实证据材料，提出处罚建议，再由当事人或其代理人就所指控的事实及相关问题进行申辩和质证，然后控辩双方辩论；辩论终结，当事人进行最后陈述。

（7）听证的全部活动，应当由记录员制作笔录并交当事人阅核、签章。

（8）完成听证任务或有听证终止情形发生时，主持人宣布终止听证。

听证结束后，主持人应当制作听证报告并连同听证笔录附卷移交审查机构审查。

听证程序工作流程见图5-3。

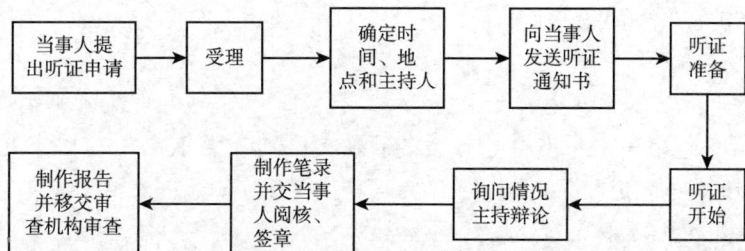

图5-3 听证程序工作流程

【案例5-4】

（一）案情简介

某县某餐饮部属承包经营，该县城关征管分局接群众反映，该餐饮部利用收入不入账的方法偷逃税款。2012年5月25日，分局派两名税务干部（李某与钱某）对其实施检查，税务人员在出示税务检查证后，对相关人员进行了询问，但没有线索，于是对餐饮部经理宿舍进行了搜查，发现了流水账，经与实际申报纳税情况核对，查出该餐饮部利用收入不入账的方法，偷逃税款50 000元的事实。5月28日，该分局依法下达了《税务行政处罚事项告知书》，拟作出追缴税款、加收滞纳金、并处30 000元罚款的决定。5月29日，下达了《税务行政处罚决定书》。5月30日，该餐饮部提出税务行政处罚听证要求。6月5日，由李、钱两人和其他一名干部共同主持了听证会，经听取意见后，当场作出税务行政处罚决定，并要求听证所花费用由餐饮部承担，并将决定书当场交给餐饮部代表。

问：指出该分局在该案处理过程中的违法行为，并说明理由。

（二）分析与处理

1. 检查时未履行法定程序。《税收征管法》第59条规定，税务人员进行税务检查时应当出示税务检查证和税务检查通知书。该案中税务人员未出示税务检查通知书。

2. 税务人员超越权限行使检查权。《税收征管法》第54条规定，税务机关可对纳税人的生产、经营场所和货物存放地进行检查。但没有赋予税务人员对纳税人住宅的检查权。

3. 5月29日下达《税务行政处罚决定书》不合法。《行政处罚法》规定，当事人可在接到行政处罚通知后 3 日内提出听证申请。税务机关不能在法定申请听证的期限内下达处罚决定书。

4. 对纳税人处 30 000 元罚款超越职权。《税收征管法》第 74 条只赋予税务所 2 000 元以下的行政处罚权。

5. 李、钱两人不能主持听证会。《行政处罚法》第 42 条规定：听证由行政机关指定的非本案调查人员主持。

6. 听证结束当场作出税务行政处罚决定属行政越权行为。国家税务总局《税务行政处罚听证程序实施办法（试行）》第 19 条规定，听证结束后，听证主持人应当将听证情况和处理意见报告税务机关负责人，然后才可作出决定。

7. 要求餐饮部负担听证所需费用不合法。《行政处罚法》第 42 条规定，当事人不承担行政机关组织听证的费用。

第三节　纳税评估

一、纳税评估的概念

纳税评估是指税务机关运用数据信息对比分析的方法，对纳税人和扣缴义务人（以下简称纳税人）纳税申报（包括减免缓抵退税申请，下同）情况的真实性和准确性作出定性和定量的判断，并采取进一步征管措施的管理行为。

纳税评估工作主要由基层税务机关的税源管理部门及其税收管理员负责，重点税源和重大事项的纳税评估也可由上级税务机关负责。基层税务机关是指直接面向纳税人负责税收征收管理的税务机关；税源管理部门是指基层税务机关所属的税务分局、税务所或内设的税源管理科（股）。对汇总合并缴纳企业所得税企业的纳税评估，由其汇总合并纳税企业申报所在地税务机关实施，对汇总合并纳税成员企业的纳税评估，由其监管的当地税务机关实施；对合并申报缴纳外商投资企业和外国企业所得税的企业分支机构的纳税评估，由总机构所在地的主管税务机关实施。

开展纳税评估工作原则上在纳税申报到期之后进行，评估的期限以纳税申报的税款所属当期为主，特殊情况可以延伸到往期或以往年度。

二、纳税评估的作用

（一）纳税评估是连接税款征收与税务稽查的有效载体

新的征管模式是通过信息化的手段，强化税务机关税源监控能力和水平，保证税款征收与税务稽查协调运行的税收征管工作机制。在新的征管模式下，纳税人通过多元化的申报方式实现纳税申报，通过信息管理系统完成数据采集与存储。但对于在纳税申报、税款征收、发票管理等各业务环节中出现的问题和情况，要靠纳税评估工作去办理，必要时要通过税务稽查的行政手段去解决。

纳税评估在税款征收与税务稽查之间建立了一条联系纽带，是税款征收与税务稽查的结合点，用以防止两者之间的脱节与断档，使税款征收与税务稽查有机地联系在一起，保证税收征管格局更趋合理，充分发挥新的征管模式的作用。

（二）纳税评估是提高税源监控能力和水平的一项具体措施

税源监控的能力体现税收征管能力，税源监控是税收管理的核心，也是防止税款流失的基本途径。依法征税是税务机关的主要职责，纳税申报是纳税人履行纳税义务的主要内容。而建立在纳税申报基础之上的纳税评估，就是对税源进行动态监控，发现异常纳税行为，并及时作出相应的处理。纳税评估可以使税收征管各个业务环节形成一个有机的整体。因此，纳税评估是税源监控的一项具体措施。

首先，纳税评估是一个纳税服务过程。税务机关通过信息化手段，设置能够了解和掌握纳税人财务核算和相关经营情况的纳税申报表，并结合审查账簿报表，可以及时发现并纠正纳税申报中的错误与偏差，帮助纳税人提高纳税申报质量；纳税评估通过约谈、举证等方式，可以有效解决纳税人因主观疏忽或对税法理解错误而产生的涉税问题，充分体现税务行政执法教育与惩戒相结合的原则。

其次，纳税评估是防止虚假纳税申报的有效手段。纳税评估的信息资料不仅包括税务机关内部采集的信息，而且还可以通过信息网络，获取其他经济管理部门的外部信息。通过掌握税基和纳税人的资金周转情况，了解资金的来龙去脉，可以对纳税申报进行监控。

最后，纳税评估可以通过信息反馈机制，解决征收管理中"疏于管理、淡化责任"的问题。纳税评估处于税款征收与税务稽查的中间环节，税款征收与税务稽查的结果，可通过纳税评估反馈到税务登记、发票管理、行政审批等各个征管环节，既可保证税收征管各个环节的协调统一，又可剖析问题，区分责任。

（三）纳税评估是税务稽查实施体系的基础，有助于税务稽查整体效能的发挥

纳税评估是对纳税人、扣缴义务人是否履行税法规定的义务，以及履行程度的一种评价。因此，纳税评估是税务稽查实施体系的基础环节，是构建依法、统一、协调的税务稽查体系的重要内容，其工作质量直接影响到税务稽查的实施效果。一方面，纳税评估通过评估分析，发现疑点，直接为税务稽查提供案源，不仅可使稽查选案环节避免随意与盲目，而且可以使税务稽查的实施做到目标明

确，重点突出，针对性强；另一方面，纳税评估有利于税务稽查内部的专业化分工，并对稽查实施产生制约，有利于发挥税务稽查中规范纳税行为、完善税收征管、形成法制威慑、增加财政收入的整体效能。

三、纳税评估主要工作内容

纳税评估主要工作内容包括：根据宏观税收分析和行业税负监控结果以及相关数据设立评估指标及其预警值；综合运用各类对比分析方法筛选评估对象；对所筛选出的异常情况进行深入分析并作出定性和定量的判断；对评估分析中发现的问题分别采取税务约谈、调查核实、处理处罚、提出管理建议、移交稽查部门查处等方法进行处理；维护更新税源管理数据，为税收宏观分析和行业税负监控提供基础信息等。

四、纳税评估对象

1. 纳税评估的对象为主管税务机关负责管理的所有纳税人及其应纳所有税种。

2. 纳税评估对象可采用计算机自动筛选、人工分析筛选和重点抽样筛选等方法。

3. 筛选纳税评估对象，要依据税收宏观分析、行业税负监控结果等数据，结合各项评估指标及其预警值和税收管理员掌握的纳税人实际情况，参照纳税人所属行业、经济类型、经营规模、信用等级等因素进行全面、综合的审核对比分析。

4. 综合审核对比分析中发现有问题或疑点的纳税人要作为重点评估分析对象；重点税源户、特殊行业的重点企业、税负异常变化、长时间零税负和负税负申报、纳税信用等级低下、日常管理和税务检查中发现较多问题的纳税人要列为纳税评估的重点分析对象。

五、纳税评估指标及方法

（一）纳税评估指标

纳税评估指标是税务机关筛选评估对象、进行重点分析时所选用的主要指标，分为通用分析指标和特定分析指标两大类，使用时可结合评估工作实际不断细化和完善。纳税评估分析时，要综合运用各类指标，并参照评估指标预警值进行配比分析。评估指标预警值是税务机关根据宏观税收分析、行业税负监控、纳税人生产经营和财务会计核算情况以及内外部相关信息，运用数学方法测算出的算术、加权平均值及其合理变动范围。测算预警值，应综合考虑地区、规模、类型、生产经营季节、税种等因素，考虑同行业、同规模、同类型纳税人各类相关指标的若干年度的平均水平，以使预警值更加真实、准确和具有可比性。纳税评估指标预警值由各地税务机关根据实际情况自行确定。

1. 纳税评估通用分析指标及其使用方法。

（1）通用指标及功能。

① 收入类评估分析指标及其计算公式和指标功能

$$主营业务收入变动率 = \left(本期主营业务收入 - 基期主营业务收入 \right) \div 基期主营业务收入 \times 100\%$$

如主营业务收入变动率超出预警值范围，可能存在少计收入问题和多列成本等问题，运用其他指标进一步分析。

② 成本类评估分析指标及其计算公式和功能。

$$单位产成品原材料耗用率 = 本期投入原材料 \div 本期产成品成本 \times 100\%$$

分析单位产品当期耗用原材料与当期产出的产成品成本比率，判断纳税人是否存在账外销售问题、是否错误使用存货计价方法、是否人为调整产成品成本或应纳所得额等问题。

$$主营业务成本变动率 = \left(本期主营业务成本 - 基期主营业务成本 \right) \div 基期主营业务成本 \times 100\%$$

其中：

$$主营业务成本率 = 主营业务成本 \div 主营业务收入$$

主营业务成本变动率超出预警值范围，可能存在销售未计收入、多列成本费用、扩大税前扣除范围等问题。

③ 费用类评估分析指标及其计算公式和指标功能。

$$主营业务费用变动率 = \left(本期主营业务费用 - 基期主营业务费用 \right) \div 基期主营业务费用 \times 100\%$$

其中：

$$主营业务费用率 = 主营业务费用 \div 主营业务收入 \times 100\%$$

与预警值相比，如相差较大，可能存在多列费用问题。

营业（管理、财务）费用变动率 = 〔本期营业（管理、财务）费用 - 基期营业

（管理、财务）费用]÷基期营业（管理、财务）费用×100%

如果营业（管理、财务）费用变动率与前期相差较大，可能存在税前多列支营业（管理、财务）费用问题。

$$成本费用率 = （本期营业费用 + 本期管理费用 + 本期财务费用）$$
$$÷本期主营业务成本×100\%$$

分析纳税人期间费用与销售成本之间关系，与预警值相比较，如相差较大，企业可能存在多列期间费用问题。

$$成本费用利润率 = 利润总额÷成本费用总额×100\%$$

其中：

$$成本费用总额 = 主营业务成本总额 + 费用总额$$

与预警值比较，如果企业本期成本费用利润率异常，可能存在多列成本、费用等问题。

税前列支费用评估分析指标：工资扣除限额、"三费"（职工福利费、工会经费、职工教育经费）扣除限额、交际应酬费列支额（业务招待费扣除限额）、公益救济性捐赠扣除限额、开办费摊销额、技术开发费加计扣除额、广告费扣除限额、业务宣传费扣除限额、财产损失扣除限额、呆（坏）账损失扣除限额、总机构管理费扣除限额、社会保险费扣除限额、无形资产摊销额、递延资产摊销额等。

如果申报扣除（摊销）额超过允许扣除（摊销）标准，可能存在未按规定进行纳税调整，擅自扩大扣除（摊销）基数等问题。

④ 利润类评估分析指标及其计算公式和指标功能。

$$主营业务利润变动率 = \left(本期主营业务利润 - 基期主营业务利润\right) ÷ 基期主营业务利润 × 100\%$$

$$其他业务利润变动率 = \left(本期其他业务利润 - 基期其他业务利润\right) ÷ 基期其他业务利润 × 100\%$$

上述指标若与预警值相比相差较大，可能存在多结转成本或不计、少计收入问题。

税前弥补亏损扣除限额。按税法规定审核分析允许弥补的亏损数额。如申报弥补亏损额大于税前弥补亏损扣除限额，可能存在未按规定申报税前弥补等问题。

营业外收支增减额。营业外收入增减额与基期相比减少较多，可能存在隐瞒营业外收入问题。营业外支出增减额与基期相比支出增加较多，可能存在将不符合规定支出列入营业外支出。

⑤ 资产类评估分析指标及其计算公式和指标功能。

$$净资产收益率 = 净利润 \div 平均净资产 \times 100\%$$

分析纳税人资产综合利用情况。如指标与预警值相差较大，可能存在隐瞒收入，或闲置未用资产计提折旧问题。

$$总资产周转率 = (利润总额 + 利息支出) \div 平均总资产 \times 100\%$$
$$存货周转率 = 主营业务成本 \div (期初存货成本 + 期末存货成本) \div 2 \times 100\%$$

分析总资产和存货周转情况，推测销售能力。如总资产周转率或存货周转率加快，而应纳税税额减少，可能存在隐瞒收入、虚增成本的问题。

$$应收（付）账款变动率 = [期末应收（付）账款 - 期初应收（付）账款]$$
$$\div 期初应收（付）账款 \times 100\%$$

分析纳税人应收（付）账款增减变动情况，判断其销售实现和可能发生坏账情况。如应收（付）账款增长率增高，而销售收入减少，可能存在隐瞒收入、虚增成本的问题。

$$固定资产综合折旧率 = 基期固定资产折旧总额 \div 基期固定资产原值总额 \times 100\%$$

固定资产综合折旧率高于基期标准值，可能存在税前多列支固定资产折旧额问题。要求企业提供各类固定资产的折旧计算情况，分析固定资产综合折旧率变化的原因。

$$资产负债率 = 负债总额 \div 资产总额 \times 100\%$$

其中：

$$负债总额 = 流动负债 + 长期负债，资产总额是扣除累计折旧后的净额$$

分析纳税人经营活力，判断其偿债能力。如果资产负债率与预警值相差较大，则企业偿债能力有问题，要考虑由此对税收收入产生的影响。

（2）指标的配比分析。

① 主营业务收入变动率与主营业务利润变动率配比分析。正常情况下，二者基本同步增长。当比值小于1，且相差较大，二者都为负时，可能存在企业多列成本费用、扩大税前扣除范围问题；当比值大于1且相差较大、二者都为正时，可能存在企业多列成本费用、扩大税前扣除范围等问题；当比值为负数，且前者为正后者为负时，可能存在企业多列成本费用、扩大税前扣除范围等问题。

对产生疑点的纳税人可从以下三方面进行分析：结合"主营业务利润率"指标进行分析，了解企业历年主营业务利润率的变动情况；对"主营业务利润率"指标也异常的企业，应通过年度申报表及附表分析企业收入构成情况，以判断是否存在少计收入问题；结合《资产负债表》中"应付账款"、"预收账款"和"其他应付款"等科目的期初、期末数进行分析，如出现"应付账款"和"其他应付账款"红字和"预收账款"期末大幅度增长等情况，应判断存在少计收入问题。

② 主营业务收入变动率与主营业务成本变动率配比分析。正常情况下二者基本同步增长，比值接近1。当比值小于1，且相差较大，二者都为负时，可能存在企业多列成本费用、扩大税前扣除范围等问题；当比值大于1且相差较大，二者都为正时，可能存在企业多列成本费用、扩大税前扣除范围等问题；当比值为负数，且前者为正后者为负时，可能存在企业多列成本费用、扩大税前扣除范围等问题。

对产生本疑点的纳税人可以从以下三个方面进行分析：结合"主营业务收入变动率"指标，对企业主营业务收入情况进行分析，通过分析企业年度申报表及附表"营业收入表"，了解企业收入的构成情况，判断是否存在少计收入的情况；结合"资产负债表"中"应付账款"、"预收账款"和"其他应付账款"等科目的期初、期末数额进行分析，如"应付账款"和"其他应付账款"出现红字和"预收账款"期末大幅度增长情况，应判断存在少计收入问题；结合主营业务成本率对年度申报表及附表进行分析，了解企业成本的结转情况，分析是否存在改变成本结转方法、少计存货（含产成品、在产品和材料）等问题。

③ 主营业务收入变动率与主营业务费用变动率配比分析。正常情况下，二者基本同步增长。当比值小于1且相差较大，二者都为负时，可能存在企业多列成本费用、扩大税前扣除范围等问题；当比值大于1且相差较大，二者都为正时，可能企业存在多列成本费用、扩大税前扣除范围等问题；当比值为负数，且前者为正后者为负时，可能存在企业多列成本费用、扩大税前扣除范围等问题。

对产生疑点的纳税人可从以下三个方面进行分析：结合"资产负债表"中"应付账款"、"预收账款"和"其他应付账款"等科目的期初、期末数进行分析。如"应付账款"和"其他应付账款"出现红字和"预收账款"期末大幅度增长等情况，应判断存在少计收入问题；结合主营业务成本，通过年度申报表及附表分析企业成本的结转情况，以判断是否存在改变成本结转方法、少计存货（含产成品、在产品和材料）等问题；结合"主营业务费用率"、"主营业务费用变动率"两项指标进行分析，与同行业的水平比较；通过"损益表"对营业费用、财务费用、管理费用的若干年度数据分析三项费用中增长较多的费用项目，对财务费用增长较多的，结合"资产负债表"中短期借款、长期借款的期初、期末数进行分析，以判断财务费用增长是否合理，是否存在基建贷款利息列入当期财务费用等问题。

④ 主营业务成本变动率与主营业务利润变动率配比分析。当两者比值大于1,都为正时,可能存在多列成本的问题;前者为正,后者为负时,视为异常,可能存在多列成本、扩大税前扣除范围等问题。

⑤ 资产利润率、总资产周转率、销售利润率配比分析。综合分析本期资产利润率与上年同期资产利润率,本期销售利润率与上年同期销售利润率,本期总资产周转率与上年同期总资产周转率。如本期总资产周转率减去上年同期总资产周转率大于0,本期销售利润率减去上年同期销售利润率小于等于0,而本期资产利润率减去上年同期资产利润率小于等于0时,说明本期的资产使用效率提高,但收益不足以抵补销售利润率下降造成的损失,可能存在隐匿销售收入、多列成本费用等问题。如本期总资产周转率减去上年同期总资产周转率小于等于0,本期销售利润率减去上年同期销售利润率大于0,而本期资产利润率减去上年同期资产利润率小于等于0时,说明资产使用效率降低,导致资产利润率降低,可能存在隐匿销售收入问题。

⑥ 存货变动率、资产利润率、总资产周转率配比分析。比较分析本期资产利润率与上年同期资产利润率,本期总资产周转率与上年同期总资产周转率。若本期存货增加不大,即存货变动率小于等于0,本期总资产周转率减去上年同期总资产周转率小于等于0,可能存在隐匿销售收入问题。

2. 纳税评估分税种特定分析指标及使用方法。

(1) 企业所得税评估分析指标及使用方法。

① 分析指标。

a. 所得税税收负担率(简称税负率)。

$$税负率 = 应纳所得税额 \div 利润总额 \times 100\%$$

与当地同行业同期和本企业基期所得税负担率相比,低于标准值可能存在不计或少计销售(营业)收入、多列成本费用、扩大税前扣除范围等问题,运用其他相关指标深入评估分析。

b. 主营业务利润税收负担率(简称利润税负率)。

$$利润税负率 = 本期应纳税额 \div 本期主营业务利润 \times 100\%$$

上述指标设定预警值并与预警值对照,与当地同行业同期和本企业基期所得税负担率相比,如果低于预定值,企业可能存在销售未计收入、多列成本费用、扩大税前扣除范围等问题,应作进一步分析。

c. 应纳税所得额变动率。

$$应纳税所得额变动率 = \left(评估期累计应纳税所得额 - 基期累计应纳税所得额 \right) \div 基期累计应纳税所得额 \times 100\%$$

关注企业处于税收优惠期前后，该指标如果发生较大变化，可能存在少计收入、多列成本，人为调节利润问题；也可能存在费用配比不合理等问题。

d. 所得税贡献率。

$$所得税贡献率 = 应纳所得税额 \div 主营业务收入 \times 100\%$$

将当地同行业同期与本企业基期所得税贡献率相比，低于标准值视为异常，可能存在不计或少计销售（营业）收入、多列成本费用、扩大税前扣除范围等问题，应运用所得税变动率等相关指标作进一步评估分析。

e. 所得税贡献变动率。

$$所得税贡献变动率 = \left(\frac{评估期所得}{税贡献率} - \frac{基期所得}{税贡献率} \right) \div \frac{基期所得}{税贡献率} \times 100\%$$

与企业基期指标和当地同行业同期指标相比，低于标准值可能存在不计或少计销售（营业）收入、多列成本费用、扩大税前扣除范围等问题。

运用其他相关指标深入详细评估，并结合上述指标评估结果，进一步分析企业销售（营业）收入、成本、费用的变化和异常情况及其原因。

f. 所得税负担变动率。

$$所得税负担变动率 = \left(\frac{评估期所得}{税负担率} - \frac{基期所得}{税负担率} \right) \div \frac{基期所得}{税负担率} \times 100\%$$

与企业基期和当地同行业同期指标相比，低于标准值可能存在不计或少计销售（营业）收入、多列成本费用、扩大税前扣除范围等问题。

运用其他相关指标深入详细评估，并结合上述指标评估结果，进一步分析企业销售（营业）收入、成本、费用的变化和异常情况及其原因。

② 评估分析指标的分类与综合运用。

a. 企业所得税纳税评估指标的分类。对企业所得税进行评估时，为便于操作，可将通用指标中涉及所得税评估的指标进行分类并综合运用。

一类指标：主营业务收入变动率、所得税税收负担率、所得税贡献率、主营业务利润税收负担率。

二类指标：主营业务成本变动率、主营业务费用变动率、营业（管理、财务）费用变动率、主营业务利润变动率、成本费用率、成本费用利润率、所得税负担变动率、所得税贡献变动率、应纳税所得额变动率及通用指标中的收入、成本、费用、利润配比指标。

三类指标：存货周转率、固定资产综合折旧率、营业外收支增减额、税前弥补亏损扣除限额及税前列支费用评估指标。

b. 企业所得税评估指标的综合运用。各类指标出现异常，应对可能影响异常的收入、成本、费用、利润及各类资产的相关指标进行审核分析：

第一，一类指标出现异常，要运用二类指标中相关指标进行审核分析，并结合原材料、燃料、动力等情况进一步分析异常情况及其原因。

第二，二类指标出现异常，要运用三类指标中影响的相关项目和指标进行深入审核分析，并结合原材料、燃料、动力等情况进一步分析异常情况及其原因。

第三，在运用上述三类指标的同时，对影响企业所得税的其他指标，也应进行审核分析。

（2）印花税评估分析指标及使用方法。

① 印花税税负变动系数。

印花税税负变动系数 = 本期印花税负担率 ÷ 上年同期印花税负担率

其中：

$$印花税负担率 = 应纳税额 ÷ 计税收入 \times 100\%$$

本指标用于分析可比口径下印花税额占计税收入的比例及其变化情况。本期印花税负担率与上年同期对比，正常情况下二者的比值应接近1。当比值小于1，可能存在未足额申报印花税问题，进入下一工作环节处理（下同）。

② 印花税同步增长系数。

印花税同步增长系数 = 应纳税额增长率 ÷ 主营业务收入增长率

其中：

$$应纳税额增长率 = （本期累计应纳税额 - 上年同期累计应纳税额）$$
$$÷ 上年同期累计应纳税额 \times 100\%$$

$$\begin{array}{l}主营业务 \\ 收入增长率\end{array} = \left（\begin{array}{l}本期累计主营 \\ 业务收入额\end{array} - \begin{array}{l}上年同期累计 \\ 主营业务收入额\end{array}\right） ÷ \begin{array}{l}上年同期累计 \\ 主营业务收入额\end{array} \times 100\%$$

本指标用于分析印花税应纳税额增长率与主营业务收入增长率，评估纳税人申报（贴花）纳税情况真实性。适用于工商、建筑安装等行业应纳税额增长率与主营业务收入增长率对比分析。正常情况下二者应基本同步增长，比值应接近1。当比值小于1，可能存在未足额申报印花税问题。分析中发现高于或低于预警值的，要借助其他指标深入分析并按照总局纳税评估管理办法规定处理。

③ 综合审核分析。

a. 审核纳税申报表中本期各税目应纳税额与上期应纳税额、上年同期应纳税额相比有无重大差异，能否合理解释。

b. 是否连续零申报，能否合理解释。

c. 适用税目税率等是否正确；是否有错用税目以适用低税率；有无将按比例税率和按定额税率计征的凭证相互混淆；有无将载有多项不同性质经济业务的经济合同误用税目税率，应税合同计税依据是否正确。

d. 申报单位所属行业所对应的应税凭证是否申报纳税（如工商企业的购销合同是否申报）。

e. 参考同行业的合同签订情况以及其他影响印花税纳税的情况进行调查，评估纳税人印花税的纳税状况。

f. 对于签订时无法确定金额的应税凭证，在最终结算实际金额时是否按规定补贴了印花。

g. 审核"营业税纳税申报表"中申报项目是否有租赁、建筑安装、货物运输、销售不动产、转让无形资产等应税收入，是否申报缴纳了印花税。

h. 实行印花税汇总缴纳的纳税人，其"利润表"中的"主营业务收入"与申报的"购销合同"计税金额或"加工承揽合同"的计税金额是否合理，有无异常现象，能否合理解释。

i. 根据"利润表"中"财务费用"以及"资产负债表"中的"短期借款"和"长期借款"项目的变动情况，确定申报"借款合同"的计税金额是否合理。

j. "资产负债表"中"实收资本"项目和"资本公积"项本期数与上期数相比是否增加，增加数是否申报缴纳印花税。

k. "管理费用"等科目中体现的保险支出与已申报情况进行对比是否有出入。

l. 审核"资产负债表"中的"固定资产"科目中"不动产"项目增加或减少情况，据此检查纳税人书立领受的"产权转移书据"是否缴纳了印花税。

m. 审核"资产负债表"中的"在建工程"科目是否有建筑、设备安装等项目，"委托加工物资"科目是否发生委托加工业务，是否申报缴纳了印花税。

n. 审核其他业务收入和营业外收入项目是否有应税收入。

o. 审核有无查补收入。

p. 其他需要审核、分析的内容。

（3）资源税评估分析指标及使用方法。

① 资源税税负变动系数。

分析纳税人申报缴纳的资源税占应税产品销售收入的比例及其变化情况，评估纳税人申报的真实性。

资源税税负变动系数＝本期资源税税收负担率÷上年同期资源税税收负担率

其中：

资源税税收负担率＝应纳税额÷主营业务收入（产品销售收入）×100%

本指标是本期资源税负担率与上年同期资源税负担率的对比分析。一般在产品售价相对稳定的情况下二者的比值应接近 1。

当比值小于 1，可能存在未足额申报资源税问题，进入下一工作环节处理。当比值大于 1，无问题。

② 资源税同步增长系数。

分析资源税应纳税额增长率与主营业务收入（产品销售收入）增长率，评估纳税人申报情况的真实性。

$$资源税同步增长系数 = 应纳税额增长率 \div 主营业务收入（产品销售收入）增长率$$

$$应纳税额增长率 = \left(\begin{array}{c} 本期累计 \\ 应纳税额 \end{array} - \begin{array}{c} 上年同期 \\ 累计应纳税额 \end{array} \right) \div \begin{array}{c} 上年同期 \\ 累计应纳税额 \end{array} \times 100\%$$

$$主营业务收入（产品销售收入）增长率 = \left[\begin{array}{c} 本期累计主营业务 \\ 收入（产品销售收入） \end{array} - \begin{array}{c} 上年同期累计主营业务 \\ 收入（产品销售收入） \end{array} \right]$$

$$\div \begin{array}{c} 上年同期累计主营业务 \\ 收入（产品销售收入） \end{array} \times 100\%$$

本指标是应纳税额增长率与主营业务收入（产品销售收入）增长率的对比分析。正常情况下二者应基本同步增长（在产品销售单价没有较大波动的情况下），比值应接近 1。当比值小于 1，可能存在未足额申报资源税问题。分析中发现高于或低于预警率指标的要借助其他指标深入分析并按照总局纳税评估管理办法规定处理。

③ 综合审核分析。

a. 审核"资源税纳税申报表"中项目、数字填写是否完整，适用税目、单位税额、应纳税额及各项数字计算是否准确。

b. 审核"资源税纳税申报表"、"代扣代缴代收代缴税款报告表"中申报项目是否有收购未税矿产品。

c. 是否连续零申报，能否合理解释。

d. 是否以矿产品的原矿作为课税数量，折算比率是否合理。

e. 纳税人自产自用的产品是否纳税。

f. 纳税人开采或者生产不同税目的产品，是否分别核算纳税，未分别核算的，是否有从低选择税率的问题。

g. 纳税人本期各税目、税额与上期应纳税额、上年同期应纳税额相比有无较大差异，能否合理解释。

h. 减税、免税项目的课税数量是否单独核算，未单独核算或者不能准确提供课税数量的，是否按规定申报缴纳了资源税。

i. 与上期申报表进行比对，审核增减变化情况，并与同期矿产资源补偿费增减变化进行比对。

j. 审核扣缴义务人取得的"资源税管理证明"。

k. 审核"利润表"中的应税矿产品"销售（营业）收入"与企业产品产销存明细表中应税矿产品产量比率增减变化情况，同时与申报表中资源税申报额进行比对，审核增减变化情况。

l. 审核纳税人申报的课税数量与其"利润表"中的"主营业务收入"或者"其他业务收入"的比率是否合理，以期发现纳税人有无少申报课税数量的情况。

m. 是否有将销售收入直接计入"营业外收入"、"盈余公积"等账户。

n. 是否有将已实现的销售收入挂"应付账款"账户，不结转销售收入。

o. 审核应税产品期初库存量加当期产量减当期销量减当期自用量是否与期末库存量一致。

p. 其他需要审核、分析的内容。

（二）纳税评估方法

1. 纳税评估工作根据国家税收法律、行政法规、部门规章和其他相关经济法规的规定，按照属地管理原则和管户责任开展；对同一纳税人申报缴纳的各个税种的纳税评估要相互结合、统一进行，避免多头重复评估。

2. 纳税评估的主要依据及数据来源包括：

（1）"一户式"存储的纳税人各类纳税信息资料，主要包括：纳税人税务登记的基本情况，各项核定、认定、减免缓抵退税审批事项的结果，纳税人申报纳税资料，财务会计报表以及税务机关要求纳税人提供的其他相关资料，增值税交叉稽核系统各类票证比对结果等。

（2）税收管理员通过日常管理所掌握的纳税人生产经营实际情况，主要包括：生产经营规模、产销量、工艺流程、成本、费用、能耗、物耗情况等各类与税收相关的数据信息。

（3）上级税务机关发布的宏观税收分析数据，行业税负的监控数据，各类评估指标的预警值。

（4）本地区的主要经济指标、产业和行业的相关指标数据，外部交换信息，以及与纳税人申报纳税相关的其他信息。

3. 纳税评估可根据所辖税源和纳税人的不同情况采取灵活多样的评估分析方法，主要有：

（1）对纳税人申报纳税资料进行案头的初步审核比对，以确定进一步评估分析的方向和重点。

（2）通过各项指标与相关数据的测算，设置相应的预警值，将纳税人的申报数据与预警值相比较。

（3）将纳税人申报数据与财务会计报表数据进行比较、与同行业相关数据或类似行业同期相关数据进行横向比较。

（4）将纳税人申报数据与历史同期相关数据进行纵向比较。

（5）根据不同税种之间的关联性和钩稽关系，参照相关预警值进行税种之间的关联性分析，分析纳税人应纳相关税种的异常变化。

（6）应用税收管理员日常管理中所掌握的情况和积累的经验，将纳税人申报情况与其生产经营实际情况相对照，分析其合理性，以确定纳税人申报纳税中存在的问题及其原因。

（7）通过对纳税人生产经营结构，主要产品能耗、物耗等生产经营要素的当期数据、历史平均数据、同行业平均数据以及其他相关经济指标进行比较，推测纳税人实际纳税能力。

4. 对纳税人申报纳税资料进行审核分析时，要包括以下重点内容：

（1）纳税人是否按照税法规定的程序、手续和时限履行申报纳税义务，各项纳税申报附送的各类抵扣、列支凭证是否合法、真实、完整。

（2）纳税申报主表、附表及项目、数字之间的逻辑关系是否正确，适用的税目、税率及各项数字计算是否准确，申报数据与税务机关所掌握的相关数据是否相符。

（3）收入、费用、利润及其他有关项目的调整是否符合税法规定，申请减免缓抵退税，亏损结转、获利年度的确定是否符合税法规定并正确履行相关手续。

（4）与上期和同期申报纳税情况有无较大差异。

（5）税务机关和税收管理员认为应进行审核分析的其他内容。

5. 对实行定期定额（定率）征收税款的纳税人以及未达起征点的个体工商户，可参照其生产经营情况，利用相关评估指标定期进行分析，以判断定额（定率）的合理性和是否已经达到起征点并恢复征税。

六、纳税评估结果处理

1. 提请纳税人自行改正。对纳税评估中发现的计算和填写错误、政策和程序理解偏差等一般性问题，或存在的疑点问题经约谈、举证、调查核实等程序认定事实清楚，不具有偷税等违法嫌疑，无须立案查处的，可提请纳税人自行改正。需要纳税人自行补充的纳税资料，以及需要纳税人自行补正申报、补缴税款、调整账目的，税务机关应督促纳税人按照税法规定逐项落实。

2. 约谈纳税人。对纳税评估中发现的需要提请纳税人进行陈述说明、补充提供举证资料等问题，应由主管税务机关约谈纳税人。

税务约谈要经所在税源管理部门批准并事先发出《税务约谈通知书》，提前通知纳税人；税务约谈的对象主要是企业财务会计人员。因评估工作需要，必须约谈企业其他相关人员的，应经税源管理部门批准并通过企业财务部门进行安排；纳税人因特殊困难不能按时接受税务约谈的，可向税务机关说明情况，经批准后延期进行；纳税人可以委托具有执业资格的税务代理人进行税务约谈。税务代理人代表纳税人进行税务约谈时，应向税务机关提交纳税人委托代理合法证明。

3. 进行实地调查核实。对评估分析和税务约谈中发现的必须到生产经营现场了解情况、审核账目凭证的，应经所在税源管理部门批准，由税收管理员进行实地调查核实。对调查核实的情况，要作认真记录。需要处理处罚的，要严格按照规定的权限和程序执行。

4. 移交有关部门处理。发现纳税人有偷税、逃避追缴欠税、骗取出口退税、抗税或其他需要立案查处的税收违法行为嫌疑的，要移交税务稽查部门处理。对税源管理部门移交稽查部门处理的案件，税务稽查部门要将处理结果定期向税源管理部门反馈。

发现外商投资企业和外国企业与其关联企业之间的业务往来不按照独立企业业务往来收取或支付价款、费用，需要调查、核实的，应移交上级税务机关国际税收管理部门（或有关部门）处理。

5. 作出纳税评估分析报告和纳税评估工作底稿。对纳税评估工作中发现的问题要作出评估分析报告，提出进一步加强征管工作的建议，并将评估工作内容、过程、证据、依据和结论等记入纳税评估工作底稿。纳税评估分析报告和纳税评估工作底稿是税务机关内部资料，不发给纳税人，不作为行政复议和诉讼依据。

纳税评估程序见图 5 - 4。

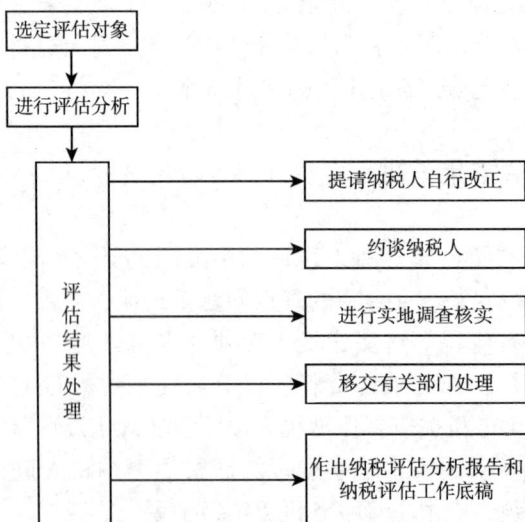

图 5 - 4 纳税评估程序

七、纳税信用等级评定

纳税信用主要指纳税人遵守和履行税收法律、行政法规等法定义务的情况。纳税信用等级评定适用于依照税收法律、行政法规的规定，应当办理税务登记的各类纳税人。税务机关依据税收法律、行政法规的规定负责纳税人纳税信用等级的评定工作。纳税信用等级的评定，坚持依法、公正、公平、公开的原则，按照统一的内容、标准、方法和程序进行。

（一）评定内容与标准

1. 评定内容。纳税信用等级的评定内容为纳税人遵守税收法律、行政法规以及接受税务机关依据税收法律、行政法规的规定进行管理的情况，具体指标为：

（1）税务登记情况

① 开业登记。

② 扣缴税款登记。

③ 税务变更登记。

④ 登记证件使用。

⑤ 年检和换证。

⑥ 银行账号报告。

⑦ 纳税认定情况。

（2）纳税申报情况

① 按期纳税申报率。

② 按期纳税申报准确率。

③ 代扣代缴按期申报率。

④ 代扣代缴按期申报准确率。

⑤ 报送财务会计报表和其他纳税资料。

（3）账簿、凭证管理情况

① 报送财务会计制度或者财务会计处理办法和会计核算软件。

② 按照规定设置、保管账簿、凭证，根据合法、有效凭证记账，进行核算。

③ 发票的保管、开具、使用、取得。

④ 税控装置及防伪税控系统的安装、保管、使用。

（4）税款缴纳情况

① 应纳税款按期入库率。

② 欠缴税款情况。

③ 代扣代缴税款按期入库率。

（5）违反税收法律、行政法规行为处理情况

① 涉税违法犯罪记录。

② 税务行政处罚记录。

③ 其他税收违法行为记录。

以上指标累计值为 100 分，具体分值为：税务登记情况 15 分；纳税申报情况 25 分；账簿凭证管理情况 15 分；税款缴纳情况 25 分；违反税收法律、行政法规行为处理情况 20 分。各地可根据实际情况对各项内容分值进行分解细化。

2. 评定标准。纳税信用等级评定按照上述评定内容分指标计分，设置 A、B、C、D 四级。

（1）考评分在 95 分以上的，为 A 级。纳税人具有以下情形之一的，不得评为 A 级：

① 具有涉嫌违反税收法律、行政法规行为，至评定日仍未结案或已结案但未按照税务机关处理决定改正的。

② 两年内（指税务机关确定纳税信用等级之日起向前推算两年）新发生欠缴税款情形的。

③ 不能依法报送财务会计制度、财务会计报表和其他纳税资料的。

④ 评定期前两年有税务行政处罚记录的。

⑤ 不能完整、准确核算应纳税款或者不能完整、准确代扣代缴税款的。

（2）考评分在 60 分以上 95 分以下的，为 B 级。至评定日为止有新发生欠缴税款 5 万元以上的（自评定日起向前推算两年内发生，至评定日尚未清缴的），不具备评定为 B 级纳税人的资格。对办理税务登记不满两年的纳税人，不进行纳税信用等级评定，视为 B 级管理。

（3）考评分在 20 分以上 60 分以下的，为 C 级。考评分超过 60 分，但有下列情形之一的纳税人，一律定为 C 级：

① 依法应当办理税务登记而未办理税务登记的。

② 评定期内同时具备按期纳税申报率在 90% 以下，纳税申报准确率在 70% 以下，应纳税款按期入库率在 80% 以下，代扣代缴申报准确率在 80% 以下，代扣代缴税款入库率 90% 以下的。

③ 两年内（指税务机关确定纳税信用等级之日起向前推算两年）有违反税收法律、行政法规的行为，且受到税务行政处罚的。

④ 纳入增值税防伪税控系统的纳税人，一年内两次不能按期抄报税的。

⑤ 应税收入、应税所得核算混乱，有关凭证、账簿、报表不完整、不真实的。

（4）考评分在 20 分以下的，为 D 级。纳税人有下列情形之一的，不进行计

分考评，一律定为 D 级：

① 具有涉税犯罪嫌疑，已依法移送公安机关，尚未结案的。

② 两年内（指税务机关确定纳税信用等级之日起向前推算两年）有偷税、逃避追缴欠税、骗取出口退税、抗税等涉税犯罪行为记录的。

③ 骗取税收优惠政策、骗取多缴税款退回的。

（二）激励与监控

主管税务机关根据纳税人的不同等级实施分类管理，以鼓励依法诚信纳税，提高纳税遵从度。

1. 对 A 级纳税人，主管税务机关依法给予以下鼓励：

（1）除专项、专案检查以及金税协查等检查外，两年内可以免除税务检查。

（2）对税务登记证验证、各项税收年检等采取即时办理办法：主管税务机关收到纳税人相关资料后，当场为其办理相关手续。

（3）放宽发票领购限量。

（4）各地可以根据当地情况采取激励办税的服务措施。

2. 对 B 级纳税人，主管税务机关除在税务登记、账簿和凭证管理、纳税申报、税款征收、税款退免、税务检查、行政处罚等方面进行常规税收征管外，重点是加强日常涉税政策辅导、宣传等纳税服务工作，帮助其改进财务会计管理，提高依法纳税水平，提升纳税信用等级。

3. 对 C 级纳税人，主管税务机关应加强管理，并可依法采取以下措施：

（1）严肃追究违法违规行为的有关责任并责令限期改正。

（2）列入年度检查计划重点检查对象。

（3）对验证、年检等报送资料进行严格审核，并可根据需要进行实地复核。

（4）发票的供应实行收（验）旧供新、严格限量供应等办法。

（5）各地根据情况依法采取其他严格的管理措施。

4. 对 D 级纳税人，除可采取上述 C 类纳税人的监管措施外，主管税务机关还应当将其列为重点监控对象，强化管理，并可依照税收法律、行政法规的规定收缴其发票或者停止向其发售发票。

（三）评定组织与程序

1. 省一级或者市（地）一级或者县（市）一级的国家税务局和地方税务局共同评定其所管辖的纳税人的纳税信用等级，两个年度评定一次。

2. 纳税人的主管国家税务局、地方税务局应当按照评定内容和标准，以日常纳税评估和税源监控为基础，对纳税人的纳税信用情况进行综合分析考评，必要时进行实地检查和验审，初步确定纳税人的纳税信用等级。

3. 主管国家税务局和地方税务局应当以联席会议的形式加强本项工作的协作，对各自初步确定的纳税人纳税信用等级按照从低原则共同核定。税收征管改革后，纳税人的主管国家税务局、地方税务局设置不一致的，由上一级国家税务局、地方税务局共同核定。

4. 主管国家税务局、地方税务局对纳税人的纳税信用等级评定不能达成一致意见的，报各自的上一级税务机关，由上一级国家税务局和地方税务局按照从低原则共同核定。

5. 国家税务局和地方税务局共同核定的纳税人的纳税信用等级为 A 级的，分别由主管国家税务局和地方税务局采取适当形式进行公示，征求纳税人及社会各界的意见。自公示之日起 15 日内没有重大异议的，即可确定为国家税务局、地方税务局共同评定的纳税信用等级。有异议的，国家税务局和地方税务局应研究后予以确定并告知有关各方。

6. 省一级或者市（地）一级或者县（市）一级国家税务局和地方税务局可以选择适当方式将 A 级纳税人的名单予以公告。有条件的地方，可以向社会提供纳税人的纳税信用等级查询。

7. 纳税人的纳税信用等级评定后，主管税务机关应当实施动态管理。A、B、C 级纳税人发生上述评定标准中 3、4 所列情形的，即降低为相应的纳税信用等级。

8. 纳税人对税务机关作出的纳税信用等级评定有异议的，可以依法申请行政复议。

9. 未按规定权限和程序评定完毕，各级税务机关不得擅自将纳税信用等级的评定情况和有关评定资料向社会公布或泄露给他人。

本章小结

税务检查是税收征管工作的重要环节，也是保证国家税收收入及时足额入库的重要手段。《税收征管法》和《税收征管法实施细则》既规定了税务机关的税务检查权，同时又有相关条款对其进行约束。税务机关的税务检查权主要有以下方面：查账权、场地检查权、责成提供资料权、询问权、交通和邮政检查权、存款账户查核权、税收保全措施或者强制执行措施权、调查权以及记录、录音、录相、照相和复制权。

税收法律责任是指违法主体因涉税违法行为而应依法承担的法律后果。税收法律责任的表现形式根据引起法律责任的违法行为的性质及其承担责任的方式，可分为行政责任和刑事责任。纳税主体、征税主体以及相关当事人违法均要承担法律责任。

　　税务行政处罚是指公民、法人或者其他组织有违反税收征收管理秩序的违法行为，尚未构成犯罪，依法应当承担行政责任的，由税务机关给予行政处罚。现行税务行政处罚种类主要有四种：罚款、没收非法所得、停止出口退税权以及收缴发票和暂停供应发票。税务行政处罚的实施主体主要是县以上的税务机关。税务行政处罚由当事人税收违法行为发生地的县（市、旗）以上税务机关管辖。税务机关实施行政处罚时，在程序上应当履行告知有关事项和听取意见两项义务，并根据不同案情分别依法适用简易程序、一般程序和听证程序。

　　纳税评估是强化税源管理，降低税收风险，减少税收流失，提高税收征管质量和效率的重要手段。纳税评估程序包括：选定评估对象、进行评估分析、评估结果处理。

　　纳税信用主要指纳税人遵守和履行税收法律、行政法规等法定义务的情况。纳税信用等级评定适用于依照税收法律、行政法规的规定，应当办理税务登记的各类纳税人。税务机关依据税收法律、行政法规的规定负责纳税人纳税信用等级的评定工作。纳税信用等级的评定，坚持依法、公正、公平、公开的原则，按照统一的内容、标准、方法和程序进行。

复习思考题

1. 什么是税务检查？税务检查具有哪些作用？
2. 简述税务检查的方法。
3. 试述税务稽查与日常税务检查的区别与联系。
4. 试述税务稽查程序。
5. 什么是抗税？其法律责任是什么？
6. 什么是逃避追缴欠税？其法律责任是什么？
7. 什么是骗税？其法律责任是什么？
8. 《税收征管法》对于相关征税主体的税收违法行为是如何规定法律责任的？
9. 《税收征管法》对于相关当事人的税收违法行为是如何规定法律责任的？
10. 什么是税务行政处罚？其种类包括哪些？
11. 试述税务行政处罚的简易程序和一般程序。
12. 简述纳税评估的主要工作内容。
13. 如何选定纳税评估对象？
14. 纳税评估分析方法主要有哪些？
15. 试述纳税评估的程序。

16. 纳税信用等级的评定内容包括哪些？

17. 某税务稽查局工作人员王某，在对 A 软件设计有限公司依法进行税务检查时，调阅了该公司的纳税资料，发现该公司的核心技术资料，正是其朋友李某所在的 B 电脑网络有限公司所急需的技术资料，于是就将 A 软件设计有限公司的技术资料复印了一套给李某，王某的这一做法给 A 软件设计有限公司造成了无可挽回的经济损失。A 软件设计有限公司发现此事后，认为税务干部王某的行为侵害了企业的合法权益，决定通过法律途径来维护企业的商业、技术保密权。

问：纳税人可以请求保密权吗？

18. 老张是某企业的职工，2012 年 6 月该企业在代扣代缴个人所得税时，遭到老张的拒绝，因此该企业没有扣缴老张的税款，并且未将老张拒扣税款的情况向税务机关报告。在 2012 年 8 月个人所得税专项检查中，税务机关发现了上述情况，于是税务机关决定向该企业追缴应扣未扣的税款 100 元，并处罚款 100 元。

问：税务机关的处理是否合法？为什么？

19. 某基层税务所 2012 年 7 月 15 日接到群众举报，辖区内大明服装厂（系个体工商户）开业 2 个月没有纳税。2012 年 7 月 16 日，税务所对大明服装厂依法进行了税务检查。经查，该服装厂 2012 年 5 月 8 日办理了营业执照，5 月 10 日正式投产，没有办理税务登记，共生产销售服装 420 套，销售额 90 690 元，没有申报纳税。根据检查情况，税务所于 7 月 18 日作出如下处理建议：（1）责令服装厂 7 月 25 日前办理税务登记，并处以 500 元罚款；（2）按规定补缴税款、加收滞纳金，并对未缴税款在《税收征管法》规定的处罚范围内，处以 6 000 元罚款。2012 年 7 月 19 日，送达《税务行政处罚事项告知书》，7 月 21 日，税务所按上述处理意见作出了《税务处理决定书》和《税务行政处罚决定书》，同时下发《限期缴纳税款通知书》，限该服装厂于 2012 年 7 月 28 日前缴纳税款和罚款，并于当天将两份文书送达给了服装厂。服装厂认为本厂刚开业两个月，产品为试销阶段，回款率低，资金十分紧张，请求税务所核减税款和罚款，被税务所拒绝。7 月 28 日，该服装厂缴纳了部分税款。7 月 29 日，税务所又下达了《催缴税款通知书》，催缴欠缴的税款、滞纳金和罚款。在两次催缴无效的情况下，经税务所所长会议研究决定，对服装厂采取强制执行措施。8 月 2 日，税务所扣押了服装厂 23 套服装，以变卖收入抵缴部分税款和罚款。服装厂在多次找税务所交涉没有结果的情况下，8 月 15 日，书面向税务所的上级机关某县税务局提出行政复议申请：要求撤销税务所对其作出的处理决定，并要求税务所赔偿因扣押服装给其造成的经济损失。

问：税务所在执法方面存在哪些问题？为什么？

推荐阅读资料

《中华人民共和国税收征管法》，2001 年 4 月 28 日，第九届全国人民代表大会常务委员会第二十一次会议通过。

《中华人民共和国税收征管法实施细则》，2002 年 9 月 7 日，国务院令第362 号。

国家税务总局关于贯彻《中华人民共和国税收征收管理法》及其实施细则若干具体问题的通知，2003 年 4 月 23 日，国税发〔2003〕47 号。

国家税务总局关于印发《纳税评估管理办法（试行)》的通知，2005 年 3 月11 日，国税发〔2005〕43 号。

《中华人民共和国刑法》，2009 年 2 月 28 日，第十一届全国人民代表大会常务委员会第七次会议通过修正。

国家税务总局关于印发《税务行政处罚听证程序实施办法（试行)》、《税务案件调查取证与处罚决定分开制度实施办法（试行)》的通知，1996 年 9 月 28日，国税发〔1996〕190 号。

网上资源

http：//www. sdpc: gov. cn（国家发展和改革委员会网）

http：//www. mof. gov. cn（财政部网）

http：//www. chinatax. gov. cn（国家税务总局网）

http：//www. chinesetax. gov. cn（中国税务网）

第六章 纳税服务

　　建立规范的纳税服务是提高现代税收征管质量的重要举措。本章主要介绍纳税服务内容、办税服务厅工作职责和 12366 纳税服务热线以及税务网站的相关规定。

第一节 纳税服务概述

　　纳税服务这个概念由来已久，最早产生于 20 世纪 50 年代的美国。其基本含义是征税主体通过各种途径，采取各种方式，为纳税人服务。具体服务项目包括提供教育信息，帮助依法纳税等。随着政府职能的转化，我国也开始在纳税服务方面进行了有益的尝试，新的税收征管模式中把优化服务和纳税申报共同列为税收征管的基础。为了规范和优化纳税服务，健全纳税服务体系，加强税收征管，保护纳税人合法权益，根据《税收征管法》的相关规定，国家税务总局专门制定了《纳税服务工作规范》，并自 2005 年 11 月起正式施行。这标志着纳税服务在现代税收征管中的地位有了极大的提升，实现了质的飞跃。2009 年国家税务总局印发的《全国税务系统 2010~2012 年纳税服务工作规划》和 2011 年下发的《"十二五"时期纳税服务工作发展规划》，明确了纳税服务工作的目标要求和重大举措，进一步规范了纳税服务工作。

一、纳税服务概念

　　纳税服务，是指税务机关依据税收法律、行政法规的规定，在税收征收、管理、检查和实施税收法律救济过程中，向纳税人提供的服务事项和措施。它是税务机关行政行为的组成部分，是促进纳税人依法诚信纳税和税务机关依法诚信征税的基础性工作。

　　根据规定，税务机关的征收管理部门或纳税服务专门工作机构负责纳税服务的组织、协调和管理，税务机关直接面向纳税人的部门或机构具体办理纳税服务的有关事宜。其中，税务机关直接面向纳税人的部门或机构，是指办税服务厅，纳税服务专门工作机构，负责税源管理、税务检查、税收法律救济等事项的部门和机构。

从这个概念的表述，我们可以得出纳税服务的内涵包含以下几个方面的内容：

第一，纳税服务应当是税务机关向纳税人提供的实实在在的可以描述的服务，这种服务对纳税人而言，具有相当的使用价值。那种热情服务以及微笑服务之类的服务并不包括在其中，因为这些服务对纳税人而言，并不具有任何的使用价值。

第二，税务机关向纳税人提供的纳税服务应当是无偿的。税务机关向纳税人提供的纳税服务只是国家公共管理服务的一部分。税务机关不向纳税人提供服务在行政上即是一种"不作为"行为。而对纳税人来说，享受纳税服务则是一种权利，是与履行纳税义务相对的权利。

第三，税务机关向纳税人提供纳税服务应当贯穿于税收征管的全过程，而不是局限于纳税人上门纳税的环节。具体地讲，纳税服务应当包括税前——为纳税人提供公告咨询、辅导服务，提高纳税人依法履行纳税义务的能力；税中——为纳税人创造条件，以使纳税人能够更方便快捷准确地履行纳税义务；税后——为纳税人监督投诉、争议仲裁、损害赔偿提供方便和快捷的渠道。

第四，税务机关应当向所有的纳税人提供纳税服务，其对应方式不是某一个税务人员对某一个财会人员的点与点的关系，而应当是面与面的关系，是税务机关对全社会纳税人实施服务。进一步讲，纳税服务不是某一个或者某几个税务人员的个人行为，而应当是税务机关的行政行为。税务人员个人的工作作风问题只是一种职业道德问题，并不属于纳税服务的范畴。

第五，纳税服务最终的目的是让纳税人得到实惠，当然这种实惠是多种多样的，可以表现为直接的经济利益，如纳税成本的减少，也可以表现为纳税人在纳税方面的某些便利，如交通的便利、纳税时间的缩短等，并不一定必须通过货币进行计量。

第六，纳税服务作为税务机关的行政行为之一，与税务机关的其他行政行为，特别是税收执法行为是密不可分的。因此，从这一点上讲，纳税服务应当与税收执法相协调、相统一，不仅能够体现和适应税收执法的需要，而且还能够为税收执法服务，能够促进税收征管，促进税收征管改革。当然，税收执法也应当可以对纳税服务工作产生促进作用。也就是说，加强纳税服务与加强税收执法是有机统一的。

二、纳税服务的必要性

（一）纳税服务是权利、义务关系的内在要求

权利和义务是对立统一的关系，没有无义务的权利，也没有无权利的义务。

税务机关与纳税人是税收法律关系中的征纳主体。纳税人享有依法申请减、免、退税的权利，对国家税收法律、法规和纳税程序的知情权，以及陈述、申辩、复议等各项权利。税务机关的义务体现在依法为纳税人办理减、免、退税，宣传税法，无偿提供纳税咨询服务，接受纳税人的陈述、申辩，进行行政复议等。因此，税务机关在法律设定的范围内为纳税人提供优质、高效的服务就成为必然。

（二）纳税服务是政府职能的内在要求

政府的职能既有服务属性，又有管理属性。政府的一个重要职责就是提供公共产品与服务，为社会生产和人民生活创造充分且必要的外部条件。从这个意义上说，提供良好的服务是政府职能的内在要求。市场经济的内涵要求政府服务于市场，服务于纳税人。政府的经济职能要与市场机制相协调，通过制定市场规则，引导和保护市场主体公平、有序竞争，起到弥补市场缺陷和市场失灵的作用，从而促进市场的健康发展，使市场在资源配置中起基础性作用，实现资源配置最优化。政府应以市场为基础，保护国内外市场主体的权益，为其提供稳定、便利、安全和信息充分的外部环境，全力打造服务型政府。

三、纳税服务的指导思想

真正意义上的服务体系的建立，需要税务机关主动突破传统观念的束缚，确立以纳税人为核心的服务宗旨，最大限度地提高纳税人的满意度，将税收工作由执法管理型向执法管理服务并重型转变，规范行政行为，维护纳税人合法权益，为纳税人提供优质高效的纳税服务，包括税收宣传、纳税辅导、公正执法、维权服务等深层次服务。

作为税务部门要以方便纳税人及时足额纳税和提高税法遵从度为目标，不断改进自身纳税服务工作。从宏观上讲，必须立足本职，以服务经济发展为第一要务，充分发挥税收职能作用，促进经济结构、产业结构和地区结构调整，支持配合企业改组改制和下岗职工再就业，从而保证社会的改革、发展和稳定。从微观上讲，必须将诚信服务理念融入税收征收、管理、稽查等工作的全过程，在依法治税的前提下，大力宣传并维护纳税人的合法权益，整顿和规范税收秩序，建立公平、公正、诚信的税收环境。

"十二五"时期纳税服务工作要以邓小平理论和"三个代表"重要思想为指导，深入贯彻落实科学发展观，围绕服务科学发展、共建和谐税收的工作主题，遵循征纳双方法律地位平等的服务理念，以法律法规为依据，以纳税人正当需求为导向，以信息化为依托，以提高税法遵从度为目的，丰富服务内容，创新服务手段，完善服务机制，提升服务质效，积极构建和谐的税收征纳关系和服务型税务机关，全面推进现代纳税服务体系建设。

四、"十二五"时期纳税服务的原则

纳税服务以聚财为国、执法为民为宗旨，根据国家税务总局的要求，"十二五"时期必须坚持依法、正当、公正透明等原则，促进纳税遵从，提高税收征管质量和效率，保护纳税人合法权益。

（一）坚持依法服务

征纳双方法律地位平等是基本的税收法律关系，也是构建和谐征纳关系的必然要求。在依法行政的前提下，认真履行纳税服务职责，切实尊重纳税人的平等主体地位，为纳税人依法诚信纳税创造有利条件。

（二）坚持满足正当需求

认真倾听纳税人呼声，准确把握纳税人的正当需求，更多地从纳税人角度考虑工作思路和工作措施，及时解决纳税人最关心的问题。

（三）坚持公正透明

按照权责对等原则公平对待所有纳税人，按照公开为常态和不公开为例外的原则发布政务信息，规范税收执法，优化纳税服务，为纳税人创造公正、公平、公开的和谐税收环境。

（四）坚持信息化支撑

充分运用现代信息技术，实现信息技术与纳税服务工作的有机结合，建设统一、高效、安全的服务平台，为纳税人提供专业化的网络服务。

（五）坚持经济效能

科学统筹规划，优化服务流程，降低税收成本，提高服务效益，为纳税人提供操作简便、程序简化、成本节省的纳税服务，不断提高纳税人税法遵从度。

五、"十二五"时期纳税服务工作的主要目标

到 2015 年年末，基本形成以理论科学化、制度系统化、平台品牌化、业务标准化、保障健全化、考评规范化为主要特征的始于纳税人需求、基于纳税人满意、终于纳税人遵从的现代纳税服务体系。

（一）纳税服务水平显著提高

现代纳税服务体系基本形成，税法更加透明，常态化的纳税人需求响应机制逐步形成，正当需求得到有效满足，办税负担明显减轻，合法权益得到充分保护，诚信意识普遍增强，纳税人税法遵从度不断提高。

（二）纳税服务平台规范统一

国家税务总局、省局两级 12366 纳税服务热线全面建成，热线接通率持续提升，咨询及时回复率力争达到 95% 以上；网上办税服务厅基本建成，纳税人足不出户可以办理主要涉税事宜。

（三）国税局、地税局合作有效推进

国税局、地税局实现联合办理税务登记、联合建设 12366 纳税服务热线、联合开展纳税信用等级评定、联合进行税法宣传、联合实施涉税中介监管，积极推进共建办税服务厅、共同办理涉税事项，积极提倡国税局、地税局在适合的行业实现联合评估和稽查、联合推进服务标准一体化建设。

（四）纳税服务体制机制有效形成

有效发挥纳税服务职能作用的组织体系基本形成，满足纳税人正当需求的制度建设日益完善，支撑纳税服务工作顺利开展的资源配置持续优化，促进纳税服务绩效提升的激励约束机制更加健全。

六、公开办税制度的内容

公开办税是税务机关依据国家法律、法规的规定，在税收征收、管理、检查和实施税收法律救济过程中，依照一定的程序和形式，向纳税人公开相关涉税事项和具体规定。推行公开办税的目标是，经过不懈努力，使办税公开成为税务机关依法行政、规范和优化纳税服务的一项基本制度，形成权力公开、环环相扣、相互联系、相互制约的办税链条。实现税收执法事项全部依法公开透明，征纳双方沟通渠道更加畅通，纳税人合法权益得到切实保障，税收成本明显降低，纳税遵从度和社会满意度进一步提高，促进税收收入持续、稳定地增长。推行公开办税，是构建社会主义和谐社会的客观需要，是坚持依法行政的重要体现，是优化纳税服务、提高税收征管质量和效率的必然途径。

税务机关要坚持公开办税制度，公开内容主要有：

1. 纳税人的权利和义务。

2. 税收法律、法规和政策。

3. 管理服务规范。

4. 税务检查程序。

5. 税务违法处罚标准。

6. 税务干部廉洁自律有关规定。

7. 受理纳税人投诉部门和监督举报电话。

8. 税务人员违反规定的责任追究。

9. 税务行政许可项目和非许可行政审批项目。

10. 税务行政收费标准。

11. 纳税信用等级评定的程序、标准。

12. 实行定期定额征收的纳税人税额核定情况等。

七、纳税服务的内容

根据规定，税务机关进行纳税服务的内容有：

1. 税务机关应当广泛、及时、准确地向纳税人宣传税收法律、法规和政策，普及纳税知识。根据纳税人的需求，运用税收信息化手段，提供咨询服务、提醒服务、上门服务等多种服务。

2. 税务机关应当按照规定及时对设立登记、纳税申报、涉税审批等事项进行提示，对逾期税务登记责令限期改正、申报纳税催报催缴等事项进行通知，对欠税公告、个体工商户核定税额等事项进行发布。

3. 税务机关应当建立健全办税辅导制度。税收管理员对于设立税务登记、取得涉税认定资格的纳税人，应当及时进行办税辅导。对于纳税信用等级较低的纳税人，给予重点办税辅导。

4. 税务机关应当根据纳税人的纳税信用等级，在税务登记、发票管理、纳税申报、税款征收、税务检查、涉税审批等方面，有针对性地提供服务，促进税收信用体系建设。在此过程中，应充分发挥税收管理员的积极性。税收管理员应当通过开展纳税信用等级评定管理工作，结合纳税评估，帮助纳税人加强财务核算，促进依法诚信纳税。

5. 税务机关应当在明确征纳双方法律责任和义务的前提下，对需要纳税服务援助的老年人员、残疾人员、下岗人员、遭受重大自然灾害的纳税人等社会弱势群体提供税收援助，到纳税人生产、经营场所进行办税辅导或为其办理有关涉税事项。有条件的税务机关，应当组织开展纳税服务志愿者活动，帮助社会弱势群体纳税人解决办税困难。

6. 税务机关、税务人员在接受纳税咨询时，应当准确、及时答复。对于能够即时准确解答的问题，给予当场答复；对于不能即时准确解答的问题，限时答复，并告知纳税人答复时限。具体各类答复时限，由省级税务机关规定。

7. 税务机关要依法设置和规范涉税审批制度，合理精简审批程序和手续，简化纳税人报送的涉税资料，加强涉税审批的事后检查和监督。

8. 税收管理员应当根据管户责任和管事要求，加强与所负责纳税人的联系与沟通。告知纳税人联系方式、岗位职责、服务事项和监督方法；向纳税人提供提醒告知、宣传咨询、援助服务、预约服务等服务方式；了解纳税人财务管理、会计核算和生产经营情况；征询和反映纳税人的意见、建议；帮助纳税人解决纳税困难。

9. 税务机关应当按照法律、法规规定的税务稽查执法的范围、职权、依据和程序行使税收执法权，严格依法执行稽查公开、告知制度。根据实际情况，依法确定稽查时限。在实施税务稽查过程中，对当事人提出的问题，应当进行耐心的解释和说明。

10. 税务机关在行使税收执法权时，应当依法告知纳税人具有申请税务行政复议、提起税务行政诉讼、请求税务行政赔偿和要求举行听证的权利，以及负责税务行政复议、赔偿和组织听证的税务机关。负责税务行政复议、赔偿和组织听证的税务机关，应当自纳税人提出申请或要求后，依法告知纳税人申请税务行政复议、赔偿以及举行听证的程序、时限和相关资料等事项。税务机关在税务行政复议、诉讼过程中，发现具体行政行为有明显错误的，应当及时变更或撤销。对于依法应当给予税务行政赔偿的纳税人，要按照法律、法规的规定，及时、足额地给予赔偿。

八、纳税服务的考核与监督

1. 税务机关应当建立健全纳税服务质量考核机制，坚持定量考核和定性考核、定期考核与日常考核相结合；同时应明确纳税服务岗位职责和考核评价标准，建立和完善纳税服务考核指标体系；另外，还应当加强纳税服务培训，提高纳税服务人员的政治和业务素质。

2. 税务机关要将纳税服务作为税收工作年度考核的重要内容，分级负责。上级税务机关应当对下级税务机关纳税服务工作进行考核和监督。对于纳税服务工作成绩显著的单位和个人，予以表彰。对于纳税服务工作较差的单位和个人，予以批评。对于未依法为纳税人提供纳税服务行为的，责令限期改正，并追究相关责任。

3. 税务机关应当建立健全纳税人及社会各界对纳税服务工作的评议评价制度，完善监督机制。有条件的地方，可以采取第三方（指独立于征纳双方之外的机构或有关专家、社会人士）评价或监督的方式。税务机关直接面向纳税人的部门或机构应当协作配合，建立对纳税人的定期回访制度。

第二节　办税服务厅

办税服务厅是税务机关为纳税人办理涉税事项，提供纳税服务的机构或场所。根据税收征管工作需要和便利纳税人的原则，应合理设置办税服务厅，并加强办税服务厅与其他部门和单位的业务衔接。

一、办税服务厅受理事项

办税服务厅受理或办理的主要工作事项：税务登记，纳税申报，税款征收，发票发售、缴销、代开，涉税审核（批）文书，税收咨询，办税辅导，税收资料发放。办税服务厅具体工作职责有：

1. 负责受理纳税户开业、变更、注销税务登记及验证、换证工作，负责税务登记证的打印、发放工作。

2. 负责受理纳税户停、复业的登记工作。

3. 负责受理纳税申报，办理税款、罚款、滞纳金、基金（费）的开票征收入库工作。

4. 负责门市零散税收的征收及发票代开工作。

5. 负责代征单位税票的领、销及税款的结算工作。

6. 负责纳税户《发票领购簿》的核发、冠名发票申请的受理及发票的购销工作。

7. 负责受理登记纳税人开立或变更基本存款账户或其他存款账户账号工作。

8. 负责办理有关税收证明的咨询、申请、审核、开具、报验登记及核销工作。

9. 负责受理延期纳税申报及延期缴纳税款的申请工作。

10. 负责受理纳税户资格认定、行政许可、减免审批、税前扣除、行政复议及听证申请工作。

11. 负责受理税收法律、法规、政策的咨询及服务厅内的税法宣传工作。

12. 负责受理非正常户的解除及服务厅内的欠税公告公示工作。

13. 负责税收票证账表的建立、编制及票证的领、发、缴销的工作。

14. 负责税收（基金、费）会计、统计核算及报表编制、相关数据上报工作。

15. 负责与银行的数据对账，手续费的提退，多征税款的退、抵工作。

16. 负责征管资料的收集及传递工作。

17. 负责有关涉税资料的计算机录入工作。

18. 负责代管理单位执行不需立案或不需调查取证的简易税务行政处罚。

19. 负责办税服务厅内的计算机设备、应用软件、网络系统的安全使用和维护工作。

20. 设区市局办税服务厅负责对下一级办税服务厅的业务指导。

二、办税服务厅窗口功能

办税服务厅应当合理确定申报纳税、发票管理、综合服务窗口的数量，明确岗位职责和工作流程。办税服务厅在纳税申报期内，应当采取有效措施，引导纳税人分时段申报纳税。并根据办税业务量，合理调整申报纳税窗口及岗位，节省纳税人办税时间。对于纳税事项繁忙的办税大厅，应设置申报纳税、发票管理、综合服务三类窗口。税源和纳税人较少的办税服务厅，可以结合实际设置申报纳税、综合服务两类窗口或一类综合窗口。

（一）申报纳税窗口受理事项

申报纳税窗口受理事项或办理的主要工作事项：

1. 各税种的申报和审核事项。

2. 征收税款、滞纳金和罚款。

3. 减、免、退税申请；延期申报、延期缴纳税款申请。

4. 采集、审核和处理有关涉税数据。

（二）发票管理窗口受理事项

发票管理窗口受理或办理的主要工作事项：

1. 受理发票领购资格申请和变更。

2. 受理印制企业冠名发票、计算机开票、使用税控机的申请。

3. 办理发票发售。

4. 《发票领购簿》管理和涉税 IC 卡管理。

5. 发票的核销、验旧、遗失处理。

6. 受理纳税人刻制发票专用章申请，发放刻制纳税人发票专用章证明。

7. 其他业务。

（三）综合服务窗口受理事项

综合服务窗口受理事项或办理的主要工作事项：

1. 受理纳税人开业、变更、注销、停复业登记及验证、换证等业务。

2. 受理纳税人上门申报外的其他申报方式的申请、税种登记的申请。

3. 受理纳税人的开立或变更基本存款账户或者其他存款账户账号的报告。

4. 受理延期申报纳税和延期缴纳税款的申请。

5. 办理有关税收证明的申请、审核、开具、报验登记、核销等日常管理工作。

6. 受理纳税人有关资格认定、行政许可、减免审批、税前扣除等。

7. 受理纳税人行政复议、听证申请文书，发放有关部门制作的受理或不予受理文书。

8. 办理税收法律、法规、政策的咨询和办税服务厅内的税法宣传。

9. 受理非正常户解除申请，根据管理单位提供的数据在办税服务厅内进行欠税公告公示工作。

10. 各类涉税资料的收集与传递工作。

11. 其他业务。

三、办税服务厅"一站式"服务

"一站式"服务是指集中受理或办理纳税人需要到税务机关办理的各种涉税事项。办税服务厅需要建立"一站式"服务、全程服务、预约服务、提醒服务和首问责任等制度。其中，全程服务是指受理纳税人办税事宜后，通过内部运行机制，为纳税人提供包括受理、承办、回复等环节的服务；预约服务是指根据纳税人需求，在征纳双方约定时间内，为纳税人办理涉税事项的服务；提醒服务是指在纳税人发生纳税义务或履行税收法律责任之前，提醒纳税人及时办理涉税事项的服务；首问责任是指第一个受理纳税人办税事宜的税务人员负责为纳税人答疑或指引，不得以任何借口推诿。

办税服务厅税务人员应当着装上岗、挂牌服务、语言文明、举止庄重、提倡讲普通话；准确掌握税收业务和计算机操作技能；出具税务文书要程序合法、数据准确、内容完整、格式规范、字迹清晰。

办税服务厅应当设置办税指南、公告栏、表证单书填写样本、举报箱等，提供纸张、笔墨及其他办公用品。有条件的办税服务厅，可以设置电子触摸屏、显示屏、纳税人自助服务区域、排队叫号系统、复印机、IC卡电话、饮水机等。

对于依法可以在办税服务厅内即时办结的涉税事项，税务人员经审核，在符合规定的情况下即时办理。对于不能在办税服务厅内即时办结的涉税事项，限时办结，并告知纳税人办理时限。即办事项、限办事项及办理时限，由省级税务机关确定，并报国家税务总局备案。

税务机关应当从实际出发，提供上门申报、邮寄申报、电话申报、网上申报、银行网点申报等多元化申报纳税方式，由纳税人自愿选择。有条件的地方，应当积极推行纳税人自行选择办税服务厅的方式，办理涉税事项。

四、建设标准化办税服务厅

积极推进办税服务厅标准化建设，在内外识别、功能设置、基本设施、岗位职责、业务流程、管理制度、工作考核等方面实现全国统一。加强办税服务厅运行管理，科学配置办税服务厅资源，依据办税服务工作量合理调整窗口职能和数量；稳步推进国税局与地税局共享实体办税服务厅、共建网上办税服务厅、共驻政务大厅、互相委托代征等多种形式的联合办税；积极推行全职能窗口，加快推进预制推送服务和自助办税，逐步扩大同城（域）通办业务范围；逐步把办税服务厅从侧重办税服务转型为集办税服务、税法宣传、咨询辅导、基础管理、权益保护以及征纳沟通等多种服务于一体的实体化综合服务管理场所。

第三节　纳税服务平台

根据税务总局关于印发《"十二五"时期纳税服务工作发展规划》的通知，税务部门应采取各种手段提高纳税服务质量和效率，因此，应积极完善各类纳税服务平台。

一、12366 纳税服务热线

12366 纳税服务热线，是税务机关与纳税人沟通的桥梁和纽带，它可以对外改善服务，对内提高效率。"12366"这个特服号码，象征着一年 12 个月 366 天，全程为纳税人服务。根据规定，国家税务局和地方税务局应当统一设置 12366 纳税服务热线，共享号码资源，不得变相更改。12366 纳税服务热线以自动语音和人工坐席为主要方式，涵盖办税服务、法规咨询、申报纳税、税法公告、检举申诉征询纳税人意见等服务内容的全天候、多功能的语音服务中心。目前"12366"的主要服务功能有：纳税咨询服务、办税指南服务、涉税举报服务、投诉监督服务。此外，在提供共性服务的基础上，许多地方税务机关还为纳税人提供鉴别发票真伪、催报催缴、主动提醒和通知（即向纳税人发送手机短消息、语音录音信息或传真），以及将"12366"与税务网站互动等服务。12366 纳税服务热线以市内通话费为通信资费标准，税务机关不得向拨打 12366 纳税服务热线的纳税人直接或变相收取任何费用。

根据国家税务总局"十二五"规划，按照全国统一、两级集中、远程坐席模式，积极推进国家级 12366 纳税服务热线的建设，丰富完善其服务功能，形成总局统筹协调、省局集中受理为主、税收知识库有效支撑的热线咨询工作格局。整合 12366 纳税服务热线、网站、短信、面对面咨询服务需求，建立咨询服务需求收集、分析、响应机制。

目前 12366 纳税服务热线功能主要有：

（一）自动服务

自动服务提供自助税务公告、通知、法规政策、税种、税目、税率和办税指南等查询，语音、传真、信箱收集纳税人的投诉、建议等。自动服务还可以提供自动呼出服务，可定义调查问卷进行民意调查或催报、催缴，税务公告，定向通知等。

（二）电话报缴税

电话报缴税自动受理来自电话的纳税申报，系统能自动扣缴税款，极大限度的提高申报效率。它和网上报缴税一起构成了多元化电子申报缴税系统。

（三）人工服务

人工坐席负责处理来自语音、传真信箱的服务请求，纳税人在进行自助查询的过程中可随时转人工咨询，为纳税人办税提供更多的方便。

（四）发票咨询

发票管理功能提供自动发票查询、登记和发票挂失、取消挂失等服务，方便纳税人随时进行查询，可以大大减轻办税大厅的工作量。

建设专业化纳税服务热线。加快省级集中的 12366 纳税服务热线建设，推进省国税局、地税局共建。

二、税务网站

过去的税务网站，大多只是宣传税务机关形象方面的内容，随着税收征管信息化的不断发展，现在建设税务网站必须做好纳税服务工作。省级税务机关应当规范和完善税务网站的纳税咨询、办税指南、网上办税、涉税公告和公示、投诉举报等服务功能，加强与纳税人互动，及时更新服务内容，准确发布涉税信息。上级税务机关与下级税务机关的网站应当相互链接。

税务机关应当设置专门税务人员负责 12366 纳税服务热线和税务网站的纳税服务工作，明确职责，规范流程。加强对 12366 纳税服务热线和税务网站纳税服务数据的统计、分析、维护和管理，提高涉税事项答复准确率。各级税务机关应当共享 12366 纳税服务系统、税务网站、税收管理信息系统的数据资源，建立和完善 12366 纳税服务热线与税务网站共同应用的税收法规库和纳税咨询问题库。

根据国家税务总局的要求，一方面，税务网站不仅要有各种涉税资料，而且应该实现网上"自助报税"。网站可以设置 QQ 聊天室，纳税人可以和税务干部在网上交流。通过 Email，纳税人可以进行具体涉税问题的咨询和解答。另一方面，税务机关可以通过网站发布通知，在网上审批文书等。税务网站实际就是网上税务局，可以方便纳税人利用微机进行政策咨询、下载办税表格、申报纳税、网上举报投诉，为纳税人提供优质服务。

因此，在"十二五"期间，需要制定全国统一的税务网站建设标准，以税务总局网站为龙头，以省税务局网站为主体，建设基本功能健全、视觉风格统一的税务网站群。以省税务局网站为依托搭建网上办税服务厅，实现宣传咨询、办税服务、权益保护、信用管理等基本服务功能，增强疑难问题在线咨询、意见建议在线收集、投诉举报在线受理等征纳互动功能，拓展网络发票开具、国税局和地税局业务一网通办等功能。

三、加强税法宣传，提高税法透明度

规范宣传内容，优化宣传渠道，注重分类宣传，帮助纳税人更好地了解自身的税收权利和义务。

（一）规范税法宣传内容

依托 12366 纳税服务热线税收业务知识库，实现税法宣传内容的准确权威、更新及时、口径统一、指向明确。根据纳税人对宣传内容的需求，突出政策解读、热点难点、办税流程、典型案例、纳税人权益等宣传。对重要税收政策及管理措施实行规范性文件与宣传解读同步起草、同步报审、同步发布。

（二）优化税法宣传渠道

发挥互联网易于检索、信息量大的优势，加强互联网宣传；发挥手机信息易于传播、受众明确的优势，加强移动通讯宣传；发挥面对面宣传易于沟通、生动直观的特点,加强培训辅导宣传;发挥税收宣传月影响面大、关注度高的优势,加强集中式宣传;发挥多渠道组合传播效用,加强立体式宣传。

(三) 注重分类税法宣传

针对不同行业、不同规模、不同经济类型的纳税人,针对企业管理层、财务主管、办税人员等不同群体,分别开展税法宣传。针对大、中、小学学生的不同接受能力,指导编写国民教育纳税宣传辅导教材,采取灵活多样的方式普及税法知识。针对特定纳税人的个性需求,开展税法宣传推送和订制服务。

四、规范纳税咨询,推进专业化咨询服务

通过多种咨询渠道,为纳税人提供准确高效的咨询解答,帮助纳税人更准确地理解税收权利和义务。

(一) 提供多种选择

通过电话、网站、信函等方式,为纳税人提供远程咨询选择。通过设置咨询辅导场所,为纳税人提供预约咨询和集中解答。整合咨询服务资源,推进 12366 纳税服务热线专业化咨询服务,积极引导纳税人选择 12366 纳税服务热线咨询。

(二) 完善咨询知识库

按照内容完整、分类科学、权威实用的原则,完善全国统一的 12366 纳税服务热线税收业务知识库。按照谁发文、谁解读、谁负责的原则,由纳税服务部门牵头、其他部门配合,建立知识库分级维护机制。

(三) 规范咨询运作

完善全国统一的咨询管理办法,建立纳税咨询受理、转办、答复、公开和维护机制。按照定期收集、准确分析、及时反馈的原则,主动推送咨询信息以改进管理措施。推行纳税咨询限时回复公开承诺,逐步缩短回复时限。依托 12366 纳税服务热线税收业务知识库和税收业务专家坐席,为纳税人提供统一和权威的解答。

五、优化办税服务,提高纳税服务效率

拓展多元办税,优化办税流程,精简涉税资料,丰富服务内容,帮助纳税人更便捷高效地行使权利和履行义务。

（一）拓展多元办税

健全网上办税、上门办税、电话办税、短信办税、邮寄办税等多种办税方式。在保障网络信息安全基础上，不断完善网上办税功能，加快推进网上办税，使纳税人可以足不出户办理主要涉税事宜。制定全国统一的网上纳税申报标准，适时推广标准化的纳税申报软件。全面实现财税库银横向联网电子缴税，积极推进场所出具、邮寄投递、网上开具等多种方式的缴税凭证开具工作。

（二）优化办税业务流程

进一步清理办税业务流程中存在的重复环节，下放审批权限，前移审批事项，逐步从事前审批转为备案并事后核查，合并办理不同税收业务流程中的调查、检查等事项，推进全国范围内的办税流程统一。完善办税业务流程内控机制，健全新增办税流程联合发文制度，建立办税业务流程外部监控评议机制，形成有效监督和控管。推行办税成本测算标准模型（SCM），及时评估办税流程的合理性，为持续优化办税流程提供依据。

（三）精简涉税资料

对纳税人办理涉税事项重复报送的各类资料全面清理并取消，统一涉税表证单书种类和式样。完善纳税人一户式税收档案资料电子化管理，建立纳税人基本信息库，加强与政府部门和社会组织的涉税信息共享。探索研究实行综合纳税申报表。积极推进无纸化办税，在电子资料具备法律效力的前提下取消纸质资料报送。

（四）丰富服务内容

全面落实全程服务、预约服务、提醒服务、延时服务、首问责任制等办税服务制度。根据纳税人的规模、特点及不同需求，完善对重点行业、重点税源和弱势群体、特殊群体等纳税人的办税服务措施，积极开展个性化办税服务。

六、强化权益保护，构建和谐征纳关系

通过健全征纳沟通机制、强化风险防范机制、建立争议化解机制、完善国际磋商协调机制，切实保障纳税人税前、税中、税后权益，营造公平、公正、和谐的税收环境。

（一）健全征纳沟通机制

在税收法律、税收行政法规、税收规章和税收规范性文件的制定中注意维护纳税人权益，逐步实现税制改革和重大税收政策调整措施出台前的专家论证、公开听证等制度，注重做好税法执行中的意见反馈评估工作，提高公众参与度和税法透明度。持续推进纳税人满意度调查工作，推动由行业协会等社会力量牵头、税务机关提供支持的纳税人权益保护组织建设，积极响应纳税人集中提出的正当需求。强化需求分析工作，提高需求分析的专业化程度，对税收工作中存在的突出问题，有针对性地提出改进措施。

（二）强化税收风险防范机制

通过政务公开和办税公开等形式，及时公布和更新涉及纳税人权益的环节与事项，健全纳税人对税收政策异议的处理机制。强化对涉税审批事项办理情况的服务质效监控，主动防范税务机关对纳税人可能造成的风险，推行纳税风险提示，切实帮助纳税人降低税收风险，引导社会对税法的普遍遵从。

（三）建立税收争议化解机制

建立健全对纳税人投诉和举报的处理机制，快速有效地处理投诉和举报问题；完善税务行政复议制度，积极运用和解、调解手段化解税收争议；积极应诉法院受理的税务行政案件，认真履行法院依法做出的行政判决和裁定；严格执行国家赔偿法律制度，保证纳税人受到的损失依法获得赔偿。

（四）完善国际磋商协调机制

按照我国对外签署的避免双重征税协定（安排）有关规定，进一步落实和完善国际税务磋商协调机制，提高通过双边磋商解决跨国税收争议的效率，切实维护和保障我国政府和纳税人的国际税收权益。积极稳妥地开展预约定价谈签工作，促进跨国投资发展。

七、完善信用管理，引导纳税遵从

通过加强纳税信用评定管理，强化纳税信用评定结果应用，提高纳税服务和税收管理的综合效能。

（一）加强纳税信用评定管理

完善纳税信用分类指标体系，优化评定等级标准，细化评定等级类别，建立信用信息库，依托信息技术实现纳税信用的自动生成、客观评价和动态管理。

（二）强化信用结果应用

区分不同信用风险级别，合理调配资源，实施分类服务和管理，健全信用激励措施，促进纳税人税法遵从度的提高。探索建立纳税信用评价规则、信用记录公开查询和社会共享制度。健全失信行为联合惩戒机制，促进全社会信用水平的提高。

八、开展社会协作，拓展纳税服务资源

规范涉税中介服务，加强与社会组织协作，发挥注册税务师行业和社会组织的服务优势与杠杆作用。

（一）发挥涉税中介作用

坚持鼓励、引导、培育和规范、管理、监督相结合，优化涉税中介机构执业环境，健全涉税中介行业制度，大力发展涉税中介专业服务。加强对注册税务师行业的指导和监督，提高注册税务师行业服务能力；加强注册税务师行业评估监管，严禁指定或强制税务代理；加强注册税务师行业自律，推进执业质量评估监控和行业诚信体系建设；鼓励注册税务师行业联合兼并，促进其不断发展壮大，发挥以注册税务师行业为主的涉税中介在纳税服务工作中的积极作用。

（二）加强社会组织协作

加强与财政、公安、工商、银行以及社区组织、行业协会等部门和组织的合作，为纳税人提供更加便利的服务。支持纳税服务志愿者开展志愿服务，提供志愿者税收知识辅导培训，为志愿者和需求者之间的信息交流创造条件。与咨询、科研等机构合作，联合开展满意度测评、需求调查和纳税服务课题研究等工作。

九、推进保障体系建设，增强服务执行能力

依托强有力的组织领导、科学化的组织机构和专业化的人才队伍，为纳税服务工作全面开展提供有力保障。

（一）加强组织领导

各级税务机关领导班子和领导干部要增强政治意识和责任意识，全面分析和

准确把握纳税服务工作面临的形势，确定纳税服务发展的基本思路和工作重点。健全党组统一领导、纳税服务部门组织协调、其他部门各负其责的纳税服务领导体制和运行机制，协调解决纳税服务全局性问题，统筹部署纳税服务重大工作，督促检查服务措施执行情况。

（二）完善机构设置

按照加快职能转变的要求，完善纳税服务机构设置，优化职能配置。按照机构岗位设置和人力资源配置与纳税服务工作要求相适应的原则，确立税务机关内部各部门、各岗位纳税服务工作职责和工作要求。探索建立专门的纳税人权益保护体系。

（三）加强队伍建设

加强纳税服务教育培训，以专业化培训为主线，以提高能力素质为着力点，根据各类干部的不同特点、岗位需求实行分级分类培训，突出抓好办税服务厅人员、12366咨询人员培训。系统编写纳税服务业务教材，加强纳税服务专业化人才培养，按照提高能力素质、激发活力动力原则，以建立健全总局、省局两级纳税服务专业人才库为依托，完善人才引进、培养、使用、激励机制，加大对优秀人才的奖励和激励力度，培养造就一支高素质纳税服务人才队伍，为纳税服务工作的可持续发展提供人力资源储备。

（四）加强经费保障

各级税务机关应当将纳税服务工作所需的经费列入年度部门预算，确保纳税服务所需资金及时到位。根据经济、社会发展和纳税人需求变化，适时优化投放结构，在优先保障为大多数纳税人提供普遍服务的基础上，重点保障满足纳税人迫切需求的分类服务和个性化服务，持续保障网上办税服务厅等基础工程建设，大力支持纳税服务工作创新，切实提高纳税服务资金使用效益。

十、加强考评体系建设，促进服务效能提高

通过完善优化绩效考评指标体系，全面推进绩效考评，持续改进纳税服务，为税务机关全面提高纳税服务工作效能提供监督保障。

（一）完善指标体系

按照科学合理、普遍适用的原则，完善税务机关服务绩效考核指标，建立健全纳税人税法遵从度和满意度调查评估机制，逐步完善纳税服务定性指标与定量

指标相结合的纳税服务绩效评估体系，不断提高纳税服务工作在税务机关业务考核中的比重。

（二）开展绩效考评

按照内外结合、客观公正的原则，开展税务机关服务绩效考核，客观评价内部纳税服务绩效；开展纳税人满意度调查，全面掌握外部满意度评价；开展纳税人税法遵从度测算，准确评估纳税人税法遵从状况。

（三）坚持持续改进

按照协调发展、持续改进的原则，建立纳税服务绩效评比通报制度，加强对绩效考评结果的沟通反馈和综合分析，引导和督促各部门、各环节对制约纳税服务质效的制度和流程进行优化和改善，建立绩效考评持续改进机制，实现绩效考评的制度化、常态化。

本章小结

纳税服务是税务机关行政行为的组成部分，是促进纳税人依法诚信纳税和税务机关依法诚信征税的基础性工作。通过建设标准化办税服务厅，多渠道建设各类纳税服务平台，包括完善纳税服务热线和税务网站、优化税法宣传渠道、规范纳税咨询、拓展多元办税、推进保障体系建设、完善信用管理、开展社会协作、加强考评体系建设等，丰富服务内容，创新服务手段，完善服务机制，提升服务质效，构建和谐的税收征纳关系和服务型税务机关，全面推进现代纳税服务体系建设。

复习思考题

1. 什么是纳税服务？为什么要进行纳税服务？
2. 纳税服务的内容有哪些？
3. 纳税服务的指导思想和原则是什么？
4. 试述纳税服务的考核与监督。
5. 办税服务厅可以设置哪些窗口？其受理或办理工作事项有哪些？
6. 纳税服务的平台建设有哪些？

推荐阅读资料

《纳税服务工作规范（试行）》，2005 年 10 月 20 日，国税发〔2005〕165 号。

《关于加强纳税服务工作的通知》，2003 年 4 月 9 日，国税发〔2003〕38 号。

《关于进一步推行办税公开工作的意见》，2006 年 12 月 5 日，国税发〔2006〕172 号。

《全国税务系统 2010～2012 年纳税服务工作规划》，2009 年 9 月 10 日，国税发〔2009〕131 号。

《"十二五"时期纳税服务工作发展规划》，2011 年 8 月 1 日，国税发〔2011〕78 号。

网上资源

http：//www. chinatax. gov. cn （国家税务总局网）

http：//www. chinesetax. gov. cn （中国税务网）

第七章 纳税人权益保护

纳税人权利是指纳税人在履行纳税义务的过程中，依照税收相关的法律法规的规定，可以作出或不作出的一定行为，以实现自身的合法权益。本章主要介绍纳税人权利的概念、内容、分类以及税务行政复议、税务行政诉讼、税务行政赔偿的相关内容。

第一节 纳税人权利

一、纳税人权利的概念

纳税人是税收法律关系的主体，是国家财政的主要承担者。税收法治的进展是否良好，国家财政收支的运行是否稳健，与纳税人的权利是否获得有效的保护、义务是否得到切实的履行有着密不可分的联系。纳税人有广义和狭义之分。广义纳税人是经济学意义上的纳税人，泛指与政府相对应的私人部门或是一般公民。狭义纳税人是法律意义上的纳税人即是我国税法所称的纳税义务人，法律法规规定的负有纳税义务的单位和个人，它是税收制度的基本要素之一。

与广义的纳税人和狭义的纳税人相对应，纳税人权利也有广义和狭义之分。广义的纳税人权利包括纳税人在政治、经济、文化等各个方面所享有的权利，这样的纳税人权利实际上就是公民权，已经远远超出了税收领域。狭义的纳税人权利建立在狭义的纳税人的基础上，限于税收法律明确的范围之内，指的是纳税人在履行纳税义务的过程中，依照税收相关的法律法规的规定，可以作出或不作出的一定行为，以实现自身的合法权益。由于广义的纳税人权利涉及面很广，因此在税务管理中，更具有现实意义的是狭义的纳税人权利。因此，本书中所指的纳税人权利均指狭义的纳税人权利。

二、纳税人权利的内容

（一）有关纳税人权利的法律体系

我国纳税人权利主要由宪法、税法和其他相关法律加以明确。

首先，我国《宪法》第56条规定，中华人民共和国公民有依照法律纳税的义务。这说明一切的征税行为必须依照相关法律规定，实施税收征收管理的行为必须经过法律授权，以法律为依据。否则，任何机构和个人无权征税。

其次，目前就税收法律而言我国还没有税收基本法与专门的纳税人权利法，我国纳税人权利主要由《税收征管法》加以明确。《税收征管法》颁布于1993年，受传统的税收观念的影响，过于强调税收的强制性和纳税人的义务而忽视了对纳税人权利的保护。随着建立公共财政体制的目标的确立，税收观念的变革，2001年4月公布了修订后的《税收征管法》，使得对纳税人权利的法律保障迈上了一个新的台阶。修订后的《税收征管法》将纳税人权益保护和为纳税人服务提高到了非常重要的位置。其中关于直接保护纳税人权益和为纳税人服务的条款有近30条，还有其他许多条款是从规范税务机关的行政行为的角度来保障纳税人的权益。

（二）纳税人权利的内容

根据我国《税收征管法》的规定，纳税人主要享有以下权利：

1. 知情权。纳税人有权向税务机关了解国家税收法律、行政法规的规定以及与纳税程序有关的情况，包括：现行税收法律、行政法规和税收政策规定；办理税收事项的时间、方式、步骤以及需要提交的资料；应纳税额核定及其他税务行政处理决定的法律依据、事实依据和计算方法；与税务机关在纳税、处罚和采取强制执行措施时发生争议或纠纷时，可以采取的法律救济途径及需要满足的条件等。

2. 要求保密权。纳税人有权要求税务机关为纳税人、扣缴义务人的情况保密。税务机关应依法为纳税人的商业秘密和个人隐私保密，主要包括纳税人的技术信息、经营信息、主要投资人以及经营者不愿公开的个人事项。上述事项，如无法律、行政法规明确规定或者纳税人的许可，税务机关将不应对外部门、社会公众和其他个人提供。但根据法律规定，税收违法行为信息不属于保密范围。

3. 税收监督权。纳税人对税务机关违反税收法律、行政法规的行为，如税务人员索贿受贿、徇私舞弊、玩忽职守，不征或者少征应征税款，滥用职权多征税款或者故意刁难等，可以进行检举和控告。同时，纳税人对其他纳税人的税收违法行为也有权进行检举。

4. 纳税申报方式选择权。纳税人可以直接到办税服务厅办理纳税申报或者报送代扣代缴、代收代缴税款报告表，也可以按照规定采取邮寄、数据电文或者其他方式办理上述申报、报送事项。但采取邮寄或数据电文方式办理上述申报、报送事项的，需经纳税人的主管税务机关批准。

5. 申请延期申报权。纳税人、扣缴义务人如不能按期办理纳税申报或者报送代扣代缴、代收代缴税款报告表，应当在规定的期限内向税务机关提出书面延期申请，经税务机关核准，可在核准的期限内办理。经核准延期办理申报、报送事项的，应当在税法规定的纳税期内按照上期实际缴纳的税额或者税务机关核定的税额预缴税款，并在核准的延期内办理税款结算。

6. 申请延期缴纳税款权。如纳税人因有特殊困难，不能按期缴纳税款的，经省、自治区、直辖市国家税务局、地方税务局批准，可以延期缴纳税款，但是最长不得超过 3 个月。

7. 申请减免税权。纳税人可以依照法律、行政法规的规定书面申请减税、免税。减税、免税的申请须经法律、行政法规规定的减税、免税审查批准机关审批。

8. 申请退还多缴税款权。对纳税人超过应纳税额缴纳的税款，税务机关发现后，应自发现之日起 10 日内办理退还手续；如纳税人自结算缴纳税款之日起 3 年内发现的，可以向税务机关要求退还多缴的税款并加算银行同期存款利息。税务机关应自接到纳税人退还申请之日起 30 日内查实并办理退还手续，涉及从国库中退库的，依照法律、行政法规中有关国库管理的规定退还。

9. 索取有关税收凭证权。税务机关征收税款时，必须开具完税凭证。扣缴义务人代扣、代收税款时，纳税人要求扣缴义务人开具代扣、代收税款凭证时，扣缴义务人应当开具。税务机关扣押商品、货物或者其他财产时，必须开付收据；查封商品、货物或者其他财产时，必须开付清单。

10. 对违法行为的拒绝权。对于税务机关不按法律法规规定的程序执法行政，纳税人有权拒绝，以维护自身的合法权益，约束税务机关依法行政。比如，税务人员未出示税务检查证和税务检查通知书，纳税人有权拒绝接受检查；税务机关实施行政处罚时未开具收据，纳税人有权拒绝履行；依法不负有代扣代收税款义务的纳税人，可拒绝接受税务机关委托。

11. 陈述与申辩权。纳税人对税务机关作出的行政处罚决定，享有陈述权、申辩权。如果纳税人有充分的证据证明自己的行为合法，税务机关就不得对纳税人实施行政处罚；即使纳税人的陈述或申辩不充分合理，税务机关也应向纳税人解释实施行政处罚的原因。税务机关不应因纳税人的申辩而加重处罚。

12. 申请听证权。税务机关在对公民作出 2 000 元以上，或者对法人或其他组织作出 1 万元以上罚款的行政处罚之前，税务机关应向纳税人送达《税务行政处罚事项告知书》，告知纳税人已经查明的违法事实、证据、处罚的法律依据和拟将给予的处罚。对此，纳税人有权要求举行听证。

13. 委托税务代理权。纳税人有权就以下事项委托税务代理人代为办理：办理、变更或者注销税务登记；除增值税专用发票外的发票领购手续；纳税申报或扣缴税款报告；税款缴纳和申请退税；制作涉税文书；审查纳税情况；建账建制；办理财务、税务咨询；申请税务行政复议、提起税务行政诉讼以及国家税务总局规定的其他业务。

14. 申请复议和提起诉讼权。纳税人对税务机关作出的决定，依法享有申请行政复议、提起行政诉讼的权利。纳税人、扣缴义务人与税务机关在征税问题上发生争议，或对税务机关所作出的处罚决定、强制执行措施或税收保全措施不服的，可按照规定的期限和程序向上一级税务机关申请行政复议或者向人民法院提起行政诉讼。

15. 要求赔偿权。税务机关因行政行为不当造成损害的，纳税人可要求税务机关进行赔偿。如税务机关采取扣押、查封纳税人商品、货物或冻结纳税人银行存款的税收保全措施不当，或者纳税人在纳税期限内已缴纳税款，税务机关未立即解除税收保全措施，使纳税人的合法利益遭受损害的，税务机关应承担赔偿责任。

三、纳税人权利的分类

（一）以纳税状态与过程为依据来划分

从这一角度可以将纳税人权利分为作为状态的实体性权利和作为过程的程序性权利。税收实体性权利是纳税人享有受法律保护获得某种实体利益的资格。这种利益主要是指纳税人的收入和财产不被非法征收。程序性的权利是指纳税人为了行使、主张或保障其实体权利而必须具有的做一定行为的能力或资格，主要由陈述与申辩权、对违法行为的拒绝权、申请复议和提起诉讼权等构成。

（二）以纳税行为所处的阶段为依据来划分

从这一角度可将纳税人权利分为税前权利、税中权利、税后权利。税前权利指纳税人在取得税务登记证成为正式纳税人后，到缴纳税款之前应享有的权利，主要包括知情权等。税中权利是指纳税人在法律许可延期申报或缴款的范围内，在缴纳税款过程中应享有的权利，以保护合法、正当的权益，主要包括申请延期申报或缴纳税款权、申请减免税权、陈述与申辩权等。税后权利指纳税人履行纳税义务后，有权监督税务征管行为，主要包括税收监督权、要求赔偿权等。

（三） 以纳税人权利的性质为依据来划分

从这一角度可分为知悉性权利、受益性权利、保护性权利和救济性权利。知悉性权利主要包括知情权、申请听证权等。受益性权利包括申请延期申报或缴纳税款权、申请减免税权、委托税务代理权等。保护性权利包括要求保密权、对违法行为的拒绝权等。救济性权利包括申请复议和提起诉讼权、要求赔偿权等。

第二节　税务行政复议

为了防止和纠正税务机关违法或者不当的具体行政行为，保护纳税人及其他当事人的合法权益，保障和监督税务机关依法行使职权，根据《中华人民共和国行政复议法》、《中华人民共和国税收征收管理法》和其他有关规定，国家税务总局制定了《税务行政复议规则》已经 2009 年 12 月 15 日国家税务总局第 2 次局务会议审议通过并予公布，自 2010 年 4 月 1 日起施行。

一、税务行政复议的概念和特点

税务行政复议是指当事人（纳税人、扣缴义务人、纳税担保人及其他税务当事人）不服税务机关及其工作人员作出的税务具体行政行为，依法向上一级税务机关（复议机关）提出申请，复议机关经审理对原税务机关具体行政行为依法作出维护、变更、撤销等决定的活动。

我国税务行政复议具有以下特点：

1. 税务行政复议以当事人不服税务机关及其工作人员作出的税务具体行政行为为前提。这是由行政复议对当事人进行行政救济的目的所决定的。如果当事人认为税务机关的处理合法、适当，或税务机关还没有作出处理，当事人的合法权益没有受到侵害，就不存在税务行政复议。

2. 税务行政复议因当事人的申请而产生。当事人提出申请是引起税务行政复议的重要条件之一。当事人不申请，就不可能通过行政复议这种形式获得救济。

3. 税务行政复议案件的审理一般由原处理税务机关的上一级税务机关进行。

4. 税务行政复议与行政诉讼相衔接。根据《行政诉讼法》和《行政复议法》的规定，对于大多数行政案件来说，当事人都可以选择行政复议或者行政诉讼程序解决，当事人对行政复议决定不服的，还可以向法院提起行政诉讼。在此基础上，两个程序的衔接方面，税务行政案件的适用还有其特殊性。根据《税收征管法》第88条的规定，对于因征税问题引起的争议，税务行政复议是税务行政诉讼的必经前置程序，未经复议不能向法院起诉，经复议仍不服的，才能起诉；对于因处罚、税收保全措施及强制执行措施引起的争议，当事人可以选择适用复议或诉讼程序，如选择复议程序，对复议决定仍不服的，可以向法院起诉。

二、税务行政复议的机构和人员

1. 各级行政复议机关负责法制工作的机构（以下简称行政复议机构）依法办理行政复议事项，履行下列职责：

（1）受理行政复议申请。

（2）向有关组织和人员调查取证，查阅文件和资料。

（3）审查申请行政复议的具体行政行为是否合法和适当，起草行政复议决定。

（4）处理或者转送对本节三所列有关规定的审查申请。

（5）对被申请人违反行政复议法及其实施条例和本规则规定的行为，依照规定的权限和程序向相关部门提出处理建议。

（6）研究行政复议工作中发现的问题，及时向有关机关或者部门提出改进建议，重大问题及时向行政复议机关报告。

（7）指导和监督下级税务机关的行政复议工作。

（8）办理或者组织办理行政诉讼案件应诉事项。

（9）办理行政复议案件的赔偿事项。

（10）办理行政复议、诉讼、赔偿等案件的统计、报告、归档工作和重大行政复议决定备案事项。

（11）其他与行政复议工作有关的事项。

2. 各级行政复议机关可以成立行政复议委员会，研究重大、疑难案件，提出处理建议。

行政复议委员会可以邀请本机关以外的具有相关专业知识的人员参加。

3. 行政复议工作人员应当具备与履行行政复议职责相适应的品行、专业知识和业务能力，并取得行政复议法实施条例规定的资格。

三、税务行政复议的受案范围

1. 行政复议机关受理申请人对税务机关下列具体行政行为不服提出的行政复议申请：

（1）征税行为，包括确认纳税主体、征税对象、征税范围、减税、免税、退税、抵扣税款、适用税率、计税依据、纳税环节、纳税期限、纳税地点和税款征收方式等具体行政行为，征收税款、加收滞纳金，扣缴义务人、受税务机关委托的单位和个人作出的代扣代缴、代收代缴、代征行为等。

（2）行政许可、行政审批行为。

（3）发票管理行为，包括发售、收缴、代开发票等。

（4）税收保全措施、强制执行措施。

（5）行政处罚行为：

① 罚款。

② 没收财物和违法所得。

③ 停止出口退税权。

（6）不依法履行下列职责的行为：

① 颁发税务登记。

② 开具、出具完税凭证、外出经营活动税收管理证明。

③ 行政赔偿。

④ 行政奖励。

⑤ 其他不依法履行职责的行为。

（7）资格认定行为。

（8）不依法确认纳税担保行为。

（9）政府信息公开工作中的具体行政行为。

（10）纳税信用等级评定行为。

（11）通知出入境管理机关阻止出境行为。

（12）其他具体行政行为。

2. 申请人认为税务机关的具体行政行为所依据的下列规定不合法，对具体行政行为申请行政复议时，可以一并向行政复议机关提出对有关规定的审查申请；申请人对具体行政行为提出行政复议申请时不知道该具体行政行为所依据的规定的，可以在行政复议机关作出行政复议决定以前提出对该规定的审查申请：

（1）国家税务总局和国务院其他部门的规定。

（2）其他各级税务机关的规定。

（3）地方各级人民政府的规定。

（4）地方人民政府工作部门的规定。

前款中的规定不包括规章。

四、税务行政复议管辖

1. 对各级国家税务局的具体行政行为不服的，向其上一级国家税务局申请行政复议。

2. 对各级地方税务局的具体行政行为不服的，可以选择向其上一级地方税务局或者该税务局的本级人民政府申请行政复议。

省、自治区、直辖市人民代表大会及其常务委员会、人民政府对地方税务局的行政复议管辖另有规定的，从其规定。

3. 对国家税务总局的具体行政行为不服的，向国家税务总局申请行政复议。对行政复议决定不服，申请人可以向人民法院提起行政诉讼，也可以向国务院申请裁决。国务院的裁决为最终裁决。

4. 对下列税务机关的具体行政行为不服的，按照下列规定申请行政复议：

（1）对计划单列市税务局的具体行政行为不服的，向省税务局申请行政复议。

（2）对税务所（分局）、各级税务局的稽查局的具体行政行为不服的，向其所属税务局申请行政复议。

（3）对两个以上税务机关共同作出的具体行政行为不服的，向共同上一级税务机关申请行政复议；对税务机关与其他行政机关共同作出的具体行政行为不服的，向其共同上一级行政机关申请行政复议。

（4）对被撤销的税务机关在撤销以前所作出的具体行政行为不服的，向继续行使其职权的税务机关的上一级税务机关申请行政复议。

（5）对税务机关作出逾期不缴纳罚款加处罚款的决定不服的，向作出行政处罚决定的税务机关申请行政复议。但是对已处罚款和加处罚款都不服的，一并向作出行政处罚决定的税务机关的上一级税务机关申请行政复议。

有前款（2）、（3）、（4）、（5）项所列情形之一的，申请人也可以向具体行政行为发生地的县级地方人民政府提交行政复议申请，由接受申请的县级地方人民政府依法转送。

五、税务行政复议申请人和被申请人

1. 合伙企业申请行政复议的，应当以工商行政管理机关核准登记的企业为申请人，由执行合伙事务的合伙人代表该企业参加行政复议；其他合伙组织申请行政复议的，由合伙人共同申请行政复议。

前款规定以外的不具备法人资格的其他组织申请行政复议的，由该组织的主要负责人代表该组织参加行政复议；没有主要负责人的，由共同推选的其他成员代表该组织参加行政复议。

2. 股份制企业的股东大会、股东代表大会、董事会认为税务具体行政行为侵犯企业合法权益的，可以以企业的名义申请行政复议。

3. 有权申请行政复议的公民死亡的，其近亲属可以申请行政复议；有权申请行政复议的公民为无行为能力人或者限制行为能力人，其法定代理人可以代理申请行政复议。

有权申请行政复议的法人或者其他组织发生合并、分立或终止的，承受其权利义务的法人或者其他组织可以申请行政复议。

4. 行政复议期间，行政复议机关认为申请人以外的公民、法人或者其他组织与被审查的具体行政行为有利害关系的，可以通知其作为第三人参加行政复议。

行政复议期间，申请人以外的公民、法人或者其他组织与被审查的税务具体行政行为有利害关系的，可以向行政复议机关申请作为第三人参加行政复议。

第三人不参加行政复议，不影响行政复议案件的审理。

5. 非具体行政行为的行政管理相对人，但其权利直接被该具体行政行为所剥夺、限制或者被赋予义务的公民、法人或其他组织，在行政管理相对人没有申请行政复议时，可以单独申请行政复议。

6. 同一行政复议案件申请人超过5人的，应当推选1～5名代表参加行政复议。

7. 申请人对具体行政行为不服申请行政复议的，作出该具体行政行为的税务机关为被申请人。

8. 申请人对扣缴义务人的扣缴税款行为不服的，主管该扣缴义务人的税务机关为被申请人；对税务机关委托的单位和个人的代征行为不服的，委托税务机关为被申请人。

9. 税务机关与法律、法规授权的组织以共同的名义作出具体行政行为的，税务机关和法律、法规授权的组织为共同被申请人。

税务机关与其他组织以共同名义作出具体行政行为的，税务机关为被申请人。

10. 税务机关依照法律、法规和规章规定，经上级税务机关批准作出具体行政行为的，批准机关为被申请人。

申请人对经重大税务案件审理程序作出的决定不服的，审理委员会所在税务机关为被申请人。

11. 税务机关设立的派出机构、内设机构或者其他组织，未经法律、法规授权，以自己名义对外作出具体行政行为的，税务机关为被申请人。

12. 申请人、第三人可以委托1～2名代理人参加行政复议。申请人、第三人委托代理人的，应当向行政复议机构提交授权委托书。授权委托书应当载明委托事项、权限和期限。公民在特殊情况下无法书面委托的，可以口头委托。口头委托的，行政复议机构应当核实并记录在卷。申请人、第三人解除或者变更委托的，应当书面告知行政复议机构。

被申请人不得委托本机关以外人员参加行政复议。

六、税务行政复议证据

1. 行政复议证据包括以下类别：

（1）书证。

（2）物证。

（3）视听资料。

（4）证人证言。

（5）当事人陈述。

（6）鉴定结论。

（7）勘验笔录、现场笔录。

2. 在行政复议中，被申请人对其作出的具体行政行为负有举证责任。

3. 行政复议机关应当依法全面审查相关证据。行政复议机关审查行政复议案件，应当以证据证明的案件事实为依据。定案证据应当具有合法性、真实性和关联性。

4. 行政复议机关应当根据案件的具体情况，从以下方面审查证据的合法性：

（1）证据是否符合法定形式。

（2）证据的取得是否符合法律、法规、规章和司法解释的规定。

（3）是否有影响证据效力的其他违法情形。

5. 行政复议机关应当根据案件的具体情况，从以下方面审查证据的真实性：

（1）证据形成的原因。

（2）发现证据时的环境。

（3）证据是否为原件、原物，复制件、复制品与原件、原物是否相符。

（4）提供证据的人或者证人与行政复议参加人是否具有利害关系。

（5）影响证据真实性的其他因素。

6. 行政复议机关应当根据案件的具体情况，从以下方面审查证据的关联性：

（1）证据与待证事实是否具有证明关系。

（2）证据与待证事实的关联程度。

（3）影响证据关联性的其他因素。

7. 下列证据材料不得作为定案依据：

（1）违反法定程序收集的证据材料。

（2）以偷拍、偷录和窃听等手段获取侵害他人合法权益的证据材料。

（3）以利诱、欺诈、胁迫和暴力等不正当手段获取的证据材料。

（4）无正当事由超出举证期限提供的证据材料。

（5）无正当理由拒不提供原件、原物，又无其他证据印证，且对方不予认可的证据的复制件、复制品。

（6）无法辨明真伪的证据材料。

（7）不能正确表达意志的证人提供的证言。

（8）不具备合法性、真实性的其他证据材料。

行政复议机构依据本规则第11条第2项规定的职责所取得的有关材料（即：向有关组织和人员调查取证，查阅文件和资料），不得作为支持被申请人具体行政行为的证据。

8. 在行政复议过程中，被申请人不得自行向申请人和其他有关组织或者个人收集证据。

9. 行政复议机构认为必要时，可以调查取证。

行政复议工作人员向有关组织和人员调查取证时，可以查阅、复制和调取有关文件和资料，向有关人员询问。调查取证时，行政复议工作人员不得少于2人，并应当向当事人和有关人员出示证件。被调查单位和人员应当配合行政复议工作人员的工作，不得拒绝、阻挠。

需要现场勘验的，现场勘验所用时间不计入行政复议审理期限。

10. 申请人和第三人可以查阅被申请人提出的书面答复、作出具体行政行为的证据、依据和其他有关材料，除涉及国家秘密、商业秘密或者个人隐私外，行政复议机关不得拒绝。

七、税务行政复议程序

（一）税务行政复议申请

1. 申请人可以在知道税务机关作出具体行政行为之日起60日内提出行政复

议申请。

因不可抗力或者被申请人设置障碍等原因耽误法定申请期限的，申请期限的计算应当扣除被耽误时间。

2. 申请人对征税行为不服的，应当先向行政复议机关申请行政复议；对行政复议决定不服的，可以向人民法院提起行政诉讼。

申请人按照前款规定申请行政复议的，必须依照税务机关根据法律、法规确定的税额、期限，先行缴纳或者解缴税款和滞纳金，或者提供相应的担保，才可以在缴清税款和滞纳金以后或者所提供的担保得到作出具体行政行为的税务机关确认之日起 60 日内提出行政复议申请。

申请人提供担保的方式包括保证、抵押和质押。作出具体行政行为的税务机关应当对保证人的资格、资信进行审查，对不具备法律规定资格或者没有能力保证的，有权拒绝。作出具体行政行为的税务机关应当对抵押人、出质人提供的抵押担保、质押担保进行审查，对不符合法律规定的抵押担保、质押担保，不予确认。

3. 申请人对征税行为以外的其他具体行政行为不服，可以申请行政复议，也可以直接向人民法院提起行政诉讼。

申请人对税务机关作出逾期不缴纳罚款加处罚款的决定不服的，应当先缴纳罚款和加处罚款，再申请行政复议。

4. 申请人可以在知道税务机关作出具体行政行为之日起 60 日内提出行政复议申请，其申请期限的计算，依照下列规定办理：

（1）当场作出具体行政行为的，自具体行政行为作出之日起计算。

（2）载明具体行政行为的法律文书直接送达的，自受送达人签收之日起计算。

（3）载明具体行政行为的法律文书邮寄送达的，自受送达人在邮件签收单上签收之日起计算；没有邮件签收单的，自受送达人在送达回执上签名之日起计算。

（4）具体行政行为依法通过公告形式告知受送达人的，自公告规定的期限届满之日起计算。

（5）税务机关作出具体行政行为时未告知申请人，事后补充告知的，自该申请人收到税务机关补充告知的通知之日起计算。

（6）被申请人能够证明申请人知道具体行政行为的，自证据材料证明其知道具体行政行为之日起计算。

税务机关作出具体行政行为，依法应当向申请人送达法律文书而未送达的，视为该申请人不知道该具体行政行为。

5. 申请人依照《行政复议法》第 6 条第 8 项、第 9 项、第 10 项的规定申请税务机关履行法定职责，税务机关未履行的，行政复议申请期限依照下列规定计算：

（1）有履行期限规定的，自履行期限届满之日起计算。

（2）没有履行期限规定的，自税务机关收到申请满60日起计算。

6. 税务机关作出的具体行政行为对申请人的权利、义务可能产生不利影响的，应当告知其申请行政复议的权利、行政复议机关和行政复议申请期限。

7. 申请人书面申请行政复议的，可以采取当面递交、邮寄或者传真等方式提出行政复议申请。

有条件的行政复议机关可以接受以电子邮件形式提出的行政复议申请。

对以传真、电子邮件形式提出行政复议申请的，行政复议机关应当审核确认申请人的身份、复议事项。

8. 申请人书面申请行政复议的，应当在行政复议申请书中载明下列事项：

（1）申请人的基本情况，包括公民的姓名、性别、出生年月、身份证件号码、工作单位、住所、邮政编码、联系电话；法人或者其他组织的名称、住所、邮政编码、联系电话和法定代表人或者主要负责人的姓名、职务。

（2）被申请人的名称。

（3）行政复议请求、申请行政复议的主要事实和理由。

（4）申请人的签名或者盖章。

（5）申请行政复议的日期。

9. 申请人口头申请行政复议的，行政复议机构应当依照本节七（一）8规定的事项，当场制作行政复议申请笔录，交申请人核对或者向申请人宣读，并由申请人确认。

10. 有下列情形之一的，申请人应当提供证明材料：

（1）认为被申请人不履行法定职责的，提供要求被申请人履行法定职责而被申请人未履行的证明材料。

（2）申请行政复议时一并提出行政赔偿请求的，提供受具体行政行为侵害而造成损害的证明材料。

（3）法律、法规规定需要申请人提供证据材料的其他情形。

11. 申请人提出行政复议申请时错列被申请人的，行政复议机关应当告知申请人变更被申请人。申请人不变更被申请人的，行政复议机关不予受理，或者驳回行政复议申请。

12. 申请人向行政复议机关申请行政复议，行政复议机关已经受理的，在法定行政复议期限内申请人不得向人民法院提起行政诉讼；申请人向人民法院提起行政诉讼，人民法院已经依法受理的，不得申请行政复议。

（二）税务行政复议受理

1. 行政复议申请符合下列规定的，行政复议机关应当受理：

（1）属于本规则规定的行政复议范围。

（2）在法定申请期限内提出。

（3）有明确的申请人和符合规定的被申请人。

（4）申请人与具体行政行为有利害关系。

（5）有具体的行政复议请求和理由。

（6）符合本节七（一）2、3规定的条件。

（7）属于收到行政复议申请的行政复议机关的职责范围。

（8）其他行政复议机关尚未受理同一行政复议申请，人民法院尚未受理同一主体就同一事实提起的行政诉讼。

2. 行政复议机关收到行政复议申请以后，应当在5日内审查，决定是否受理。对不符合本规则规定的行政复议申请，决定不予受理，并书面告知申请人。

对不属于本机关受理的行政复议申请，应当告知申请人向有关行政复议机关提出。

行政复议机关收到行政复议申请以后未按照前款规定期限审查并作出不予受理决定的，视为受理。

3. 对符合规定的行政复议申请，自行政复议机构收到之日起即为受理；受理行政复议申请，应当书面告知申请人。

4. 行政复议申请材料不齐全、表述不清楚的，行政复议机构可以自收到该行政复议申请之日起5日内书面通知申请人补正。补正通知应当载明需要补正的事项和合理的补正期限。无正当理由逾期不补正的，视为申请人放弃行政复议申请。

补正申请材料所用时间不计入行政复议审理期限。

5. 上级税务机关认为行政复议机关不予受理行政复议申请的理由不成立的，可以督促其受理；经督促仍然不受理的，责令其限期受理。

上级税务机关认为行政复议申请不符合法定受理条件的，应当告知申请人。

6. 上级税务机关认为有必要的，可以直接受理或者提审由下级税务机关管辖的行政复议案件。

7. 对应当先向行政复议机关申请行政复议，对行政复议决定不服再向人民法院提起行政诉讼的具体行政行为，行政复议机关决定不予受理或者受理以后超过行政复议期限不作答复的，申请人可以自收到不予受理决定书之日起或者行政复议期满之日起 15 日内，依法向人民法院提起行政诉讼。

依照本节七（三）22 规定延长行政复议期限的，以延长以后的时间为行政复议期满时间。

8. 行政复议期间具体行政行为不停止执行；但是有下列情形之一的，可以停止执行：

（1）被申请人认为需要停止执行的。

（2）行政复议机关认为需要停止执行的。

（3）申请人申请停止执行，行政复议机关认为其要求合理，决定停止执行的。

（4）法律规定停止执行的。

（三）税务行政复议审查和决定

1. 行政复议机构应当自受理行政复议申请之日起 7 日内，将行政复议申请书副本或者行政复议申请笔录复印件发送被申请人。被申请人应当自收到申请书副本或者申请笔录复印件之日起 10 日内提出书面答复，并提交当初作出具体行政行为的证据、依据和其他有关材料。

对国家税务总局的具体行政行为不服申请行政复议的案件，由原承办具体行政行为的相关机构向行政复议机构提出书面答复，并提交当初作出具体行政行为的证据、依据和其他有关材料。

2. 行政复议机构审理行政复议案件，应当由 2 名以上行政复议工作人员参加。

3. 行政复议原则上采用书面审查的办法，但是申请人提出要求或者行政复议机构认为有必要时，应当听取申请人、被申请人和第三人的意见，并可以向有关组织和人员调查了解情况。

4. 对重大、复杂的案件，申请人提出要求或者行政复议机构认为必要时，可以采取听证的方式审理。

5. 行政复议机构决定举行听证的，应当将举行听证的时间、地点和具体要求等事项通知申请人、被申请人和第三人。

第三人不参加听证的，不影响听证的举行。

6. 听证应当公开举行，但是涉及国家秘密、商业秘密或者个人隐私的除外。

7. 行政复议听证人员不得少于 2 人，听证主持人由行政复议机构指定。

8. 听证应当制作笔录。申请人、被申请人和第三人应当确认听证笔录内容。

行政复议听证笔录应当附卷，作为行政复议机构审理案件的依据之一。

9. 行政复议机关应当全面审查被申请人的具体行政行为所依据的事实证据、法律程序、法律依据和设定的权利义务内容的合法性、适当性。

10. 申请人在行政复议决定作出以前撤回行政复议申请的，经行政复议机构同意，可以撤回。

申请人撤回行政复议申请的，不得再以同一事实和理由提出行政复议申请。但是，申请人能够证明撤回行政复议申请违背其真实意思表示的除外。

11. 行政复议期间被申请人改变原具体行政行为的，不影响行政复议案件的审理。但是，申请人依法撤回行政复议申请的除外。

12. 申请人在申请行政复议时，依据本节第三点提到的规定一并提出对有关规定的审查申请的，行政复议机关对该规定有权处理的，应当在 30 日内依法处理；无权处理的，应当在 7 日内按照法定程序逐级转送有权处理的行政机关依法处理，有权处理的行政机关应当在 60 日内依法处理。处理期间，中止对具体行政行为的审查。

13. 行政复议机关审查被申请人的具体行政行为时，认为其依据不合法，本机关有权处理的，应当在 30 日内依法处理；无权处理的，应当在 7 日内按照法定程序逐级转送有权处理的国家机关依法处理。处理期间，中止对具体行政行为的审查。

14. 行政复议机构应当对被申请人的具体行政行为提出审查意见，经行政复议机关负责人批准，按照下列规定作出行政复议决定：

（1）具体行政行为认定事实清楚，证据确凿，适用依据正确，程序合法，内容适当的，决定维持。

（2）被申请人不履行法定职责的，决定其在一定期限内履行。

（3）具体行政行为有下列情形之一的，决定撤销、变更或者确认该具体行政行为违法；决定撤销或者确认该具体行政行为违法的，可以责令被申请人在一定期限内重新作出具体行政行为：

① 主要事实不清、证据不足的。

② 适用依据错误的。

③ 违反法定程序的。

④ 超越职权或者滥用职权的。

⑤ 具体行政行为明显不当的。

（4）被申请人自收到申请书副本或者申请笔录复印件之日起 10 日内不能提出书面答复，提交当初作出具体行政行为的证据、依据和其他有关材料的，视为该具体行政行为没有证据、依据，决定撤销该具体行政行为。

15. 行政复议机关责令被申请人重新作出具体行政行为的，被申请人不得以同一事实和理由作出与原具体行政行为相同或者基本相同的具体行政行为；但是行政复议机关以原具体行政行为违反法定程序决定撤销的，被申请人重新作出具体行政行为的除外。

行政复议机关责令被申请人重新作出具体行政行为的，被申请人不得作出对申请人更为不利的决定；但是行政复议机关以原具体行政行为主要事实不清、证据不足或适用依据错误决定撤销的，被申请人重新作出具体行政行为的除外。

16. 有下列情形之一的，行政复议机关可以决定变更：

（1）认定事实清楚，证据确凿，程序合法，但是明显不当或者适用依据错误的。

（2）认定事实不清，证据不足，但是经行政复议机关审理查明事实清楚，证据确凿的。

17. 有下列情形之一的，行政复议机关应当决定驳回行政复议申请：

（1）申请人认为税务机关不履行法定职责申请行政复议，行政复议机关受理以后发现该税务机关没有相应法定职责或者在受理以前已经履行法定职责的。

（2）受理行政复议申请后，发现该行政复议申请不符合《行政复议法》及其实施条例和本规则规定的受理条件的。

上级税务机关认为行政复议机关驳回行政复议申请的理由不成立的，应当责令限期恢复受理。行政复议机关审理行政复议申请期限的计算应当扣除因驳回耽误的时间。

18. 行政复议期间，有下列情形之一的，行政复议中止：

（1）作为申请人的公民死亡，其近亲属尚未确定是否参加行政复议的。

（2）作为申请人的公民丧失参加行政复议的能力，尚未确定法定代理人参加行政复议的。

（3）作为申请人的法人或者其他组织终止，尚未确定权利义务承受人的。

（4）作为申请人的公民下落不明或者被宣告失踪的。

（5）申请人、被申请人因不可抗力，不能参加行政复议的。

（6）行政复议机关因不可抗力原因暂时不能履行工作职责的。

（7）案件涉及法律适用问题，需要有权机关作出解释或者确认的。

（8）案件审理需要以其他案件的审理结果为依据，而其他案件尚未审结的。

（9）其他需要中止行政复议的情形。

行政复议中止的原因消除以后，应当及时恢复行政复议案件的审理。

行政复议机构中止、恢复行政复议案件的审理，应当告知申请人、被申请人、第三人。

19. 行政复议期间，有下列情形之一的，行政复议终止：

（1）申请人要求撤回行政复议申请，行政复议机构准予撤回的。

（2）作为申请人的公民死亡，没有近亲属，或者其近亲属放弃行政复议权利的。

（3）作为申请人的法人或者其他组织终止，其权利义务的承受人放弃行政复议权利的。

（4）申请人与被申请人依照本节第八点提到的规定，经行政复议机构准许达成和解的。

（5）行政复议申请受理以后，发现其他行政复议机关已经先于本机关受理，或者人民法院已经受理的。

依照上述 18 第（1）项、第（2）项、第（3）项规定中止行政复议，满 60日行政复议中止的原因未消除的，行政复议终止。

20. 行政复议机关责令被申请人重新作出具体行政行为的，被申请人应当在 60 日内重新作出具体行政行为；情况复杂，不能在规定期限内重新作出具体行政行为的，经行政复议机关批准，可以适当延期，但是延期不得超过 30 日。

公民、法人或者其他组织对被申请人重新作出的具体行政行为不服，可以依法申请行政复议，或者提起行政诉讼。

21. 申请人在申请行政复议时可以一并提出行政赔偿请求，行政复议机关对符合国家赔偿法的规定应当赔偿的，在决定撤销、变更具体行政行为或者确认具体行政行为违法时，应当同时决定被申请人依法赔偿。

申请人在申请行政复议时没有提出行政赔偿请求的，行政复议机关在依法决定撤销、变更原具体行政行为确定的税款、滞纳金、罚款和对财产的扣押、查封等强制措施时，应当同时责令被申请人退还税款、滞纳金和罚款，解除对财产的扣押、查封等强制措施，或者赔偿相应的价款。

22. 行政复议机关应当自受理申请之日起 60 日内作出行政复议决定。情况复杂，不能在规定期限内作出行政复议决定的，经行政复议机关负责人批准，可以适当延期，并告知申请人和被申请人；但是延期不得超过 30 日。

行政复议机关作出行政复议决定，应当制作行政复议决定书，并加盖行政复议机关印章。

行政复议决定书一经送达，即发生法律效力。

23. 被申请人应当履行行政复议决定。被申请人不履行、无正当理由拖延履行行政复议决定的，行政复议机关或者有关上级税务机关应当责令其限期履行。

24. 申请人、第三人逾期不起诉又不履行行政复议决定的，或者不履行最终裁决的行政复议决定的，按照下列规定分别处理：

（1）维持具体行政行为的行政复议决定，由作出具体行政行为的税务机关依法强制执行，或者申请人民法院强制执行。

（2）变更具体行政行为的行政复议决定，由行政复议机关依法强制执行，或者申请人民法院强制执行。

八、税务行政复议和解与调解

1. 对下列行政复议事项，按照自愿、合法的原则，申请人和被申请人在行政复议机关作出行政复议决定以前可以达成和解，行政复议机关也可以调解：

（1）行使自由裁量权作出的具体行政行为，如行政处罚、核定税额、确定应税所得率等。

（2）行政赔偿。

（3）行政奖励。

（4）存在其他合理性问题的具体行政行为。

2. 申请人和被申请人达成和解的，应当向行政复议机构提交书面和解协议。和解内容不损害社会公共利益和他人合法权益的，行政复议机构应当准许。

3. 经行政复议机构准许和解终止行政复议的，申请人不得以同一事实和理由再次申请行政复议。

4. 调解应当符合下列要求：

（1）尊重申请人和被申请人的意愿。

（2）在查明案件事实的基础上进行。

（3）遵循客观、公正和合理原则。

（4）不得损害社会公共利益和他人合法权益。

5. 行政复议机关按照下列程序调解：

（1）征得申请人和被申请人同意。

（2）听取申请人和被申请人的意见。

（3）提出调解方案。

（4）达成调解协议。

（5）制作行政复议调解书。

6. 行政复议调解书应当载明行政复议请求、事实、理由和调解结果，并加盖行政复议机关印章。行政复议调解书经双方当事人签字，即具有法律效力。

调解未达成协议，或者行政复议调解书不生效的，行政复议机关应当及时作出行政复议决定。

7. 申请人不履行行政复议调解书的，由被申请人依法强制执行，或者申请人民法院强制执行。

九、税务行政复议指导和监督

1. 各级税务复议机关应当加强对履行行政复议职责的监督。行政复议机构负责对行政复议工作进行系统督促、指导。

2. 各级税务机关应当建立健全行政复议工作责任制，将行政复议工作纳入本单位目标责任制。

3. 各级税务机关应当按照职责权限，通过定期组织检查、抽查等方式，检查下级税务机关的行政复议工作，并及时向有关方面反馈检查结果。

4. 行政复议期间行政复议机关发现被申请人和其他下级税务机关的相关行政行为违法或者需要做好善后工作的，可以制作行政复议意见书。有关机关应当自收到行政复议意见书之日起 60 日内将纠正相关行政违法行为或者做好善后工作的情况报告行政复议机关。

行政复议期间行政复议机构发现法律、法规和规章实施中带有普遍性的问题，可以制作行政复议建议书，向有关机关提出完善制度和改进行政执法的建议。

5. 省以下各级税务机关应当定期向上一级税务机关提交行政复议、应诉、赔偿统计表和分析报告，及时将重大行政复议决定报上一级行政复议机关备案。

6. 行政复议机构应当按照规定将行政复议案件资料立卷归档。

行政复议案卷应当按照行政复议申请分别装订立卷，一案一卷，统一编号，做到目录清晰、资料齐全、分类规范、装订整齐。

7. 行政复议机构应当定期组织行政复议工作人员业务培训和工作交流，提高行政复议工作人员的专业素质。

8. 行政复议机关应当定期总结行政复议工作。对行政复议工作中做出显著成绩的单位和个人，依照有关规定表彰和奖励。

【案例7-1】

（一）案情简介

2012年6月20日，A县地税局查实某建筑企业5月采取虚假的纳税申报偷税20万元，依法定程序分别下达了《税务处理决定书》和《税务行政处罚决定书》，决定补缴税款20万元，按规定加收滞纳金，并处所偷税款1倍的罚款。该企业不服，在缴纳10万元税款后于6月25日向市税务局申请行政复议，市地税局于收到复议申请书后的第8天以"未缴纳罚款为由"决定不予受理。该纳税人在规定时间内未向人民法院上诉，又不履行。县地税局在屡催无效的情况下，申请人民法院扣押、依法拍卖了该企业相当于应纳税款、滞纳金和罚款的财产，以拍卖所得抵缴了税款、滞纳金和罚款。

问：1. 该建筑企业的行政复议申请是否符合规定？为什么？

2. A县地税局、市地税局在案件处理过程中有哪些做法是不符合规定的？

（二）分析与处理

1. 该建筑企业提出的行政复议申请不符合规定。根据《税收征管法》第88条的规定，纳税人对税务机关作出的补税、加收滞纳金决定有异议的，应先缴纳税款及滞纳金或者提供相应的担保，然后可依法申请行政复议；对税务机关的罚款决定不服可直接依法申请行政复议。故该建筑企业应在缴清税款及滞纳金或提供担保后才可依法申请行政复议，或者单独就行政处罚一事依法申请行政复议。

2. 市地税局作出的不予受理决定的理由不能成立。根据《税收征管法》第88条的规定，纳税人对税务机关的处罚决定不服的，可依法申请行政复议。市地税局以"未缴纳罚款"作为不予受理复议申请的理由属于适用法律错误。

3. 市地税局超出法定期限作出不受理复议申请的决定。根据《税务行政复议规则》规定，复议机关收到行政复议申请后，应当在5日内进行审查，对不符合规定的行政复议申请，决定不予受理，并书面告知申请人。因此，市地税局于收到复议申请书后的第8天才对复议申请作出不予受理的决定是不合规定的。

4. 县地税局申请强制执行有误。《税收征管法》第88条规定，对行政处罚税务机关可强制执行，也可申请人民法院强制执行。但税款及滞纳金应按《税收征管法》的相关规定自行采取强制执行措施，而不应申请人民法院强制执行。

【案例 7 - 2】

（一）案情简介

个体工商户王某于 2012 年 5 月 10 日领取营业执照，并开始从事生产经营活动，同年 8 月 25 日，该县地税局在漏征漏管户清理工作中，发现王某未向地税机关申请办理税务登记，也未申报纳税（应纳税款共计 5 000 元）。该县地税局于是对王某未按规定期限办理税务登记的行为，责令限期改正，依照法定程序作出罚款 1 000 元的决定；对未申报纳税的行为，责令限期改正，同时依照法定程序作出追缴税款及加收滞纳金、并处未缴税款 3 倍即 15 000 元罚款的决定。王某对此不服，于是在接到税务处理和处罚决定书后的第二天向市地税局申请行政复议。

问：1. 县地税局作出的行政处罚决定是否正确？为什么？

2. 对王某的行政复议申请，市地税局应该受理吗？

（二）分析与处理

1. 该县地税局对王某未按规定办理税务登记的行为，责令限期改正，处以 1 000 元罚款是正确的。《税收征管法》第 60 条规定，对未按照规定期限办理税务登记，由税务机关责令限期改正，可以处 2 000 元以下罚款。

2. 该县地税局对未申报纳税的行为，责令限期改正，同时作出追缴税款及加收滞纳金，并处未缴税款 3 倍即 15 000 元罚款的决定符合规定。《税收征管法》第 64 条规定：纳税人不进行纳税申报，不缴或者少缴税款的，由税务机关追缴欠缴的税款、滞纳金，并处欠缴税款 50% 以上 5 倍以下的罚款。

3. 对王某的行政复议申请，市地税局应分别处理。对补税、加收滞纳金决定不能受理。因为，根据《税收征管法》第 88 条的规定，纳税人对税务机关作出的补税、加收滞纳金决定有异议的，应先缴纳税款及滞纳金后或提供相应的担保后，可依法申请行政复议。故对王某在未缴纳税款及滞纳金又未提供担保的情况下提出的行政复议申请，市地税局不能受理。对罚款一事的复议申请应予受理，《税收征管法》第 88 条规定，当事人对税务机关的处罚决定、强制执行措施或者税收保全措施不服的，可以依法申请行政复议，也可以依法向人民法院起诉。

第三节　税务行政诉讼

行政诉讼是人民法院处理行政纠纷、解决行政争议的法律制度，与刑事诉讼、民事诉讼一起，共同构筑起现代国家的诉讼制度。具体来讲，行政诉讼是指公民、法人和其他组织认为行政机关及其工作人员的具体行政行为侵犯其合法权益，依照行政诉讼法向人民法院提起诉讼，由人民法院进行审理并作出裁决的诉讼制度和诉讼活动。《行政诉讼法》颁布实施后，人民法院审理行政案件以及公民、法人和其他组织与行政机关进行行政诉讼进入了一个有法可依的新阶段。税务行政诉讼作为行政诉讼的一个重要组成部分，也必须遵循《行政诉讼法》所确立的基本原则和普遍程序；同时，税务行政诉讼又不可避免地具有本部门的特点。

一、税务行政诉讼的概念和特点

税务行政诉讼是指公民、法人和其他组织认为税务机关及其工作人员的具体税务行政行为违法或者不当，侵犯了其合法权益，依法向人民法院提起行政诉讼，由人民法院对具体税务行政行为的合法性和适当性进行审理并作出裁决的司法活动。其目的是保证人民法院正确、及时审理税务行政案件，保护纳税人、扣缴义务人等当事人的合法权益，维护和监督税务机关依法行使行政职权。

从税务行政诉讼与税务行政复议及其他行政诉讼活动的比较中可以看出，税务行政诉讼具有以下特点：

1. 税务行政诉讼是由人民法院进行审理并作出裁决的一种诉讼活动。这是税务行政诉讼与税务行政复议的根本区别。税务行政复议和税务行政诉讼是解决税务行政争议的两条重要途径。由于税务行政争议范围广、数量多、专业性强，大量税务行政争议由税务机关以税务行政复议方式解决，只有由人民法院对税务案件进行审理并作出裁决的活动，才是税务行政诉讼。

2. 税务行政诉讼以解决税务行政争议为前提，这是税务行政诉讼与其他行政诉讼活动的根本区别，具体体现在：

（1）被告必须是税务机关，或经法律、法规授权的行使税务行政管理权的组织，而不是其他行政机关或组织。

（2）税务行政诉讼解决的争议发生在税务行政管理过程中。

（3）因税款征纳问题发生的争议，当事人在向人民法院提起行政诉讼前，必须先经税务行政复议程序，即复议前置。

二、税务行政诉讼的受案范围

税务行政诉讼的受案范围，是指人民法院对税务机关的哪些行为拥有司法审查权，换言之，公民、法人或者其他组织对税务机关的哪些行为不服可以向人民法院提起税务行政诉讼。

税务行政诉讼案件的受案范围除受《行政诉讼法》有关规定的限制外，也受《税收征管法》及其他相关法律、法规的调整和制约。具体说来，税务行政诉讼的受案范围包括：

1. 税务机关作出的征税行为：一是征收税款、加收滞纳金；二是扣缴义务人、受税务机关委托的单位作出代扣代缴、代收代缴行为及代征行为。

2. 税务机关作出的责令纳税人提交纳税保证金或者纳税担保行为。

3. 税务机关作出的行政处罚行为：一是罚款；二是没收违法所得；三是收缴发票和暂停供应发票。

4. 税务机关作出的通知出境管理机关阻止出境行为。

5. 税务机关作出的税收保全措施：一是书面通知银行或者其他金融机构冻结存款；二是扣押、查封商品、货物或者其他财产。

6. 税务机关作出的税收强制执行措施：一是书面通知银行或者其他金融机关扣缴税款；二是拍卖所扣押、查封的商品、货物或者其他财产抵缴税款。

7. 认为符合法定条件申请税务机关颁发税务登记证和发售发票，税务机关拒绝颁发、发售或者不予答复的行为。

8. 税务机关的复议行为：一是复议机关改变了原具体行政行为；二是期限届满，税务机关不予答复。

三、税务行政诉讼管辖

税务行政诉讼管辖，是指人民法院受理第一审税务案件的职权分工。具体讲，税务行政诉讼的管辖分为级别管辖、地域管辖和裁定管辖。

（一）级别管辖

级别管辖是上下级人民法院之间受理第一审税务案件的分工和权限。根据《行政诉讼法》的规定，基层人民法院管辖一般的税务行政诉讼案件；中高级人民法院管辖本辖区内重大、复杂的税务行政诉讼案件；最高人民法院管辖全国范围内重大、复杂的税务行政诉讼案件。

（二）地域管辖

地域管辖是同级人民法院之间受理第一审行政案件的分工和权限，分一般地域管辖和特殊地域管辖两种。

1. 一般地域管辖。指按照最初作出具体行政行为的机关所在地来确定管辖法院。凡是未经复议直接向人民法院提起诉讼的，或者经过复议，复议裁决维持原具体行政行为，当事人不服向人民法院提起诉讼的，根据《行政诉讼法》的规定，均由最初作出具体行政行为的税务机关所在地人民法院管辖。

2. 特殊地域管辖。指根据特殊行政法律关系或特殊行政法律关系所指的对象来确定管辖法院。税务行政案件的特殊地域管辖主要是指：经过复议的案件，复议机关改变原具体行政行为的，由原告选择最初作出具体行政行为的税务机关所在地的人民法院，或者复议机关所在地人民法院管辖，原告可以向任何一个有管辖权的人民法院起诉，最先收到起诉状的人民法院为第一审法院。

（三）裁定管辖

裁定管辖是指人民法院依法自行裁定的管辖，包括移送管辖、指定管辖及管辖权的转移三种情况。

（1）移送管辖。是指人民法院将已经受理的案件，移送给有管辖权的人民法院审理。根据《行政诉讼法》的规定，移送管辖必须具备三个条件：一是移送人民法院已经受理了该案件；二是移送法院发现自己对该案件没有管辖权；三是接受移送的人民法院必须对该案件确有管辖权。

（2）指定管辖。指上级人民法院以裁定的方式，指定某下一级人民法院管辖某一案件。根据《行政诉讼法》的规定，有管辖权的人民法院因特殊原因不能行使对行政诉讼的管辖权的，由其上级人民法院指定管辖；人民法院对管辖权发生争议且协商不成的，由他们共同的上级人民法院指定管辖。

（3）管辖权的转移。根据《行政诉讼法》的规定，上级人民法院有权审理下级人民法院管辖的第一审税务行政案件，也可以将自己管辖的第一审行政案件移交下级人民法院审判；下级人民法院对其管辖的第一审税务行政案件，认为需要由上级人民法院审判的，可以报请上级人民法院决定。

四、税务行政诉讼程序

（一）税务行政诉讼的起诉

税务行政诉讼起诉，是指公民、法人或者其他组织认为自己的合法权益受到税务机关具体行政行为的侵害，而向人民法院提出诉讼请求，要求人民法院行使审判权，依法予以保护的诉讼行为。在税务行政诉讼等行政诉讼中，起诉权是单向性的权利，税务机关不享有起诉权，只有应诉权，即税务机关只能作被告；与民事诉讼不同，作为被告的税务机关不能反诉。

纳税人、扣缴义务人等税务管理相对人在提起税务行政诉讼时，必须符合下列条件：

1. 原告是认为具体税务行为侵犯其合法权益的公民、法人或者其他组织。

2. 有明确的被告。

3. 有具体的诉讼请求和事实、法律根据。

4. 属于人民法院的受案范围和受诉人民法院管辖。

此外，提起税务行政诉讼，还必须符合法定的期限和必经的程序。根据《税收征管法》第 88 条及其他相关规定，对税务机关的征税行为提起诉讼，必须先经过复议；对复议决定不服的，可以在接到复议决定书之日起 15 日内向人民法院起诉。对其他具体行政行为不服的，当事人可以在接到通知或者知道之日起 15 日内直接向人民法院起诉。

税务机关作出具体行政行为时，未告知当事人诉权和起诉期限，致使当事人逾期向人民法院起诉的，其起诉期限从当事人实际知道起诉权或者起诉期限时计算。但最长不得超过 2 年。

（二）税务行政诉讼的受理

原告起诉，经人民法院审查，认为符合起诉条件并立案审理的行为，称为受理。对当事人的起诉，人民法院一般从以下几方面进行审查并作出是否受理的决定：一是审查是否属于法定的诉讼受案范围；二是审查是否具备法定的起诉条件；三是审查是否已经受理或者正在受理；四是审查是否有管辖权；五是审查是否符合法定的期限；六是审查是否经过必经复议程序。

根据法律规定，人民法院接到诉状，经过审查，应当在 7 天内立案或者作出裁定不予受理。原告对不予受理的裁定不服的，可以提起上诉。

（三）税务行政诉讼的审理

人民法院审理行政案件实行合议、回避、公开审判和两审终审的审判制度。审理的核心是审查被诉具体行政行为是否合法，即作出该行为的税务机关是否依法享有该税务行政管理权；该行为是否依据一定的事实和法律作出；税务机关作出该行为是否遵照必备的程序等。

根据《行政诉讼法》的规定，人民法院审查具体行政行为是否合法，依据法律、行政法规和地方性法规（民族自治地方的自治条例和单行条例）；参照部门规章和地方性规章。

（四）税务行政诉讼的判决

人民法院对受理的税务行政案件，经过调查、收集证据、开庭审理之后，分别作出如下判决：

1. 维持判决。适用于具体行政行为证据确凿，适用法律、法规正确，符合法定程序的案件。

2. 撤销判决。被诉的具体行政行为主要证据不足，适用法律、法规错误，违反法定程序，或者超越职权、滥用职权，人民法院应判决撤销或部分撤销，同时可判决税务机关重新作出具体行政行为。

3. 履行判决。税务机关不履行或拖延履行法定职责的，判决其在一定期限内履行。

4. 变更判决。税务行政处罚显失公正的，可以判决变更。

对一审人民法院的判决不服，当事人可以上诉。对发生法律效力的判决，当事人必须执行，否则人民法院有权依对方当事人的申请予以强制执行。

第四节　税务行政赔偿

税务行政赔偿属于国家赔偿中的行政赔偿。所谓国家赔偿，是指国家机关和国家机关工作人员违法行使职权对公民、法人和其他组织的合法权益造成损害，由国家承担赔偿责任的制度。我国 1982 年《宪法》规定，由于国家机关和国家机关工作人员侵犯公民权利而受到损失的人，有依法取得赔偿的权利。但长期以来，我国法律体系中并没有与之相适应的具体法律制度，为了切实保护每一个公民的基本权利，制定一套完整的国家赔偿法律，就成为必然的要求。我国现行的《国家赔偿法》是 2010 年 4 月 29 日通过，2010 年 12 月 1 日施行的。它既是一部规范国家赔偿的实体法，又是一部具有较强操作性的程序法。

一、税务行政赔偿的概念和构成要件

（一）税务行政赔偿的概念

税务行政赔偿是指税务机关作为履行国家赔偿义务的机关，对本机关及其工作人员的职务违法行为给纳税人和其他税务当事人的合法权益造成的损害，代表国家予以赔偿的制度。

国家赔偿，顾名思义是以国家为赔偿主体的侵权损害赔偿，但显而易见，国家赔偿的费用虽然由国家负担，国家本身却无法履行赔偿义务，必须有机关代表国家履行赔偿义务。由于国家机关部门众多，不可能确定由一个机关代表国家履行赔偿义务，而只能按照谁侵权谁代表国家进行赔偿的原则确定履行国家赔偿义务的机关。这也正是税务行政赔偿的存在原因。

（二）税务行政赔偿的构成要件

1. 税务机关或者其工作人员的职务违法行为。这是构成税务行政赔偿责任的核心要件，也是税务行政赔偿责任存在的前提。如果税务机关及其工作人员合法行使职权，对纳税人和其他税务当事人合法权益造成损害的，可以给予税务行政补偿，而不存在赔偿问题。

2. 存在对纳税人和其他税务当事人合法权益造成损害的事实。这是构成税务行政赔偿责任的必备要件。如果税务机关及其工作人员违法行使职权没有侵犯纳税人和其他税务当事人合法权益，或者侵犯的是非法利益，均不发生税务行政赔偿。这里的损害事实指的是实际发生的损害，对尚未发生的损害，税务机关没有赔偿义务。

3. 税务机关及其工作人员的职务违法行为与现实发生的损害事实存在因果关系。如果税务机关及其工作人员在行使职务时虽有违法行为，纳税人和其他税务当事人合法权益也受到损害了，但是这种损害却不是税务机关及其工作人员的职务违法行为引起的，税务机关没有赔偿义务。

二、税务行政赔偿范围

税务行政赔偿的范围是指税务机关对本机关及其工作人员在行使职权时给受害人造成的哪些损害予以赔偿。

根据我国《国家赔偿法》的规定，税务行政赔偿的范围包括侵犯人身权的违法行政行为和侵犯财产权的违法行政行为两类。

（一）侵犯人身权的赔偿

税务机关及其工作人员在行使行政职权时有下列侵犯人身权情形之一的，受害人有取得赔偿的权利：

1. 违法拘留或者违法采取限制公民人身自由的行政强制措施的。
2. 非法拘禁或者以其他方法非法剥夺公民人身自由的。
3. 以殴打、虐待等行为或者唆使、放纵他人以殴打、虐待等行为造成公民身体伤害或者死亡的。
4. 违法使用武器、警械造成公民身体伤害或者死亡的。
5. 造成公民身体伤害或者死亡的其他违法行为。

（二）侵犯财产权的赔偿

税务机关及其工作人员在行使行政职权时有下列侵犯财产权情形之一的，受害人有取得赔偿的权利：

1. 违法实施罚款、吊销许可证和执照、责令停产停业、没收财物等行政处罚的。

2. 违法对财产采取查封、扣押、冻结等行政强制措施的。

3. 违法征收、征用财产的。

4. 造成财产损害的其他违法行为。

（三）税务机关不承担赔偿责任的情形

属于下列情形之一的，税务机关不承担赔偿责任：

1. 税务机关工作人员与行使职权无关的个人行为。

2. 因公民、法人和其他组织自己的行为致使损害发生的。

3. 法律规定的其他情形。

三、税务行政赔偿请求人和赔偿义务机关

（一）税务行政赔偿请求人

税务行政赔偿请求人是指有权对税务机关及其工作人员的违法职务行为造成的损害提出赔偿要求的人。根据《国家赔偿法》的规定，税务行政赔偿请求人可分为以下几类：

1. 受害的公民、法人和其他组织有权要求赔偿。作为税务机关及税务工作人员职务违法行为的直接受害者，他们有要求税务行政赔偿的当然权利。

2. 受害公民的继承人和其他有扶养关系的亲属。受害的公民死亡，其继承人和其他有扶养关系的亲属有权要求赔偿。

3. 受害法人或者其他组织的权利承受人。受害的法人或者其他组织终止的，其权利承受人有权要求赔偿。

（二）税务行政赔偿的赔偿义务机关

1. 税务机关及其工作人员行使行政职权侵犯公民、法人和其他组织的合法权益造成损害的，该税务机关为赔偿义务机关。

2. 两个以上税务机关共同行使行政职权时侵犯公民、法人和其他组织的合法权益造成损害的，共同行使行政职权的税务机关为共同赔偿义务机关。

3. 法律、法规授权的组织在行使授予的行政权力时侵犯公民、法人和其他组织的合法权益造成损害的，被授权的组织为赔偿义务机关。

4. 受税务机关委托的组织或者个人在行使受委托的行政权力时侵犯公民、

法人和其他组织的合法权益造成损害的，委托的税务机关为赔偿义务机关。

5. 履行赔偿义务的税务机关被撤销的，继续行使其职权的税务机关为赔偿义务机关；没有继续行使其职权的税务机关的，撤销该赔偿义务机关的税务机关为赔偿义务机关。

6. 经复议机关复议的，最初造成侵权行为的税务机关为赔偿义务机关，但复议机关的复议决定加重损害的，复议机关对加重的部分履行赔偿义务。

四、税务行政赔偿的请求时效和特别保障

（一）税务行政赔偿的请求时效

依据《国家赔偿法》规定，赔偿请求人请求国家赔偿的时效为 2 年，自其知道或者应当知道税务机关及其工作人员行使职权时的行为侵犯其人身权、财产权之日起计算。在申请行政复议或者提起行政诉讼时一并提出赔偿请求的，适用《行政复议法》、《行政诉讼法》有关时效的规定。赔偿请求人在赔偿请求时效的最后 6 个月内，因不可抗力或者其他障碍不能行使请求权的，时效中止。从中止时效的原因消除之日起，赔偿请求时效期间继续计算。

（二）税务行政赔偿的特别保障

依据《国家赔偿法》规定，赔偿请求人要求国家赔偿的，赔偿义务机关、复议机关和人民法院不得向赔偿请求人收取任何费用。对赔偿请求人取得的赔偿金不予征税。

五、税务行政赔偿程序

税务行政赔偿程序由两部分组成：一是非诉讼程序，即税务机关的内部程序；二是诉讼程序，即司法程序。

（一）税务行政赔偿非诉讼程序

1. 税务行政赔偿请求的提出。依据《国家赔偿法》规定，赔偿请求人要求赔偿，应当先向赔偿义务机关提出，也可以在申请行政复议或者提起行政诉讼时一并提出。赔偿请求人可以向共同赔偿义务机关中的任何一个赔偿义务机关要求赔偿，该赔偿义务机关应当先予赔偿。赔偿请求人根据受到的不同损害，可以同时提出数项赔偿要求。

2. 赔偿请求的形式。依据《国家赔偿法》规定，要求赔偿应当递交申请书，

申请书应当载明下列事项：

（1）受害人的姓名、性别、年龄、工作单位和住所，法人或者其他组织的名称、住所和法定代表人或者主要负责人的姓名、职务。

（2）具体的要求、事实根据和理由。

（3）申请的年、月、日。

赔偿请求人书写申请书确有困难的，可以委托他人代书；也可以口头申请，由赔偿义务机关记入笔录。赔偿请求人不是受害人本人的，应当说明与受害人的关系，并提供相应证明。赔偿请求人当面递交申请书的，赔偿义务机关应当当场出具加盖本行政机关专用印章并注明收讫日期的书面凭证。申请材料不齐全的，赔偿义务机关应当当场或者在 5 日内一次性告知赔偿请求人需要补正的全部内容。

3. 税务行政赔偿请求的处理。赔偿义务机关应当自收到申请之日起两个月内，作出是否赔偿的决定。赔偿义务机关作出赔偿决定，应当充分听取赔偿请求人的意见，并可以与赔偿请求人就赔偿方式、赔偿项目和赔偿数额依照《国家赔偿法》的规定进行协商。赔偿义务机关决定赔偿的，应当制作赔偿决定书，并自作出决定之日起 10 日内送达赔偿请求人。赔偿义务机关决定不予赔偿的，应当自作出决定之日起 10 日内书面通知赔偿请求人，并说明不予赔偿的理由。

（二）税务行政赔偿诉讼程序

赔偿义务机关在规定期限内未作出是否赔偿的决定，赔偿请求人可以自期限届满之日起 3 个月内，向人民法院提起诉讼。赔偿请求人对赔偿的方式、项目、数额有异议的，或者赔偿义务机关作出不予赔偿决定的，赔偿请求人可以自赔偿义务机关作出赔偿或者不予赔偿决定之日起 3 个月内，向人民法院提起诉讼。

人民法院审理行政赔偿案件，赔偿请求人和赔偿义务机关对自己提出的主张，应当提供证据。

六、税务行政赔偿方式和计算标准

赔偿方式是指国家承担赔偿责任的各种形式。依据《国家赔偿法》规定，国家赔偿以支付赔偿金为主要方式。能够返还财产或者恢复原状的，予以返还财产或者恢复原状。

1. 侵犯公民人身自由的，每日赔偿金按照国家上年度职工日平均工资计算。

2. 侵犯公民生命健康权的，赔偿金按照下列规定计算：

（1）造成身体伤害的，应当支付医疗费、护理费，以及赔偿因误工减少的收入。减少的收入每日的赔偿金按照国家上年度职工日平均工资计算，最高额为国家上年度职工年平均工资的 5 倍。

（2）造成部分或者全部丧失劳动能力的，应当支付医疗费、护理费、残疾生活辅助具费、康复费等因残疾而增加的必要支出和继续治疗所必需的费用，以及残疾赔偿金。残疾赔偿金根据丧失劳动能力的程度，按照国家规定的伤残等级确定，最高不超过国家上年度职工年平均工资的 20 倍。造成全部丧失劳动能力的，对其扶养的无劳动能力的人，还应当支付生活费。

（3）造成死亡的，应当支付死亡赔偿金、丧葬费，总额为国家上年度职工年平均工资的 20 倍。对死者生前扶养的无劳动能力的人，还应当支付生活费。

上述第（2）项、第（3）项规定的生活费的发放标准，参照当地最低生活保障标准执行。被扶养的人是未成年人的，生活费给付至 18 周岁止；其他无劳动能力的人，生活费给付至死亡时止。

3. 侵犯公民、法人和其他组织的财产权造成损害的，按照下列规定处理：

（1）处罚款、罚金、追缴、没收财产或者违法征收、征用财产的，返还财产。

（2）查封、扣押、冻结财产的，解除对财产的查封、扣押、冻结，造成财产损坏或者灭失的，依照下述第（3）项、第（4）项的规定赔偿。

（3）应当返还的财产损坏的，能够恢复原状的恢复原状，不能恢复原状的，按照损害程度给付相应的赔偿金。

（4）应当返还的财产灭失的，给付相应的赔偿金。

（5）财产已经拍卖或者变卖的，给付拍卖或者变卖所得的价款；变卖的价款明显低于财产价值的，应当支付相应的赔偿金。

（6）吊销许可证和执照、责令停产停业的，赔偿停产停业期间必要的经常性费用开支。

（7）返还执行的罚款或者罚金、追缴或者没收的金钱，解除冻结的存款或者汇款的，应当支付银行同期存款利息。

（8）对财产权造成其他损害的，按照直接损失给予赔偿。

本章小结

纳税人权利是指纳税人在履行纳税义务的过程中，依照税收相关的法律法规的规定，可以做出或不做出的一定行为，以实现自身的合法权益。根据我国《税收征管法》的规定，纳税人主要享有以下权利：知情权、要求保密权、税收监督权、纳税申报方式选择权、申请延期申报权、申请延期缴纳税款权、申请减免税权、申请退还多缴税款权、索取有关税收凭证权、对违法行为的拒绝权、陈述与申辩权、申请听证权、委托税务代理权、申请复议和提起诉讼权以及要求赔偿权。

税务行政复议是指当事人（纳税人、扣缴义务人、纳税担保人及其他税务当事人）不服税务机关及其工作人员作出的税务具体行政行为，依法向上一级税务机关（复议机关）提出申请，复议机关经审理对原税务机关具体行政行为依法作出维护、变更、撤销等决定的活动。《税务行政复议规则》对税务行政复议的机构和人员、税务行政复议的受案范围、税务行政复议管辖、税务行政复议申请人和被申请人、税务行政复议证据、税务行政复议程序、税务行政复议和解与调解税以及税务行政复议指导和监督等内容进行了具体规定。

税务行政诉讼是指公民、法人和其他组织认为税务机关及其工作人员的具体税务行政行为违法或者不当，侵犯了其合法权益，依法向人民法院提起行政诉讼，由人民法院对具体税务行政行为的合法性和适当性进行审理并作出裁决的司法活动。主要内容包括税务行政诉讼的受案范围、税务行政诉讼管辖以及税务行政诉讼程序。

税务行政赔偿是指税务机关作为履行国家赔偿义务的机关，对本机关及其工作人员的职务违法行为给纳税人和其他税务当事人的合法权益造成的损害，代表国家予以赔偿的制度。主要内容包括税务行政赔偿范围、税务行政赔偿请求人和赔偿义务机关、税务行政赔偿的请求时效和特别保障、税务行政赔偿程序以及税务行政赔偿方式和计算标准。

复习思考题

1. 根据我国《税收征管法》的规定，纳税人主要享有哪些权利？

2. 简述税务行政复议的概念和特点。

3. 简要介绍税务行政复议的受案范围。

4. 试述税务行政复议程序。

5. 简述税务行政诉讼的概念和特点。

6. 简要介绍税务行政诉讼的受案范围。

7. 试述税务行政诉讼程序。

8. 简述税务行政赔偿的概念和构成要件。

9. 简要介绍税务行政赔偿的范围。

10. 2012 年 5 月 8 日，接群众举报 A 县某宾馆采取发票开大头小尾方式进行偷税。该县地税局遂立案检查，5 月 9 日，县地税局派人对宾馆依法实施了检查，查实其偷税 4 500 元的事实。A 县地税局遂于 5 月 15 日依法作出补缴税款、加收滞纳金及处以所偷税款 4 倍罚款的决定。宾馆不服，于 5 月 20 日依法向市

地税局申请行政复议。6月10日，复议机关经审理后，作出维持原具体行政行为的复议决定。(本题不考虑发票违法行为的处理)

问：(1) 请说明税务机关实施检查时应遵循的相关规定。

(2) 请说明税务机关实施行政处罚的程序。

(3) 宾馆对地税局的处理决定不服，是否可无条件地向市地税局申请行政复议？

(4) 如宾馆对市地税局的复议决定不服，应以谁为被告，提起行政诉讼？

推荐阅读资料

《中华人民共和国税收征收管理法》，2001年4月28号，第九届全国人民代表大会常务委员会第二十一次会议通过。

《中华人民共和国税收征收管理法实施细则》，2002年9月7日，国务院令第362号。

《国家税务总局关于纳税人权利和义务的公告》，2009年11月6号，公告2009年第1号。

《税务行政复议规则》，2010年2月10日，国家税务总局令第21号。

《行政诉讼法》，1989年4月4日，第七届全国人民代表大会第二次会议通过。

《中华人民共和国国家赔偿法》，2010年4月29日，第十一届全国人民代表大会常务委员会第十四次会议修正。

网上资源

http://www.sdpc.gov.cn（国家发展和改革委员会网）

http://www.mof.gov.cn（财政部网）

http://www.chinatax.gov.cn（国家税务总局网）

http://www.chinesetax.gov.cn（中国税务网）

第八章 税务管理信息化

税务信息化建设是一个复杂的系统工程，不仅要投入大量的人力、物力、财力，而且涉及税务管理的征管体系、机构组织等各个方面。金税工程拉开了我国税务大规模信息化建设与应用的序幕，各期工程的开展也成为我国税务信息化应用的主线。本章主要介绍我国税收征管信息化的发展历程，以及税收征管信息化取得的成效和发展方向。

第一节 税务管理信息化历程

税务信息化是整个社会信息化的重要组成部分，是以计算机技术、通讯技术、管理科学等现代信息技术在税务活动中的普及应用为主要内容，以税务信息专门技术研发和专门人才培养为支撑，税务活动由传统纸质、手工方式向现代电子、网络方式转变，实现税务信息资源深度开发利用的过程。

一、我国税务管理信息化背景

税务管理及税款征收工作的手工操作方式，不仅管理效率不高，税务机关也难以对纳税户的经济活动进行全面的监控，给不法分子以可乘之机，导致税款流失，使国家财政收入遭受损失。为了提高税收征管质量、降低劳动强度，实现税收征管现代化，提高税收征管效率，从 1982～1993 年的 11 年间，开始了我国的税务信息化从萌芽到起步的阶段。1994 年开始实施金税工程。1995 年提出了"以申报纳税和优化服务为基础，以计算机网络为依托，集中征收，重点稽查"的征管模式，通过多年的征管工作实践和积极探索，效能逐步显现。它促进了税收征管手段和服务方式的改善，提高了征管质量和效率，规范了税收执法行为，实现了税收收入的稳定增长，但该模式也存在着分工不明、职责不清、衔接不畅、管理缺位、信息传递、反馈和共享不尽如人意等问题。

为此，国家税务总局 2001 年制定了《关于加速税收征管信息化建设推进征管改革的试点工作方案》，提出"实现税收征管的'信息化和专业化'，建设统一的税收征管信息系统，实现建立在信息化基础上的以专业化为主、综合性为辅的流程化、标准化的分工、联系和制约的征管工作新格局"的新一轮征管改革目标。从改革目标可以看出，加速税收征管信息化建设，推进征管改革的核心内容是实现在信息化支持下的税收征管专业化管理。2002 年 8 月 13 日，全国税务系统信息化建设工作会议在北京召开，时任国家税务总局局长金人庆指出：科技加管理是税收工作的生命线，税收征管质量指标体系的建立，执法岗位的监督、目标责任制的落实，以及从源头和机制上预防与治理腐败，都离不开信息化的支持。这标志着我国今后税收发展、改革的方向就是快速推进税收信息化建设。

二、我国税务管理信息化历程

税务信息化建设是一个复杂的系统工程，不仅要投入大量的人力、物力、财力，而且涉及税务管理的征管体系、机构组织等各个方面。我国税务信息化是从 20 世纪 80 年代初期起步的，在 30 余年的时间里经历了从无到有、从小到大、从简单应用到复杂应用的发展历程，取得了令人瞩目的成绩。税务信息化建设的发展使得税收征管、税收会统、行政管理以及税收决策等方面的工作发生了深刻变化。回顾税务信息化建设的历程，大体上可分为起步、发展和高速发展三个阶段。

（一）税务管理信息化的起步阶段（1982～1989 年）

1982 年年底，湖北省税务局购进了一台 Z80 计算机，用于对部分税收会统报表的初步处理，它是我国税务系统购进的第一台计算机，它的购进与应用成为我国税务信息化建设步入萌芽阶段的重要标志。经过近 8 年的努力，到 1989 年年底，辽宁、吉林、江西、河北、北京、江苏和沈阳等省市相应成立了独立的计算机管理机构，配备了较强的技术力量。

（二）税务管理信息化的发展阶段（1990～1993 年）

1990 年 4 月，国家税务总局在广州市召开了全国税务系统第一次计算机应用工作会议，在会上首次提出了实现税务工作管理现代化的总体目标，从此，我国税务信息化建设进入了发展阶段。信息技术人员从建立制度、推行标准化开始，逐步开展了各类单项软件的开发、研制和应用，计算机应用的范围也由先前单一的会计系列渗透到征管业务、办公、人事等税务管理的各个方面，信息化建设有了初步的成效。

（三） 税务管理信息化的高速发展阶段（1994 年至今）

一直以来，税务系统信息化建设都是以税收征管业务为核心，金税工程拉开了我国税务大规模信息化建设与应用的序幕，各期工程的开展也成为我国税务信息化应用的主线。为了加强税收征管，规范税收秩序，国务院于 1994 年开始实施金税工程。金税工程成为中国税务信息化应用发展过程的主导。金税工程初期以增值税监管为主要目标；二期时，内容已拓宽为增值税防伪税控开票系统、防伪税控认证系统、增值税计算机交叉稽核系统、发票协查信息管理系统的四个系统；在金税工程二期逐渐进入尾声，而金税工程三期正式启动的 2003～2005 年 3 年期间，其目标已经成为：在二期基础上，建立 7 个子系统（管理子系统、征收子系统、稽查子系统、处罚子系统、执行子系统、救济子系统、监控子系统）和 35 个模块。金税工程成为我国税收信息化应用发展过程的主导，具体时间历程为：

1. 1994 年 7 月，作为金税工程一期的增值税计算机交叉稽核系统在 50 个大中城市试点，这对加强增值税征收管理起到了积极的作用。

2. 1998 年 8 月，金税二期工程开始推行，不仅成功实现了把税收征管业务放到网上运行，而且解决了犯罪分子利用增值税专用发票偷骗国家税款的问题，虚开增值税专用发票大要案呈明显下降趋势。

随着税收征管改革和税收信息化建设的深入发展，国家税务总局提出了税务管理信息一体化建设方案，并积极进行金税工程三期的立项工作。

3. 1996 年，我国开始启动"中国税收征管信息系统"（CTAIS）软件的开发工作。

4. 1997 年，全国的出口退税工作已使用了出口退税计算机管理系统；从 1997 年开始在部分省市的商业、服务业、娱乐业试点推广使用税控收款机；1998 年开始，在大中城市出租汽车行业逐步推广使用税控计价器；1999 年又在全国加油站推广安装了税控加油机。目前，全国已有十多个省、市的地税局在全省（市）范围内推广了本省（市）的地税征管软件，有些省市结合自身实际开发的地税征管软件已经比较完整，有的软件已经相当先进。

5. 2001 年 7 月，金税二期工程在全国正式开通运行。金税二期主要是在增值税一般纳税人中全面实施防伪税控系统，在税务部门建立发票认证、发票交叉稽核和发票协查等系统，实现了税务机关对企业增值税发票和纳税状况的有效监控。增值税计算机交叉稽核系统在全国 3 800 多个区县以上税务机关联网运行，促进了企业依法申报纳税。金税工程发票协查系统的运行大大提高了稽查工作效率。

6. 全国统一税收征管软件在税务系统稳步推广。国税系统使用的全国统一税收征管软件正在各地推广使用。这个软件涉及基层税务机关的事务处理、管理监控和辅助决策等业务，涵盖了管理服务、征收监控、税务稽查、税收法制及税收执行等五个系列的基层税收征管和市局级的管理与监控功能。目前，已有92个城市使用该软件。地税系统使用的征管软件以省为单位也正在推广使用。

7. 出口退税计算机管理成为税务部门与其他部门信息共享的成功范例。为了加强出口退税管理，严厉打击骗取出口退税的违法犯罪活动，在海关、外贸、外汇等部门的配合下，出口退税管理系统已经初步建立。通过与海关口岸电子执法等系统互联，可以缩短出口货物报关单的收集时间，提高出口货物报关单、外汇收汇核销单信息的传递速度与质量，加快了对出口企业出口退税的审核。

8. 其他各应用系统也正发挥积极作用。公文处理系统、法规查询软件、反避税信息系统软件、地方税十税一费软件、土地使用税税源管理与分析软件、稽查查账软件、资产管理软件等也开始运行，这些都为加强税务管理奠定了良好基础。

9. 为纳税人提供充分的信息与政策指导。各地的很多税务系统已经开始陆续建立基于互联网的税收公共服务平台。这个服务平台基于税务管理信息系统，包括行政管理系统、数据仓库、外部信息交换系统、呼叫中心等，为纳税人提供全面、规范、准确、便捷的涉税综合信息网上服务。纳税人在这个税收公共服务平台上能够查询各级税务机关的组织结构，各种涉税事宜的办理指南，历年各类税收法律、法规和最新发布的法律、法规，最新的各种税收政策、税务公告的通知，增值税专用发票开具、作废、丢失信息，纳税人关心的各种涉税统计信息、各种证照审批结果，以及纳税人的纳税诚信信息等。

10. 2005年，我国的税收信息化建设以信息资源整合为突破口，完成和优化了"一窗式"管理和"四小票"管理，实现了税收征管系统、增值税管理系统、出口退税管理系统等三大主体应用软件的整合工作，解决了业务应用需求。同时，根据金税工程（三期）总局、省级两级数据集中处理的规划，重点开展了综合征管软件的省级集中推广工作，对防伪税控系统、交叉稽核系统、协查系统、出口退税系统按照省级集中模式进行了系统优化，逐步建立了基于统一规范的省级应用格局。2005年进一步扩大数据集中的范围，提高涉税数据的利用率，实现了包括增值税专用发票数据、"四小票"数据（包括货物运输发票数据、废旧物资发票数据、海关完税凭证数据和代开增值税专用发票数据）、防伪税控系统数据、出口退税审核系统数据、涉外企业所得税系统数据、车辆购置税数据和日常征管数据在内的主要业务数据的集中分析和利用；形成了包括征收、管理、稽查、处罚、执行、救济等事务处理功能以及查询、分析、监控、考核等决策支持功能的核心应用系统；建设了包括综合办公、人力资源、财务管理、监察监督、教育培训、政府采购管理、后勤保障等内容的行政管理信息系统。

11. 国税、地税部门与其他经济管理部门和行政执法部门的联网和信息共享不断得到加强，逐步实现了对关联业务进行交叉监管。

三、税务管理信息化建设取得的初步成效

在近30年的时间里，我国税务信息化经过了从无到有、从分布到集中、从单一到复合、从分散到统一的历程，取得了很大成绩。我国税收信息化的应用层次逐步提高，即从局部的信息化向全局的信息化发展，由基层的信息化向决策的信息化发展。信息化建设已经具有了一定规模和基础，综合征管、增值税、出口退税三大关键业务系统都实现了信息化管理。目前我国税务系统四级广域网已全部联通，省级地税局已全部与总局联网，硬件配备初具规模，很多省份的地税系统已开通本省的广域网。部分地区国税和地税系统的广域网还延伸到县属征收分局一级。这个计算机广域网络是税务系统的"信息高速公路"，是税务管理信息化的基础和依托。税务管理软件推广应用成效也非常显著，我国目前的主要税务计算机应用软件包括税收征管、税收会统票处理、税收法规管理、涉外税收管理、税收普查资料处理、系统人事管理、机关事务等几大类。在强化征管基础建设、基本制度建设和提高干部基本素质、优化纳税服务等多个方面初步取得成效。

税收管理信息化建设，有力地促进了税收工作水平的提高。以信息化手段为依托，大力实施科学化、精细化管理，积极推进税收征管体制改革，优化业务流程，完善岗责体系，创新管理制度，提高了管理效能。综合征管信息系统、增值税管理信息系统等应用系统的推广，加强了对各税种的管理，强化了税源控管，优化了纳税服务，提高了税收征收率。依靠现代科技手段，规范税收执法，减少了执法随意性，强化了对税收执法权和行政管理权的监督制约，税务干部违法违纪现象大大减少，促进了税务干部队伍建设。具体表现为：

（一）信息化建设的总体思路进一步明确

在总结多年实践经验的基础上，进一步明确了税收管理信息化建设的总体目标、基本原则和主要内容。成立信息化工作领导小组及其办公室，加大一体化建设管理和组织协调力度，完善了信息化建设的决策机制和工作机制。

（二）应用系统建设稳步推进

成功实施增值税管理信息系统。以增值税申报纳税"一窗式"管理为突破口，将纳税申报审核与发票交叉稽核统一起来，加强票表审核比对，实现增值税管理信息系统与综合征管信息系统之间的工作联系和信息共享，充分发挥了增值

税专用发票"防伪控税"的作用。同时，逐步实现对海关完税凭证、货物运输发票、废旧物资发票、农副产品发票和税务机关代开增值税专用发票抵扣的稽核比对。积极开展国家税务总局综合征管信息系统定版、试点、推广工作，并不断进行优化升级。完善出口退税管理信息系统。推进了综合征管信息系统、增值税管理信息系统、出口退税管理信息系统之间的信息整合。个人所得税管理信息系统开发、试点工作顺利开展，逐步推行税控器具，在部分地区试点推行税收执法管理信息系统，财务管理信息系统试点、推广应用和政府采购管理信息系统开发工作有序展开，推进综合办公信息系统开发工作。

（三）信息应用水平不断提高

实行纳税人信息资料"一户式"储存管理，方便查询分析，拓展信息应用。利用各种数据开展税收经济分析、企业纳税评估等工作，查找征管薄弱环节，促进税源管理。积极推行多种申报方式和缴款方式，提高办税效率。加强国、地税局之间的信息交换，推进与有关部门的信息联通。加强税务网站建设，规范12366纳税服务热线，利用信息化手段提高税法宣传、咨询辅导、办税服务水平。

（四）信息化基础建设快速发展

在扩大网络覆盖面的同时，根据实际工作需要，积极实行网络改造和扩容，提高运行效率。各种硬件配备基本满足工作要求。税务信息系统已成为全国规模最大的行业信息管理系统之一；税收管理信息化队伍建设取得明显进展。

第二节 税收征管信息化建设

一、税收征管信息化的总体目标

（一）提升管理

围绕"创造税收价值"的目标，从提升管理的角度关注和挖掘信息技术在推动业务管理体制、流程的集成、改造等方面的潜力，引入知识管理，满足社会和纳税人不断增长的期望，在降低成本的同时增加税收等方面的价值。通过信息化手段，加强对管理主体、管理对象的监控。

（二）优化服务

充分利用信息技术，通过公开、公正、公平地将税法贯彻、适用于全体纳税人，以及通过帮助个性需求不同的纳税人了解和履行纳税义务，为纳税人提供最优质的服务来体现"效率优先、兼顾公平"的原则，进一步优化对内的信息化服务，提高工作效率。

（三）信息共享

通过加强信息网络建设、强化信息的网上发布和传输以及消除"信息割据"、"信息壁垒"等措施，加强信息的流动和共享。

（四）全面应用

税收征管信息化建设重在应用，抓应用，要立足于落实各单位、各部门的应用职责和配套的管理考核，确保用足、用好，以真实性、准确性、完整性、高效性为标准，着眼于应用质量和效率的提高，使技术创新在管理创新中更加有效地转化为现实生产力。

（五）文化重构

实现税收管理以快捷的电子方式在各级、各部门之间传递信息，从而带来流程再造、业务重组、组织和文化观念的重构。

二、税收征管信息化的基本原则

（一）工程原则

税收征管信息化的体系构筑既包括信息集成过程，又包括服务集成过程、网络集成过程和集成管理过程。处理各个过程不是按照搜集、加工、存储、检索、发布的信息流程来操作，而应是并行操作和交互操作。要充分估计一定时期内的环境条件等制约因素，讲求可行性，避免盲目性。

（二）服务原则

税收征管信息化的体系构筑必须以纳税人为服务对象，在服务的内容上保持动态的优势。坚持需求牵引，服务第一。所构筑的体系能够保障用户在恰当的地点、合适的时间、以用户能够掌握、经济上能够承受的可靠、便捷的方式，得到准确的信息。把个性化服务作为争取服务优势的关键，适时优化信息集成过程、服务集成过程，为纳税人、管理部门和决策者及时提供内容准确的信息，对特定用户赢得较高的诚信度。提高体系内各信息元、信息层面的相互交换信息、交换服务的互用能力，达到体系构筑的整体优化。

（三）Web 原则

税收征管信息化的体系构筑要基于 Web 的分布、分层特征；基于 Web 的互通、互联和互操作的网络服务；基于 Web 表示，构建信息联合作业平台与信息指引平台和个性化服务平台；基于 Web 应用，构建易用的多样化的应用系统。

（四）能力原则

不单纯追求信息化建设的数量和规模，重在提高税收征管信息化的快速反应能力、决策支持能力、资源支撑能力、协同作业能力和集成服务能力。

（五）持续发展原则

必须坚持应用系统的"统一规划、统一标准、统一建设、统一应用"，在具体实施步骤和扩展功能开发上，要考虑地区和部门的具体问题，不搞"一刀切"，要在立足现实的基础上统一规划、分步实施、整体推进。

三、我国税收征管信息系统简介

中国税收征管信息系统（China Taxation Administration Information System）（又称金税工程），简称 CTAIS。CTAIS 是以国家税务总局编写的《税收征管业务规程》和《市局级税收征管业务需求》为基准，由国家税务总局与联想神州数码公司联合开发的适用于全国各级税务机关的统一征管软件。CTAIS 的开发是为了配合我国不断深入的税收征管改革，通过统一的税收征管软件来规范税收征管行为，在全国各级税务机关建立一个统一的、全面的、严密的、科学的税收监控体系。通过 CTAIS 系统的应用，提高税务系统的征收管理水平，逐步实现全国税收的现代化管理。

（一）CTAIS 系统构成

1. 税收征收管理系统。税收征管信息是在税收征管业务中采集和生成的原始资料、数据和信息的总称，包括税务登记信息、资格认定信息、发票信息、税收文书、应纳税款核定信息、纳税申报信息、税款缴纳信息、稽核评税信息、纳税人基础数据信息、税收征收管理数据信息、重点业户生产经营及资金运动信息、税收计划信息、票证信息、税收会计信息、税收统计信息、税收法制信息、各种证照审批结果、纳税人诚信纳税信息等。

税收征管信息系统就是对以上信息进行采集、传输、存储、加工和处理的系统，它能为税源管理与监控、税款征收、税务检查、税收执法提供基础数据和依据，促使征管各环节之间紧密衔接、协调配合。

2. 行政管理办公信息管理系统。行政信息包括人事信息、财务信息、后勤信息、教育培训信息、电子邮件、公文流转和审批信息、图书资料管理、各类报表统计、各类信息共享和交换、税收法规查询、工作安排、工作制度、规程、税务机构信息等。

行政管理系统是对各种行政信息进行采集、加工、传输和存储，并利用先进的办公设备进行处理、信息管理和行为决策的系统，用以提高行政工作质量和工作效率。

3. 税收决策支持系统。税收决策支持系统是税收管理从操作型管理走向数量型、分析型、智能型管理的标志。税收决策支持系统是以税收征管信息为基础，加入 GDP、工业和商业增加值、行业税负等宏观经济数据，采用数据仓库、数据挖掘等技术，利用多元统计计算、专家评分分析等方法建立的科学的税务决策分析模型。它为决策者提供宏观税负水平分析、税制结构分析和政策评价、税收收入预测、重点税源动态监控和征管风险预警等决策信息，在税收分析、税收预测、税收计划、纳税人信誉评估、税收监控预警、税收稽查选案、税收考核评价、宏观经济分析等方面为决策者提供信息支持。

4. 外部信息管理。外部信息是指税收征管中所需要的其他有关部门的资料信息，包括工商行政管理部门的信息，比如登记、变更、注销、吊销信息；金融系统的信息，比如银行账号、对账单信息；公安部门的信息，比如居民身份证号、出国人员信息；海关部门的信息，比如报关单、关税征收信息；外汇部门的信息，比如外汇汇率、收汇核销单信息，以及统计部门等的有关信息。

外部信息系统是以实现外部信息交换和为纳税人提供信息服务为任务的系统。它既包括税务部门与工商行政管理、金融、公安、海关等其他部门之间的信息交换，也包括税务机关以多种方式向社会提供的税法宣传、政策咨询等信息服务。

（二）CTAIS 系统功能

CTAIS 是一个应用于全国各地税收征管的大型软件。它是基于三层体系架构并支持省级数据集中的税收征管信息系统，共有七个子系统，其中六个是业务子系统，一个是系统维护。每个子系统都设有若干模块、子模块，覆盖了绝大部分税收征管业务，具体包括 25 个子系统和相应的 652 个业务功能模块。

1. 管理服务子系统。主要处理税务登记、一般纳税人认定、发票管理、减免退税、核定税额、增值税专用发票交叉稽核、信息采集、待批文书、证件管理、资料管理、档案管理等业务。

2. 征收监控子系统。主要处理申报征收、稽核评税、税收计划、税收会计、税收统计、票证管理等业务。

3. 税务稽查子系统。主要处理稽查选案、稽查实施、稽查审理、稽查案卷管理等业务。

4. 税收法制子系统。主要处理违法违章处罚、税务行政复议、行政诉讼、行政赔偿等业务。

5. 税务执行子系统。主要处理税务文书送达、税收一般执行、保全、强制执行等业务。

6. 市局业务级系统。主要处理税务机关征管质量考核、分析监控、统计查询、报表管理等业务。

7. 系统维护子系统。主要负责各项业务的维护管理。

（三）CTAIS 系统特点

CTAIS 系统是以划清征纳双方法律责任、规范税务机关执法行为，建立并实现税收征管各相关业务环节的制约监控机制，规范纳税服务及各项工作秩序和权限，以计算机网络为依托，提高依法治税的力度，实现信息高度共享的计算机信息管理系统。主要有如下特点：

1. 规范性。该系统严格遵循《税收征管法》和税收法律、法规、规章、制度的要求，严格按照国家税务总局编写的《税收征管业务规程和表证单书》而开发的。程序编码、软件界面及文档用语都遵循规范化和标准化的要求，统一了税收征管业务规程、办税程序，规范了税务文书，明确职责，创建了专业化的人员分工组合、相互制约的运行机制，改变过去办事中的随意性、变通性。

2. 全面性。该系统覆盖了绝大部分税收征管业务，不是一时一地的、一般性的业务内容。另外还考虑了一些地区的特殊业务需求。

3. 监控性。该系统将税务登记、发票管理、待批文书、证件管理、资料管理、档案管理、信息采集、申报征收、稽核评税、稽查管理、税收法治、税务执行、行政复议、行政诉讼、行政赔偿等征管业务融为一体，环环相扣，建立了全面而灵活的监控体系，使得所有的业务操作都能及时地得到反映和追踪。如该系统的违法违章管理模块，可以登记并处理征管业务各个环节所发生的违法违章信息，为税收征管业务提供了多项计算机自动监控手段。该系统可以全面采集纳税人信息数据，全面处理征管业务，保证了征管行为的实时监控，为征管质量的提高起到了有力的支持。

4. 数据共享性。纳税人几乎所有的涉税原始数据都可以直接录入，形成了税收征管所必需的、完整的、系统的基础数据信息。无论是具体经办人员还是上级领导都能及时查询到工作所需的纳税人信息数据，初步实现了征管信息的共享。

5. 优化性。根据 CTAIS 和国家税务总局制定的《税收征管业务规程》的要求，结合机构改革、征管改革方案，对税务机构设置、工作职责划分、岗位权限设置进行了重新调整和完善，进一步优化了税收征管组织，建立了较为科学、规范和有效制约的岗责体系，提高办税效率，推进依法治税，最大限度地方便了纳税人。

第三节　我国税务管理信息化发展方向

一、目前税务管理信息化存在的问题

我国的税务信息化建设在取得成效的同时也开始出现了一些问题，主要体现在：

（一）系统林立、标准不一，数据共享程度不高

金税工程和中国税收征管信息系统都在全国统一应用，但二者之间互不兼容。与此同时，几乎每一省市都在开发应用基于税收征管业务的征管软件和基于行政管理的办公自动化系统，不仅增加了运营、维护和服务成本，而且给税务机关、税务人员等带来了很大不便。据统计，目前全国税务系统至少有数十套征管软件在运行，但其中大多数都不能互相兼容，严重影响了税务信息化建设的协调发展。

（二）资源利用效率低下

目前税务部门的硬件配置日益现代化，但设备和信息的利用程度与使用效益却很低，仅重视信息系统替代手工操作的功效，而忽视了数据资源的共享和信息资源的有效挖掘和利用。一些基层税务部门计算机的应用水平仅停留在税务登记、纳税申报、税款征收、发票管理及税收会计核算等初级阶段，信息系统的强大管理功能、分析功能、数据处理、交换功能和监控功能远未发挥出来。

（三）欠缺与信息化建设相匹配的管理创新

基层税收部门信息数据采集的随意修改性仍然很大，对完整、准确、即时采集数据的功能重视不够，从而形成了大量的垃圾数据及信息孤岛；缺乏以涉税经济信息管理为基础的行政管理、行政执法及决策支持；税务机关的信息数据采用的是手工输入计算机的办法，由于现在的办税窗口服务是登记制而非审核制，致使信息资料可信程度不高。

（四） 税务队伍素质有待提高

目前税务队伍素质与税务信息化的要求之间还存在一定差距，有一部分干部职工的业务技能达不到信息化的要求。有的乡镇地税分局，往往即使配备了也只是当摆设，利用率极低，税收征管、服务体系还基本处于人工管理状态。

二、全球税务管理信息化

（一） 美国

美国从 20 世纪 60 年代起逐步在全国范围内建立了税收征管网络。实现了从税收预测、税务登记、纳税申报、税款征收、税务稽查、税源控制、纳税资料的收集、存储、检索等一系列工作环节的信息化。在税收信息化的建设过程中，重视先进技术的运用，是美国的一大特色。如 1999 年，美国开始运用信用卡技术，支付预估的税款；2000 年，美国开始采用顾客账户方式，纳税人通过国税局电子报税系统支付的税款可以直接从其银行账户中扣除。现阶段，美国又在新的征管软件中启用了"数据挖掘"信息技术，极大地保障了信息的真实性，减少了偷漏税现象。

（二） 澳大利亚

澳大利亚已在全国税务机关内部全面运用计算机系统管理纳税申报，办理出口退税等日常工作。并实现了与政府相关部门如海关、工商、保险、金融及大企业的网络互联，有效地对税源进行控制，有针对性地开展税务审计。另外，在安全方面，澳大利亚税务系统也采取了一些措施，如为防止灾难性毁坏而设计建立了数据库备份运行系统，以备不时之需。在保密机制上，采用了口令或密码、电子通行证等机制，同时使系统具有了屏幕保护功能、权限保护功能和追踪查询功能。

（三） 意大利

在欧盟国家中，意大利拥有最成功、最大的税收信息管理系统——ITIS（Italy Tax Information System）。财政部通过 ITIS 对全国税收工作进行管理，同时，通过公用数据网实现税收环节相关部门的信息交换和资源共享。ITIS 包括 16 个子系统，主要有：税务登记注册系统、所得税子系统、增值税子系统、税务检查子系统、技术支持与培训子系统等。这些子系统相互配合、相互辅助，各种资料集中存放，各地区、各系统之间十分频繁地进行信息交换，构成了遍布意大利全国的税务信息网络。

（四）日本

日本的税收信息管理系统也有其自身的特点。首先，国税局及税务署的系统根据征管工作的需要统一开发运行。国税局接收税务署传送的纳税人信息，并对银行传送的税款入库信息进行核对后，再传送给税务署，后者采用统一的定型统计，从而实现了国税局与税务署系统在统一的状态下运行。

三、我国税务管理信息化发展方向

尽管税务系统在信息化建设过程中取得了一定成绩，但从国家对整个税收工作的要求来看，税收征管信息化建设依然任重而道远。信息技术在税收管理各领域的应用有待进一步拓展、完善和深化，各系统间的功能需要进一步整合，利用信息技术改造税收工作以加强管理、改进服务的目标还远没有实现。为此，国家税务总局下发的《关于进一步加强税收征管工作的若干意见》提出需要进一步整合信息资源，应做到以下五点：

（一）加强现有信息资源的整合与应用

以实施纳税申报"一窗式"、纳税人资料"一户式"管理为突破口，按照一体化的思路，通过数据层面的整合和功能填平补齐的方式，实现国家税务总局综合征管应用系统、增值税管理应用系统、出口退税管理系统、稽查管理等系统以及各地自行开发并已在全省普遍应用的综合征管应用系统的各类信息资源互通互联共享，实现各个征管工作环节在信息化支撑条件下的相互衔接。

在整合各类信息资源的同时，要利用现代技术手段，尽可能实现各个应用系统的桌面集成，形成界面统一、切换方便、实时调用、数据共享的操作系统，最大限度地方便纳税人、方便基层操作。要注意各类设备和网络有效的整合，使现有资源得以充分利用，避免浪费和重复投资。

整合工作中要充分发挥国家税务总局统一主体软件重要作用，在全国国税系统逐步推广应用国家税务总局综合征管软件整合版的基础上，实现基础征管数据与国家税务总局联网运行，相关征管信息国税、地税局共享。

（二）实行信息数据集中处理

利用信息化手段，逐步实现各类征管数据的统一数字化存储、加工和管理，消除信息孤岛，发掘数据应用潜力，实行信息数据集中处理，提高数据应用质量和水平。

按照信息共享的原则，管好用好税收征管数据信息。根据税收征管信息特点，细化信息分类，将各类分别采集、分散使用的征管数据信息通过信息化手段进行整合，以提高信息系统运行效率，实现信息共享。要区分静态数据和动态数据两种不同方式采集、处理各类征管数据。凡属常用、通用等通常不变的静态数据，如纳税人名称、地址、税务登记号码、适用税目税率等，由一个部门统一采集、各部门通用；凡属经常发生变化的动态数据，如纳税人生产经营情况、财务指标、纳税申报、补交税款、滞纳金、罚款、发票用存情况等必须由各部门分别采集的，要实行分别采集、各部门通用。在统筹使用、整合各种技术基础设施和资源的基础上，尽可能提高数据处理的集中度，有条件的地方可以集中到省一级统一处理，以有效利用各种设备和征管信息资源，避免重复投资和浪费。

（三）落实纳税人信息"一户式"管理措施

按照《国家税务总局关于推行纳税信息"一户式"管理工作的通知》要求，把散存于税收征管各个环节的征管资料和各类静态、动态征管信息，按独立的纳税户（人）加以归集，依托信息技术实行"一户式"管理，使之能够反映纳税人履行纳税义务的全貌，将"一户式"管理的各项工作落实到位。对于不能在申报环节取得的信息资料，如各税种管理所需的纳税人生产经营情况、财务报表等信息资料，要做出统一规定由纳税人一次性报送，禁止各专业部门随意向纳税人索要有关信息资料。对于纳税人报送的各类信息资料，由专人负责一次性录入，各部门信息共享。不能通过信息系统自动采集的，也要通过手工补录方式，统一归集到"一户式"管理信息系统中，以确保"一户式"管理信息的共享与应用。"一户式"归集存储的各类管理信息，要有专人负责维护更新。有条件的地方，要实现由计算机自动归集纳税人各类信息数据，以便查询、分析、监控，提高管理的质量和效率。

（四）加强信息配合

首先加强国税、地税局信息的互通互联共享。要加快国税、地税征管信息系统互通互联，包括国税、地税共管户的税务登记信息、关联发票信息、核定认定信息、增值税抵扣信息、所得税管辖信息、附征税费基础信息、委托代征信息、征管违章信息、税务稽查信息、司法救济信息等，都要列入双方共享的范畴，通过信息资源互联共享。其次要积极拓宽与工商、银行、海关、外汇管理等部门的数据交换与互联互通渠道，制定信息交换与数据共享制度。

（五）及时运用新技术

随着通信与协作技术的逐渐广泛运用，短信平台、视频会议、微博建设等成为新的信息发布平台。如果在税务信息化建设中融入通信与协作技术，可以使税收征管网络进一步延伸到纳税人和更广泛的社会领域，可以使得税务人员及时跟踪纳税人信息，从而使得沟通更为高效。例如，传统电话通知需要逐户拨号，而整合了通信技术后，仅需选中需要要通知的纳税人，采取短信群发或飞信的方式便可完成。此外微软的 MSN、腾讯的 QQ 还有微博等，可以保证用户在任何时间、任何地点、使用任何支持的设备轻松实现面对面地交流。协作在税务信息化中也占有举足轻重的地位。通过建立虚拟工作组和联络中心，不同地域的税务人员可以组建虚拟的团队，相互协作完成同一个目标。

本章小结

税务管理信息化是整个社会信息化的重要组成部分，是以计算机技术、通讯技术、管理科学等现代信息技术在税务活动中的普及应用为主要内容，以税务信息专门技术研发和专门人才培养为支撑，税务活动由传统纸质、手工方式向现代电子、网络方式转变，实现税务信息资源深度开发利用的过程。我国税务管理信息化是从 20 世纪 80 年代初期起步的，在 30 余年的时间里经历起步、发展、高速发展阶段，以金税工程为主导的中国税务信息化建设自 1994 年来经历了三期建设，取得了显著成效。但目前还存在系统林立、标准不一，数据共享程度不高；资源利用效率低下；管理体制有待创新；税务队伍素质有待提高等问题，需要在未来进一步拓展信息技术在税收管理各领域的应用、进一步整合完善和深化各系统间的功能需要，利用信息技术改造税收工作。

复习思考题

1. 税务管理信息化的背景是什么？我国税务管理信息化经历了怎样的发展？取得了哪些成绩？
2. 税收征管信息化的总体目标和基本原则是什么？
3. 我国税收征管信息系统具有什么功能？它有什么特点？
4. 税务管理信息化发展的方向是什么？

推荐阅读资料

谭荣华：《税收信息化教程》（第二版），中国人民大学出版社 2004 年版。
高莉：《税收信息化的"集中"和"整合"》，载于《税务研究》2006 年第

1 期。

陈宪东、杨杰：《税务信息化的新特点及应对思路》，载于《税务研究》2010 年第 10 期。

网上资源

http：//www. chinatax. gov. cn（国家税务总局网）

http：//www. microsoft. com（微软官网）

参考文献

[1] 陈宪东、杨杰：《税务信息化的新特点及应对思路》，载于《税务研究》2010 年第 10 期。

[2] 董根泰：《税务管理》，清华大学出版社 2011 年版。

[3] 高莉：《税收信息化的"集中"和"整合"》，载于《税务研究》2006 年第 1 期。

[4] 国家税务总局征收管理司：《新征管法学习读本》，中国税务出版社 2001 年版。

[5] 国家税务总局教材编写组：《新征管法及其实施细则培训教程》，人民出版社 2003 年版。

[6] 李青：《税收管理》，东北财经出版社 2006 年版。

[7] 罗伟平：《优化我国分类纳税服务研究》，载于《财政监督》2011 年第 31 期。

[8] 孟庆启：《中国税务管理现代化概论》，中国税务出版社 2005 年版。

[9] 谭荣华：《税收信息化教程》（第二版），中国人民大学出版社 2004 年版。

[10] 吴旭东：《税收管理》，经济科学出版社 2011 年版。

[11] 姚林香、席卫群：《地税征管与稽查实务》，中国财政经济出版社 2006 年版。

[12] 姚林香、周全林：《税务管理》，江西科学技术出版社 2000 年版。

[13] 张怀海：《论社会化纳税服务》，载于《湖南税务高等专科学校学报》2011 年第 5 期。

[14] 张群星：《现代税务管理》，中国税务出版社 2011 年版。

[15] 中国注册会计师协会：《税法》，经济科学出版社 2012 年版。